小额信贷与普惠金融

知识手册

中国县镇经济交流促进会小额信贷发展研究分会◎编著

宏观层面：
立法与监管

中观层面：
支持服务和基础设施

微观层面：
金融服务提供者

普惠金融体系核心
客户

MICROFINANCE AND
FINANCIAL INCLUSION

经济管理出版社
ECONOMY & MANAGEMENT PUBLISHING HOUSE

图书在版编目（CIP）数据

小额信贷与普惠金融知识手册 / 中国县镇经济交流
促进会小额信贷发展研究分会编著. -- 北京：经济管理
出版社，2024. -- ISBN 978-7-5096-9914-0

Ⅰ. F832-62

中国国家版本馆 CIP 数据核字第 2024EC0099 号

组稿编辑：曹　靖
责任编辑：郭　飞
责任印制：张莉琼
责任校对：陈　颖

出版发行：经济管理出版社
　　　　　（北京市海淀区北蜂窝 8 号中雅大厦 A 座 11 层　100038）
网　　址：www. E-mp. com. cn
电　　话：(010) 51915602
印　　刷：北京晨旭印刷厂
经　　销：新华书店
开　　本：720mm×1000mm/16
印　　张：22
字　　数：338 千字
版　　次：2025 年 2 月第 1 版　　2025 年 2 月第 1 次印刷
书　　号：ISBN 978-7-5096-9914-0
定　　价：88.00 元

前　言

　　2015 年，联合国 193 个成员国在可持续发展峰会上正式通过 17 个可持续发展目标，其中首要的目标是在世界每一个角落永远消除贫困。小额信贷作为一种创新的贷款方式，经历了近 40 年的发展演变，在全球范围内掀起了一场金融领域的革命，把最初基于信用向低收入人群发放小额度贷款的信贷模式创新，逐步延伸到了包括小额信贷、小额储蓄、小额保险、小额汇款等全方位的针对低端市场的金融服务创新，进而推动了包括传统银行在内的各类金融机构进行重新战略定位，转变经营理念，下移贷款业务，扩大客户覆盖面，共同为"金字塔"底层的人群提供全方位的金融服务。

　　近年来，随着中国小微金融业的发展，小额信贷机构出资主体呈现多元化发展趋势，越来越多的机构加入小微金融业竞争行列。目前在中国，公益性小额信贷机构、小额贷款公司（含外资小额贷款公司）、村镇银行、国有大中型商业银行、地方商业银行、农村信用社系统、互联网金融机构、农村资金互助社等各类型机构都在开展小额信贷业务。

　　为了进一步推动中国普惠金融体系建设，促进中国小额信贷行业沿着健康、可持续的方向发展，顺应国内外形势发展变化的需要，探索建立适合中国小额信贷行业特点的从业人员学习的课程体系，从而提升中国小额信贷机构业务拓展能力，增强市场营销和风险控制能力，使中国小额信贷从业人员培训工作更加科学化、规范化，中国县镇经济交流促进会小额信贷发展研究分会组织相关单位、邀请相关专家学者在认真研究相关理论及教材读本，收集整理国内外众多小额信贷机构的大量宝贵专题资料、考察报告、研究报告及会议综述等资料的基础上，充分听取业内人士的意见和建议，在以杜晓山、孙同全、王素萍、王丹等主要编委会成员的带领下，编写了《小额信贷与普惠金融知识手册》。

《小额信贷与普惠金融知识手册》包含理论篇、机构篇、基础设施篇和制度篇共 4 篇 10 章内容。

"十四五"时期，面对世界百年未有之大变局，小额信贷机构成功的关键在于开展的科学谋划和践行的发展策略。小额信贷作为促进低收入人群改变自己命运的有效途径，政府应该为其创造良好的制度环境，金融机构和监管当局应正视小额信贷机构在中国金融业中的地位，这种制度环境的创造也需要社会各界人士的呼吁。随着小额信贷、普惠金融在国内的形势转变，此手册能够把小额信贷与普惠金融的前世今生展现出来，帮助读者更清晰地了解小额信贷与普惠金融，为中国小额信贷行业的健康可持续发展以及普惠金融体系的构建做出一定的贡献。

中国县镇经济交流促进会小额信贷发展研究分会
2025 年 1 月

目　录

理论篇

机构篇

制度篇

理论篇

第一章　从小额信贷到普惠金融

现代意义小额信贷起源于20世纪70年代的孟加拉国，作为一种创新的贷款方式和有效的扶贫手段，业已服务了100多个国家、上亿低端贫困人口，让这些被传统金融机构排除在外的人们能够抓住稍纵即逝的经济机会，创造日积月累的稳定收入，逐渐摆脱世代相传的贫困境遇。小额信贷在经历了近40年的发展演变后，逐渐从单纯的小额信贷扩展到包括小额储蓄、小额保险、小额汇款在内的微型金融，再延伸到涵盖社会"金字塔"各阶层人群，特别是低端人群的普惠金融体系，全球各个国家都在努力围绕着联合国的千年发展目标推动普惠金融体系的建设。本章主要介绍小额信贷、微型金融、普惠金融的概念。

第一节　小额信贷

一、小额信贷的产生

"二战"以后，许多发展中国家实行了旨在促进经济迅速增长和削减贫困的"发展战略"。以"国有农业开发银行"等信贷投放机构为主的农村金融市场，成为这一政策的核心。大量的补贴性金融资金通过这些机构源源不断地投放到农业和农村地区。这些传统政策的基本特征是：关注农业而非农村；较低的补贴性利率；以国有政策性金融机构为信贷投放的主体；重视信贷投放而忽视储蓄的作用。

但传统的农村金融政策在实践中并没有获得成功，反而造成了一些不利的后果，如：扰乱了农村金融秩序；低利率政策抑制了人们的储蓄，并对民营金融机构产生了排挤效应；政策性信贷资金被借贷者更多地视为一种补贴或者拨款而不是贷款，导致了很低的还款率，进一步破坏了信用环境。非洲、中东、拉美、南亚和东南亚地区的政府信贷项目除了极少数外，其贷款违约率都达到了 40%～95%。低利率信贷资金并没有使普通农户真正受惠，而是常常被那些乡镇社区中的有权阶层获得。财富和政治权力取代了盈利性，成为配置信贷资金的基础，而且这种以财富和权力为标准的信贷资金配置方式造成了大量腐败的滋生。

从 20 世纪 60 年代开始，不少发展中国家和国际组织一直在试图为中低收入群体提供信贷服务，以此来实现摆脱贫困和促进发展的目标。许多发展中国家都相继采用过贴息贷款的方式向这些群体提供信贷服务，但是从信贷效果来看，其结果与预期相去甚远：扶贫贴息贷款政策产生的好处并没有惠及大部分的中低收入人群，而是通常被其中少部分相对富裕的人群获得；扶贫贴息贷款的到期还款率很低；扶贫贴息政策不可能长期存在，所有贴息贷款政策都不可能成为解决中低收入人群资金短缺的可持续方案；贴息贷款政策不利于农村金融资源的配置和农村金融市场的发育，也不利于贫困状况的持续缓解和贫困地区正常金融秩序的建立。

在汲取以往教训的基础上，20 世纪七八十年代，一些向低收入群体提供信贷服务的项目和机构通过不断的努力和探索，取得了令人鼓舞的成绩。一般认为孟加拉格莱珉银行（又称孟加拉乡村银行，格莱珉在孟加拉语中是乡村的意思）的成立是近代小额信贷运动的开端。自 20 世纪 80 年代以来，小额信贷已经在遍及非洲、亚洲、拉美、加拿大乃至美国的广阔区域内迅速发展起来，掀起了国际小额信贷的高潮。

联合国在 1998 年 12 月 15 日的 53/197 号决议中，宣布 2005 年为国际小额信贷年，要求在 2005 年举办系列活动，在全世界范围内推动小额信贷的发展。小额信贷年的主题是"建立普惠金融体系，以实现千年发展目标"，这意味着小额信贷应在将农村地区和贫困人口纳入经济增长轨道的努力中发挥更加重要的作用。

自 2008 年开始，一些国家陆续出现小额信贷客户无法偿贷的问题，小额信贷机构资产质量开始恶化，2010 年印度又爆发了小额信贷危机，暴露出这一行业出现的市场增长过快、客户过度负债、利率过高及非生产性用途贷款过多四大问题，引发了国际社会的再反思和再改革。

二、小额信贷的特征

小额信贷来自于英文单词"Microcredit"，按照国际普遍认同的定义，小额信贷是指针对贫困、低收入群体和小微企业发放的无抵押、纯信用、小额度的贷款。具体到贷款额度，根据美国微型金融信息交流平台（MIX）的定义，单笔贷款额度不超过当地人均国民收入 2.5 倍的贷款被国际社会认定为小额信贷。

小额信贷作为一种贷款产品和服务，它的创新之处在于基于信用而非传统的抵押担保来发放贷款，通过组建小组、分期还款等方式来缓解客户还款压力，帮助客户构建相互支撑的关系网络，提升客户生存能力，创造稳定收入，积累更多资产，逐步摆脱贫困。

孟加拉格莱珉银行小组放贷模式是现代意义上小额信贷最典型的模式之一，基本涵盖了国际小额信贷的主要特征，而中国引进小额信贷的初衷是模仿孟加拉格莱珉银行模式，后来随着从事小额信贷业务的机构类型越来越多样化，也衍生出了各种各样的创新模式。为了更加全面地展示小额信贷的特征，本手册将以格莱珉银行为代表的国际小额信贷与中国小额信贷的特征进行对比，如表 1-1 所示。

表1-1　格莱珉银行信贷与中国小额信贷特征对比

项目	格莱珉银行信贷特征	中国小额信贷特征
宗旨目标	帮助贫困家庭实现自助，摆脱贫困	让那些被传统金融机构排斥在外的低收入群体以及中小微企业能够以合理的价格有尊严地、更方便快捷地享受高质量的金融服务
目标客户	贫困人群，特别是贫困妇女	低收入人群以及中小微企业
贷款产品	无抵押、纯信用贷款	纯信用贷款、抵押担保贷款
贷款用途	用于创收活动或改善居住条件，而不是生活消费	既可用于经营活动，也可用于生活消费
放贷模式	小组放贷模式	个人放贷、小组放贷、村银行放贷模式
激励机制	提供后续贷款鼓励按时还款	提供后续贷款鼓励按时还款
还款方式	分期还款，如每周或每两周还款	整贷零还、整贷整还、分期还款的方式比较灵活
贷款利率	设置保本微利的利率，实现可持续发展。孟加拉格莱珉银行用于创收活动的贷款利率为20%，而用于改善住房的贷款利率为8%	不同类型的小额信贷机构收取的贷款利率有所不同，银行业金融机构都普遍参照央行规定的贷款利率进行上下浮动，非营利机构和合作金融组织在15%左右，而小额贷款公司的贷款利率一般都高于15%。央行虽然没有规定利率上限，但2020年最高法院的司法解释规定民间借贷年利率上限不超过贷款基础利率（LPR）的4倍
资金来源	客户的强制储蓄与自愿储蓄，孟加拉格莱珉银行的存款利率最高为12%	银行业金融机构和合作金融组织的资金分别主要来源于公众储蓄和会员储蓄，而非营利机构多依赖于外部捐赠和政府补贴，小额贷款公司则局限于股东资金和有限的外部贷款
贷款额度	格莱珉银行没有就贷款额度做出明确规定，2020年单笔贷款额度约为459美元，占孟加拉国人均国内生产总值2462美元的18.6%左右	2021年我国人均国民收入约为80240元，那么，按照国际标准，不超过2.5倍，单笔贷款额度应最高为20万元，但在实践中，单笔贷款额度差别较大，公益性小额信贷机构和农村资金互助社从几百元到几万元，小额贷款公司从几万元到几百万元，银行业金融机构从几十万元到百万元，甚至千万元

通过以上10个方面与格莱珉银行信贷所具有的特征进行对比，目前

中国小额信贷所覆盖的客户群体更加宽泛，不仅包括低收入人群，也包括陷入融资困境的中小微企业。由于格莱珉银行信贷与中国小额信贷的目标客户群体之间存在一些差异，因此，在贷款产品、贷款用途、放贷模式、还款方式、贷款利率、贷款额度六个方面，也显示出了非常不同的特征，总的来说，中国小额信贷的特征基本包含了格莱珉银行信贷的特征，并进行了延伸与拓展。

三、小额信贷的分类

鉴于从事小额信贷业务的主体多样性，理论界还根据小额信贷机构的宗旨目标和经营模式，将小额信贷分为福利主义和制度主义两大类别。福利主义小额信贷是一种传统的依赖于补贴的模式，只追求将贷款资金有效地发放给贫困人口，而不考虑提供贷款服务的项目或机构的自身可持续发展。这种类型需要得到政府部门、国际机构等外部源源不断的资助才能维持下去。而制度主义小额信贷是实现可持续性扶贫与弥补金融供给不足的有效方式之一，它需要同时达到两个目标：既要不断扩大目标客户群体的覆盖面，又要实现机构自身的可持续发展。

制度主义小额信贷又可分为两个分支：公益性制度主义和商业性制度主义，它们的共同之处是遵循商业化的运作规律，实现小额信贷业务和机构的可持续发展，两者的差异在于机构宗旨和贷款利率的不同。公益性制度主义小额信贷以扶助贫困人口为宗旨，目标客户以贫困与低收入人群为主，而商业性制度主义小额信贷则以追求机构利润为宗旨，目标客户更为宽泛，还包括陷入融资难困境的中小企业。

从全球范围来看，孟加拉格莱珉银行是目前全球历史最长、规模最大、绩效最佳的公益性制度主义小额信贷的代表之一，其设立目的是帮助贫困人口改善生产生活条件，同时，为了持续不断地为更多的人提供金融服务，必须收取覆盖成本的利息，维持机构的正常运作，实现与客户的共同成长。而印度尼西亚人民银行（BRI）、玻利维亚阳光银行（BancoSol）等都是公认的商业性制度主义小额信贷的代表。

就中国而言，面向失业人员、妇女提供的创业小额担保贷款以及农村低收入农户小额贴息贷款等都属于福利主义小额信贷；有着社会宗旨目标的小额信贷机构，如中和农信、宁夏惠民等属于公益性制度主义小额信贷；大中型商业银行、地方商业银行、农村信用合作社（以下简称农信社）、村镇银行等开展的小额贷款业务基本属于商业性制度主义小额信贷；绝大多数小额贷款公司的小额度贷款也是商业性制度主义小额信贷。

四、小额信贷的模式

小额信贷作为小额信贷机构向贫困、低收入人群提供的小额度信用贷款，发展到今天，已经帮助许多国家缓解了贫困农户和小微企业的融资难问题。国际小额信贷根据其放贷方式的不同分为以下三种模式：

（一）个人放贷模式

个人放贷模式是指小额信贷机构直接向个人发放贷款，任何担保或抵押都来自个人。这一模式最接近传统的商业银行贷款，但试图改善传统商业银行的做法，以更好地满足借款人的需求，同时获得合理的利润，并控制违约率。

这一模式一般要求借款人提供抵押品或共同签署人作为担保，为了进一步降低违约风险，小额信贷机构会调查借款人的信誉、经营业务或商业计划的可靠性。这些贷前审查流程需要一些时间，通常从申请贷款到发放贷款间隔几个星期。典型的贷款金额为 100~3000 美元，贷款期限从 3 个月到 1 年。还款方式灵活，贷款用途多样，目标客户男性多于女性。

这一模式的优点是贷款金额和还款时间表都是根据借款人的业务需求量身定制的，在支持小企业方面比较有效，但在为贫困人群服务时存在许多与传统商业银行相似的问题，体现了这一模式的缺点：比如，由于定制贷款的交易成本高，小额信贷机构以高利率的方式把这一高成本转嫁给借款人，而且借款人通常由于没有抵押品或共同签署人而无法获得贷款；贷款程序太复杂，处理贷款的时间太长。

印度尼西亚人民银行小额信贷部是这一模式最成功的典范，该银行始建于 1895 年，1968 年更名为印度尼西亚人民银行，1983 年启动了小额信贷项目，为了让借款人更方便地获得贷款，建立了若干营业中心，这些中心独立核算并决定贷款的发放与回收，同时也加快了放贷速度，在实现盈利的基础上，满足了目标客户的贷款需求。

（二）小组放贷模式

小组放贷模式是指小额信贷机构把借款人以小组的形式组织起来，向小组成员发放贷款、回收贷款。一般由 5 人自愿组成一个小组，有时为了便于管理，5~8 个小组组成一个中心。小组和中心进行自我管理，自主决定哪些小组成员能够获得贷款，组员之间互相帮助，共同解决生产生活问题，有时为遇到困难无法按时还款的组员代为偿还贷款，或通过施加同伴压力让组员按时还款。

这一模式不要求抵押品和共同签署人提供担保，但会要求小组成员按一定比例（一般为贷款金额的 5%）进行强制储蓄，在退出小组时才能提取。典型的贷款金额为 50~300 美元，逐年增加贷款额度，贷款期限不超过一年，采用分期还款方式，贷款用途一般为创收活动，目标客户多为女性。

这一模式的优点体现在不需要抵押担保，贷款流程便捷，培养借款人的储蓄习惯，通过逐渐增加贷款金额的方式帮助建立借款人管理资金的能力。缺点是贷款的时间不灵活，受限于小组成员，而且只有在退出小组时才能取回储蓄。

孟加拉格莱珉银行是这一模式最成功的典范，前身创建于 1976 年，20 世纪 80 年代在政府支持下注册成为银行，主要以小组模式向农户发放无抵押的短期小额信贷，小组成员相互帮助选择项目，相互监督项目实施，相互督促还贷责任。

（三）村银行放贷模式

村银行放贷模式是指小额信贷机构向自主管理的小组或社区发放贷款，贷款由小组或社区集体担保，再由小组或社区向其成员提供贷款。这样的小组或社区被称为村银行。村银行通常由 30~50 名成员组成。村银行成员选举产生管理委员会，负责贷款的审批、发放与回收，以及存款的吸收，并做好相应的账目工作。村银行的资金来源于两个部分，一是外部机构的贷款，通过外部账户管理，二是内部成员的资金，如存款、股本金等，通过内部账户管理。随着时间的推移，由村银行内部成员的存款、股本金和累积利息组成的内部账户资金将增长到足以取代外部账户，满足成员的资金需求。村银行一般在三年内实现财务独立、自主管理。

这一模式要求来自村银行的集体担保，所有村银行成员都有责任偿还外部账户的贷款和利息，在每个贷款周期中，村银行成员通常被要求储蓄至少相当于其贷款的20%，其目标是让成员在三年内攒下300美元。储蓄是村银行放贷模式最重要的一个组成部分。外部账户的贷款期限通常是10~12个月，而村银行成员的初始贷款金额在50美元左右，逐年增加贷款额度，贷款期限和还款方式比较灵活，贷款用途多为创收活动，目标客户中女性居多。

相比个人放贷模式、小组放贷模式，村银行放贷模式从理论上来说更有效率，也更有成效。首先，因为村银行的成员数量多，内部承担了所有外部小额信贷机构提供的金融服务，这样可以让小额信贷机构以最小的成本服务更多的客户。其次，村银行内部的所有交易都是公开透明的，贷款违约率很低，因为村银行的管理委员会对贷款申请人以及其经营项目都非常了解。

村银行放贷模式与其他类似的参与式金融服务方法还有一个优点，村银行成员可以通过选举管理委员会以及管理自己的资金等一系列活动获得参与式管理的经验，提升各方面的能力。这些活动建立了客户的社会资本，加强了在集体行动中的人际信任，促进了人与人之间互惠互利的纽带。在社区中不断增强的社会资本可以成为社区发展的强大力量，它使人们能够一起工作，齐心协力实现社区发展的各项目标。

村银行放贷模式是由美国一家成立于1984年的非政府组织FINCA在中美洲国家的小额信贷项目工作中发展起来的。目前，村银行放贷模式是最常用的社区管理贷款的方法。

总的来看，缺乏土地和房屋等正规抵押品是贫困、低收入人群获得正规金融机构贷款的主要障碍。不管采用什么放贷模式，小额信贷机构都会采取各种不同的措施来突破上述障碍，比较有共性的是以下四点：一是贷款金额小、贷款期限短；二是以将来有权获得更高的贷款额度为奖励，激励客户按时还款；三是以非传统的方式处理抵押担保和违约风险，如组成小组，加入社区，通过社会压力和互帮互助保证按时还款；四是收取反映风险成本的利息。

随着小额信贷的发展，已经衍生出了多元化的小额信贷模式，针对不同国家的经济发展水平、社会文化背景和不同客户特征而各不相同，但所有模式的宗旨目标都是为贫困和低收入人群提供便利的金融服务，帮助他们脱贫致富。

第二节 微型金融与普惠金融

一、微型金融的定义及原则

微型金融的英文是"Microfinance"，是小额信贷的延伸，即向贫困和低收入人群和微型企业提供的小额信贷、小额储蓄、小额保险、小额汇款等一系列金融服务。如果说小额信贷是一种产品，那么微型金融就是一类服务，旨在通过全方位的金融服务为目标客户群体提供获得自我就业和自我发展的机会，促进其走向自我生存和自我成就的道路。它既是一种金融服务的创新，又是一种扶贫手段的突破。

根据世行扶贫协商小组的倡议，在世界各地推广微型金融时应该遵循以下 11 条基本原则：

①贫困人口需要各种各样的金融服务，除了信贷以外，他们还需要储蓄、保险、汇款等服务。

②微型金融是一种有力的扶贫工具，贫困家庭利用金融服务来增加收入、累积资产、平缓外部冲击。

③微型金融的目标群体是贫困、低收入人群，只有将微型金融纳入一个国家的主流金融体系，才能充分发挥微型金融的潜力。

④微型金融服务提供者往往受制于政府部门和捐赠机构提供的稀缺且不确定的资金来源，只有收取足够高的利息来覆盖成本，才能惠及更多的贫困人口。

⑤为了可持续地提供微型金融服务，需要在当地建立起永久存续的金融机构，这些金融机构能够吸收存款、发放贷款以及经营其他金融服务。

⑥小额信贷并不是"万能药"，不能解决所有问题。对于那些没有收入来源或还款方式的赤贫人群，可能采用其他方式的支持更为有效。

⑦设置利率上限不利于贫困人口获得贷款。发放大量小额度贷款的成本远远高于发放少量大额度贷款的成本。利率上限让小额信贷机构无法覆盖成本，只能放弃向贫困人口发放贷款。

⑧政府的职能是让人们能够获得金融服务，而不是直接向人们提供金融服务，政府可以营造良好的支持贷款的政策环境。

⑨捐赠者的资金应该与私人资本形成互补，而不是相互竞争。捐赠者提供的补贴是短期性的，用作启动资金，帮助微型金融服务提供者找到可持续的资金来源。

⑩最关键的瓶颈是缺乏强有力的机构和有才干的经理。捐赠者应该重点支持微型金融服务提供者的能力建设。

⑪微型金融服务提供者需要定期制作准确的、可比较的财务绩效（如贷款还款和成本覆盖情况）和社会绩效（如客户的数量和贫困水平）报告，这样不仅能够帮助利益相关者衡量微型金融业务的成本与收益，还能够不断改善机构的绩效水平。

20世纪90年代初以来，"微型金融"一词在国际社会上使用得越来越频繁，已经逐渐取代了"小额信贷"，因为很多国家在推广小额信贷时，发现贫困和低收入人群除了信贷以外，更需要储蓄服务，而在中国，储蓄一直不是困扰低收入人群的难题，恰恰相反，人们在金融机构进行储蓄相对比较便利，而金融机构往往从低收入的农村地区吸收小额存款，然后像"抽水机"一样输送到富裕的城市地区发放大额贷款。这就是中国农村地区贷款难成为老生常谈的主要原因。因此，使用"小额信贷"比"微型金融"可能更能反映中国低收入地区的现实金融需求。

二、普惠金融的由来及内涵

"普惠金融"一词的英文为"Inclusive Finance"，是联合国在 2005 小额信贷年发布的《建设普惠金融体系》蓝皮书中首次引用的词语，并由中国人民银行和联合国开发计划署共同执行的一个项目组织翻译该蓝皮书，将"Inclusive Financial Sectors"正式翻译为"普惠金融体系"。

2005 年，联合国经过与多方磋商，基于小额信贷和微型金融的全球实践，提出了建立普惠金融体系的构想，也就是将针对贫困、低收入人群的金融产品和服务整合到传统金融体系的微观层面、中观层面与宏观层面，形成一个为社会所有阶层和群体，特别是贫困和低收入人群提供全方位的高质量金融服务的金融体系，即普惠金融体系。

普惠金融体系包括三个层面，服务于一个核心（见图 1-1）。贫困和低收入客户是这一金融体系的核心，因为客户对金融产品与服务的需求是这个体系里面微观、中观和宏观层面的原始驱动力。而普惠金融体系的三个层面包括微观层面、中观层面和宏观层面。

（一）微观层面

在微观层面，金融体系的支柱仍然是金融服务的零售提供者，它们直接向贫困和低收入人群提供服务。这些微观层面的服务提供者，应包括从非营利组织到商业银行，以及位于它们中间的各种类型。

（二）中观层面

在中观层面，涵盖了金融基础设施，即所有为零售金融服务提供者提供支持的机构，如行业协会、评级机构、投资机构、征信机构、审计机构、交易平台、支付系统、信息技术和培训咨询机构等，这些机构致力于帮助零售金融服务提供者在为贫困和低收入客户提供服务时降低交易成本、扩大客户覆盖面、提升机构能力、强化机构透明度等。

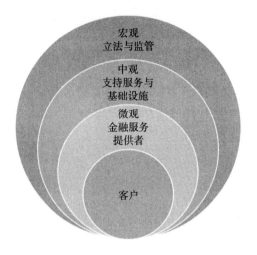

图1-1 普惠金融体系的三层架构

（三）宏观层面

在宏观层面，零售金融服务提供者的可持续发展离不开一个有利的政策和监管环境，包括央行、银保监会、财政部等在内的政府部门需要为普惠金融体系的建设制定适宜的法律法规和监管框架，这是可持续性微型金融发展的必要条件。

至此，联合国和世界银行等国际机构对普惠金融体系做出了比较全面、完整的表述，涵盖了整个金融体系，包括宏观层面、中观层面和微观层面，为所有社会成员服务。同时，普惠金融体系的核心目标是满足贫困和低收入人群的金融需求。

联合国希望通过小额信贷和微型金融的发展，让人们都来关注贫困和低收入群体，以及被排斥在正规金融服务之外的群体，促进建立一个非排斥的、包容性的金融体系。2005年，世行扶贫协商小组正式提出了构建"普惠金融体系"的口号，面对当时全球30亿每天挣扎在不足2美元生活状态的人们，获得基本的金融服务对于帮助他们走出贫困起着至关重要的作用。人们希望看到金融体系能够让每一个人在有金融需求时，以合适的价格，有尊严地享受方便快捷、高质量的金融服务。

近年来，普惠金融在国际上日益受到重视，成为全球热门话题，也纳入了各国政府首脑会议的讨论议题。2012 年，中国领导人在墨西哥洛斯卡沃斯召开的 G20 峰会上首次引用"普惠金融"的概念。2013 年 11 月 12 日，中国共产党第十八届中央委员会第三次全体会议通过的《中共中央关于全面深化改革若干重大问题的决定》正式提出"发展普惠金融。鼓励金融创新，丰富金融市场层次和产品"。这是"普惠金融"概念第一次被正式写入党的决议之中，两年后，国务院于 2016 年 1 月 15 日又发布了《推进普惠金融发展规划（2016—2020 年）》，由此可以看出，中国在构建普惠金融体系方面正在追赶着世界的脚步。

中国的普惠金融体系从金融服务的需求方来看，包含的群体数量庞大、类型多样，大致可以分为四类：第一类是法人类小企业。按照工商注册登记统计，这一类小企业大概有 1000 万户。第二类是城镇地区经注册登记的个体户，包括下岗再就业人员自主创业，这一类个体户大概有 3500 万户。第三类是城镇地区没有登记的微型企业，包括网店、小商贩等自我经营者，这一类非正规的微型企业，有 500 万~1000 万户。第四类是农村地区的自我经营者，中国现有 1.2 亿多户农村家庭，2/3 的农村家庭从事种养殖等经营活动。当前中国构建普惠金融体系的工作重点就是要给以上这些农户和小微企业提供更好的金融服务，不仅包括储蓄和贷款，还要包括保险、支付、汇兑、租赁等。

根据以上对小额信贷、微型金融、普惠金融概念的解析，可以看出，小额信贷和微型金融是金融产品和服务的创新，严格来说小额信贷是微型金融的子集，又是普惠金融的基础和起源。从狭义来看，普惠金融是小额信贷和微型金融的延续和发展，也就是说除了面向低收入群体的小额信贷、微型金融服务，还包括对那些无法从传统金融机构获得融资的中小企业的金融服务，从广义来看，普惠金融是指一个能有效、全方位地为社会所有阶层和群体提供服务的金融体系，让所有老百姓都能享受到更多更全更高效的金融服务，更好地支持实体经济发展。

不可否认，中国普惠金融体系的建设需要将包含小额信贷在内的微型金融服务纳入整个金融体系中，从而促进金融体系支持实体经济，拉动国内消费，缓解社会矛盾，让整体经济实现平稳增长，因此，建设普惠金融体系对中国社会的长治久安、健康可持续发展将起到巨大的推动作用。

机构篇

第二章　小额信贷在中国的发展

普惠金融体系的微观层面是金融服务的零售提供者，它们是这个体系的支柱，直接向贫困和低收入人群提供金融服务。这些微观层面的服务提供者，包括从非营利机构到商业银行等在内的从事小额信贷业务的各种类型机构。随着中国小额信贷和普惠金融事业的发展，从事小额信贷业务的机构类型也呈现多元化发展趋势，越来越多的机构加入这个行列，如公益性小额信贷机构、小额贷款公司（含外资小额贷款公司）、村镇银行、国有大中型商业银行、地方商业银行、农村信用社系统、互联网金融机构、农村资金互助社等各类型机构都在开展小额信贷业务。

现阶段，发展普惠金融已经成为中国的基本国策，也已经成为中国金融业的普遍共识。广大从事小额信贷业务的机构本着小额、分散、市场化的原则开展经营活动，已成为向"三农"和中小微企业提供信贷支持的有效载体。本章主要介绍中国小额信贷的发展阶段、从事小额信贷业务的各类型机构以及这些机构面临的风控、绩效管理以及发展困境等问题。

第一节　小额信贷的发展阶段

中国的小额信贷实践始于20世纪90年代初以非政府组织形式开展的

试验。经过了 30 多年的发展，逐步形成了以银行类金融机构特别是农村信用社体系为主体，新型农村金融机构、小额贷款公司和其他金融组织共同构成的多层次、多元化的服务体系，有效地扩大了小额信贷的覆盖范围。

一、中国小额信贷发展的四个阶段

第一阶段：非政府组织小额信贷试验。1993 年底至 1996 年 10 月，小额信贷作为一种扶贫理念和信贷技术逐渐传入中国，主要在国际资金和技术援助下，以非政府组织形式运作。1993 年，中国社会科学院农村发展研究所参照"格莱珉银行"模式，相继在河北、河南、四川和陕西等省份成立"扶贫经济合作社"，开始进行小额信贷扶贫试验。从 1995 年开始，联合国开发计划署（UNDP）和中国国际经济技术交流中心在全国 17 个省份的 48 个县（市）推行以扶贫为目标的小额信贷项目。后来，联合国开发计划署还在天津和河南的部分城市开展了针对下岗职工的城市小额信贷项目。一些国际组织相继在中国开展了小额信贷项目，多以扶贫、妇女赋权、儿童发展为目标。

第二阶段：政策性小额信贷扶贫项目。1996 年 10 月，为实现千年扶贫攻坚计划和新世纪扶贫任务，借鉴非政府组织小额信贷的技术和经验，以国家财政资金和扶贫贴息贷款为资金来源的政策性小额信贷扶贫项目逐渐发展起来。国务院扶贫办系统、民政部门、妇联等部门先后参与其中。这些项目大多分布在农村地区，也包括面向下岗失业人员和城镇低收入群体的一些城市小额信贷项目。2008 年成立的中和农信项目管理有限公司（以下简称中和农信）起源于原国务院扶贫办与世界银行在 1996 年发起的秦巴山区小额信贷扶贫项目。中和农信自成立以来，一直专注于为农村地区的小农户以及小微企业主群体的可持续发展提供综合解决方案。

第三阶段：正规金融机构小额信贷业务。在中国人民银行支农再贷款支持下，农村信用社分别从 1999～2000 年开始发放小额信用贷款和农户

联保贷款。这标志着正规金融机构正式进入小额信贷领域，小额信贷的
目标也从扶贫领域扩展到为一般农户以及小微企业服务的广阔空间。
2007 年，原中国银监会发布《关于银行业金融机构大力发展农村小额
贷款业务的指导意见》，商业银行也陆续开展各种小额信贷业务。如农
业银行以惠农卡为依托，对符合条件的农户"一次授信，循环使用，随
借随还"。此外，中国邮政储蓄银行从 2008 年开始在全国推广小额贷款
业务。

第四阶段：商业性小额信贷机制探索。在农村金融总体改革框架下，
适应农村金融市场开放的政策取向，由私人资本投资的商业性小额信贷机
构开始试点。2005 年，中国人民银行在山西、内蒙古、四川、陕西和贵
州 5 省份开始试点设立第一批小额贷款公司。小额贷款公司遵循"只贷
不存"以及贷款"小额、分散"的原则，贷款对象主要限于农户、个体
经营者和小微企业，业务运作坚持立足农村、服务"三农"，以改善农村
金融服务为目的。此后，随着中国邮政储蓄银行加入小额信贷行列，国有
大中型商业银行、地方商业银行、农村信用社系统、互联网金融机构、小
额贷款公司（含外资小额信贷机构）、村镇银行、农村资金互助社等各类
金融机构也都陆续开展各自的小额信贷业务。

二、中国小额信贷发展的特点和经验

（一）中国人民银行支农再贷款、财政补贴等多项政策支持

中国人民银行综合运用差别化准备金率、再贷款、再贴现等政策工具
引导金融机构加大小额信贷投放，降低融资成本。此外，财政部也实施了
县域金融机构涉农贷款增量奖励和农村金融机构定向费用补贴政策，对金
融机构发放的 10 万元以下农户小额贷款的利息收入免征增值税，进一步
降低金融机构服务低端客户的成本。

（二）机构试点由点到面，逐步缓解小额信贷的供给不足

2005 年，小额贷款公司从 5 省份开始试点，2008 年从试点省份推广
到全国各地。截至 2022 年 6 月末，全国共有小额贷款公司 6150 家，贷款

余额 9258 亿元。2006 年 12 月，原中国银监会开始试点三类新型农村金融机构（村镇银行、贷款公司和农村资金互助社）。截至 2022 年 6 月末，全国共有村镇银行 1651 家，贷款公司 13 家，农村资金互助社 39 家，超过 90% 的贷款投向了农户和小微企业。

（三）加强信用信息等基础设施建设

农村信用环境的改善是增加农户小额信贷的主要条件。从信用环境建设来看，目前农户自我守信的意识逐步建立，同时，各地广泛开展"信用户""信用村""信用乡（镇）"的建设，构建"守信受益、失信惩戒"的信用激励约束机制，从外部增强农户守信履约职责，改善了农村地区的信用环境。

（四）建立多元化风险分担机制

加强担保、保险等增信保证机制建设，推出小额信贷保证保险等产品，建立政策性、商业性、合作性相结合的涉农担保体系，深化银保、银担合作，开发"信贷+保险""信贷+担保"等产品。2016 年成立的国家农业信贷担保联盟有限公司，用 3 年左右时间建立覆盖全国的农业信贷担保体系。2018 年设立的国家融资担保基金，带动各方资金扶持小微企业、"三农"和创业创新。

第二节　各种类型小额信贷机构

随着中国小额信贷和普惠金融事业的进一步发展，越来越多不同类型的机构加入到小额信贷的行列，如公益性小额信贷机构、小额贷款公司（含外资小额贷款公司）、村镇银行、国有大中型商业银行、地方商业银行、农村信用社系统、互联网金融机构、农村资金互助社等各类型机构都在开展小额信贷业务。

一、公益性小额信贷机构

中国公益性扶贫小额信贷在国际机构的大力支持下，历经非政府组织的探索、政府项目试点、多元主体参与，最终成为制度化、规范化减贫干预的政策工具，是新时代脱贫攻坚战中金融扶贫的重要载体。经过 20 多年丰富的实践探索，扶贫小额信贷在中国由最初的社会创新项目逐步转化成为减贫与发展的政策工具。从 20 世纪八九十年代政府部门人员、专家学者赴孟加拉国考察学习，到 1996 年"世界银行秦巴山区扶贫项目"实施，再到 2014 年多部门《关于创新发展扶贫小额信贷的指导意见》出台，中国的公益性扶贫小额信贷基于中国实际以及减贫发展的阶段性特征，不断改革创新、调整完善，形成了一条具有中国特色的公益性扶贫小额信贷发展之路。

（一）中国小额信贷的发展始于扶贫的公益性小额信贷

1993 年，中国社会科学院农村发展研究所首先将与国际规范接轨的孟加拉格莱珉银行小额信贷模式引入了中国，成立了"扶贫经济合作社"，先后在河北省易县、河南省虞城县和南召县、陕西省丹凤县建立了参考孟加拉格莱珉银行小组放贷模式的小额信贷扶贫社。孟加拉格莱珉银行信托基金作为孟加拉格莱珉银行的姊妹机构，在国际捐赠机构的支持下致力于在其他发展中国家复制格莱珉银行的小组放贷模式。中国社会科学院农村发展研究所是在孟加拉格莱珉银行信托基金的支持下将格莱珉银行的小组放贷模式引入中国的。

从 1995 年开始，作为国际多边援助机构，联合国开发计划署（UN-DP）和中国国际经济技术交流中心在全国 17 个省份的 48 个县（市）试点以扶贫等为目标的小额信贷项目。还有一些国际组织相继在中国开展了小额信贷项目，包括联合国儿基会、联合国人口基金、澳大利亚发展署、加拿大发展署，以及世界银行秦巴项目在四川省阆中市和通江县、陕西省安康县的小额贷款试点。

（二）国际机构对中国公益性小额信贷发展作出的贡献

国际机构支持中国公益性小额信贷一般是以扶贫、妇女赋权、儿童发展为主要目标。80%以上的项目位于国定贫困县，不少在交通不便的山沟里。通常情况下，国际机构一般不直接在中国实施小额信贷项目，而是通过中国的相关部委支持地方政府成立的小额信贷机构或项目办实施小额信贷项目。而且国际机构采取多种形式支持中国的小额信贷发展，包括提供小额信贷试点的资本金、引进和介绍国际成功的小额信贷模式和经验、对小额信贷机构和人员进行能力建设、为小额信贷客户提供培训、帮助搭建小额信贷机构管理信息系统、建立有利于小额信贷在中国发展的生态系统（如对小额信贷行业组织的支持）、对小额信贷的政策和监管研究等各方面的支持。

国际机构对中国公益性小额信贷发展做出的贡献主要体现在以下四个方面：

第一，把中国开发式的扶贫理念落到了实处。中国改革开放以来开发式扶贫的理念与传统的授人以鱼不如授人以渔的观念一脉相承。小额信贷主张通过给贫困农户和低收入群体提供小额贷款和其他支持服务，帮助有能力的客户增收，从而摆脱贫困。国际机构通过在中国推广贫困农户能够偿还贷款的理念、可持续的贷款利率、小额信贷机构良好的治理机制和强化财务管理及风险控制，实现小额信贷机构的可持续发展，让扶贫得以持续，从而使开发式扶贫的理念落地。

第二，国际机构为小额信贷项目和机构提供资本金的同时，配套了大量的技术援助资金用于引进模式、开展试点、能力建设和技术升级，以及支持行业性组织的运作。国际机构资金的使用属于在小额信贷援助中软硬结合，这与中国国内扶贫资金的使用有很大的不同。

第三，国际机构对中国公益性小额信贷的支持，直接催生了中国商业性小额信贷和村级互助资金的产生和发展。这主要是由于国际机构在中国长期不懈地开展宣传和推广，对政策制定者、学者、商业银行和发展领域实践人员都产生了潜移默化的影响。

第四，帮助创建了公益性小额信贷机构，实现了从项目到机构的转变。公益性小额信贷机构先于正规金融机构开展小额信贷试验，并证明贫困农户是有意愿、有能力还款的，只要有比较好的管理和信贷方法，达到一定的业务规模，项目和机构设计合理，即使是在贫困地区，小额信贷机构也是可以实现可持续经营的。而且公益性小额信贷机构除了通过信贷扶贫以外，还制定了其他社会发展目标，如提高妇女地位、改善农村健康水平、提升农户生产技能、培育农户金融素养等。

（三）公益性小额信贷机构的双底线

20 世纪 90 年代初，中国开始公益性小额信贷的实验示范项目，先后建立了 300 多家以各种社团和民办非企形式存在的公益小额信贷机构，这些项目都设置了双底线，也就是社会绩效和财务绩效齐头并进。在实践中，一些优秀的公益小额信贷机构培育了当地的小额信贷市场和一批成熟的客户，形成了适合当地需求的信贷产品，积累了一定规模的优质信贷资产，培养了一支执着敬业的管理团队，让机构的运营管理达到自负盈亏的水平，从而得到地方政府的充分肯定和大力支持。国内最早从事公益性小额信贷创新实验的非营利小额信贷机构为中国打赢脱贫攻坚战和建设普惠金融体系作出了积极贡献，一批优秀的公益性小额信贷机构成功实现了社会绩效和财务绩效的双丰收。

宁夏惠民小额信贷公司创造了公益性小额信贷机构可持续发展的"盐池模式"、中和农信实现了从小额信贷项目到国内规模最大的全国性小额信贷机构的成功转型，是中国公益性小额信贷机构最成功的两个案例。

二、小额贷款公司

综观中国金融改革 40 多年来的辉煌历程，值得称道的亮点之一是信贷市场顺应现实需求而涌起的一股变革潮流。10 多年来，小额贷款公司作为由"草根经济"创办的"草根金融"，从其降临于世之际，就以其为"三农"和小微企业、个体工商户提供信贷资金供给的方向定位，以其方便、快捷、灵活的经营方式和独特的技术手段，深得市场的检验和认同，受到诸多方面的欢迎和支持。小额贷款公司对于实现多层次、广覆盖、多元化的小额信贷市场，构建切合中国实际的普惠金融体系，无疑增添了一支富有活力、敢于探求的新生力量。

在中国，小额贷款公司作为直接服务于小微企业、个体工商户、农牧户等实体经济的信贷服务机构，其10多年的发展历程可概括为"方兴未艾""逐鹿中原""大浪淘沙"和"行业发展新机遇"四个阶段。

（一）2005～2007年为试点工作启动的"方兴未艾"阶段

2005年，为了落实金融服务"三农"和支持实体经济的中央文件精神，化解农村金融运作瓶颈，中国人民银行积极倡导小额信贷的试点，推动建立"只贷不存"的小额贷款公司。为此，中国人民银行批准山西、四川、陕西、贵州和内蒙古5个省份在借鉴国外小额信贷成功经验的基础上，开始设立民间商业性小额贷款公司的试点工作。2005年12月，"日升隆""晋源泰"作为全国最先挂牌的小额贷款公司在山西省平遥县成立，标志着中国小额贷款公司试点工作的正式启动。

小额贷款公司试点是在吸收了公益性小额信贷和其他项目的经验基础上发展起来的。与公益性小额信贷机构相比，小额贷款公司有明确的投资人和所有人，这就为建立良好的公司治理结构，防止资金所有权不清和可能的道德风险打下了良好的基础。

在小额贷款公司试点的过程中，一些多边和双边国际机构积极支持5个省份的试点，并提供了技术支持、政策咨询和培训服务。

商业性小额贷款公司试点是农村金融整体框架的一个非常重要的组成部分，因为商业性小额信贷，既可以被视为在政策性的农村社会发展目标和商业性的可持续与营利原则之间，走出的一条超越传统农村金融的创新之路，也可以被看作是在中国特殊的历史和制度环境中，对私人资本开放农村金融市场的一次审慎尝试。

（二）2008～2014年为普及性发展的"逐鹿中原"阶段

在小额贷款公司试点两年后，2008年5月4日，原中国银监会、中国人民银行联合下发了《关于小额贷款公司试点的指导意见》，对小额贷款公司的性质定位、设立条件、资金来源、资金运用、资金管理等提出了指导意见。在这一政策指引下，全国各地陆续成立了多家小额贷款公司，短短几年间，作为直接服务于小微企业、个体工商户、农牧户等实体经济的小额贷款公司呈现出快速发展的趋势，机构数量与从业人员不断增加。2014 年 12 月末，全国小额贷款公司的机构总数达 8791 家，贷款余额为9420 亿元，6 年时间，全国小额贷款公司机构数翻了 6.59 倍，贷款余额翻了近 12.3 倍，全国小额贷款公司从业人员已达 109948 人，突破了十万大军。

2008~2014 年，中国小额贷款公司行业快速发展的主要原因：一是国家政策的强力推动；二是市场需求旺盛；三是民间资金充裕；四是小额贷款公司的自身优势；五是小额贷款公司掌握着利率议价的主动权。

（三）2015 年至 2020 年 8 月为发展徘徊寻求突破的"大浪淘沙"阶段

经过多年的快速发展，自 2015 年以来，随着各省份小额贷款公司试点工作在探索中的稳步推进和国内外经济金融形势愈发复杂多变，小额贷款公司行业在发展过程中面临的行业法律定位、拓宽融资渠道、优化经营环境、财税政策支持等深层次热点问题已逐步引起中央政府及社会各层面的广泛关注，小额贷款公司的发展既迎来了难得的发展机遇，也面临着空前的严峻挑战，遭遇新一轮的改革和调整。小额贷款公司经历着前所未有的行业寒冬，进入转型求生存的关键时期。

中国人民银行公布的《2020 年小额贷款公司行业统计数据报告》数据显示，截至 2020 年 12 月末，全国共有小额贷款公司 7118 家，实收资本为 8202 亿元，从业人数 72172 人，贷款余额 8888 亿元。

（四）2020 年 9 月至今为行业发展新机遇阶段

2020 年 9 月 16 日，银保监会发布《关于加强小额贷款公司监督管理的通知》（以下简称《通知》），在小额贷款公司业务范围、对外融资比例、贷款金额、贷款用途、经营区域、贷款利率等方面明确提出要求。相比之前的监管政策，此次《通知》对于小额贷款公司在业务范围、资金来源、同一借款人贷款资本占比方面的政策有所放宽；在面向借款人信息披露、负面清单方面的政策有所加强；并明确了贷款利率、地方金融监管部门的监管职责；首次提出了贷款禁止用途、贷审分离、规范债务催收、经营区域放宽等条件。

此次监管新政是2008年《关于小额贷款公司试点的指导意见》的升级版，围绕加强监管、规范经营行为、防范化解风险，进一步明确经营规则和监管规则，充分发挥政府及地方金融监督管理局的主观能动性，促进小额贷款公司行业规范健康发展。同时也应当看到，强监管对小额贷款公司以及整个行业而言，既是挑战，也是机遇。一方面，监管趋严势必对小额贷款公司经营业务形成更强约束，原有不合规的业务需要进行调整，将有部分机构面临较大的调整压力；另一方面，通过强监管可以倒逼小额贷款公司改善经营管理，对合规经营机构形成利好，加速行业优胜劣汰，促进整个小额贷款公司行业的健康发展。

瀚华小贷是较早在全国范围内实现连锁经营的小额贷款公司，而赤峰中昊小贷公司是最先探索信用互助模式发展惠农小贷业务的小额贷款公司，这两家是中国几千家小额贷款公司中比较有特色的案例。

三、村镇银行

2006年12月，原中国银监会为解决中国农村地区银行业金融机构网点覆盖率低、金融供给不足、竞争不充分等问题，发布了《关于调整放宽农村地区银行业金融机构准入政策更好支持社会主义新农村建设的若干意见》，并决定首批在四川、青海、甘肃、内蒙古、吉林、湖北6个省份进行村镇银行试点。截至2022年，中国村镇银行业已走过了近16年的发展历程。10多年来，村镇银行作为中国县域金融体系增量改革的典型实践，在监管部门和发起行的积极稳妥培育下，主动适应经济发展新常态，机构各项业务蓬勃发展、县域覆盖面大幅提高，呈现稳健、快速的发展势头，较好地坚持了"支农支小"的战略地位，有力地支撑了城乡经济协调发展。

10多年来，广大村镇银行坚守支农支小的战略定位，按照商业可持续原则，通过投资多元、种类多样、覆盖全面、治理灵活、服务高效的原则，坚持发展普惠金融这一时代赋予村镇银行的历史使命，充分发挥差异化、专业化、特色化、接地气的比较优势，不断改进和加强农村、城镇金融服务，在实现自身商业和财务可持续发展的同时，有力地支持了社会主义新农村和城镇化建设。

中国村镇银行从无到有，大体上经历了初步试点、积极推进和稳步发展三个阶段。

（一）2006年12月至2010年3月为初步试点阶段

2006年12月，原中国银监会发布了《关于调整放宽农村地区银行业金融机构准入政策更好支持社会主义新农村建设的若干意见》，推出了"低门槛、宽准入、严监管"的农村地区金融机构发展总体思路，明确了在四川、青海、甘肃、内蒙古、吉林、湖北6个省份率先开展试点。2007年1月，原中国银监会发布了《村镇银行管理暂行规定》和《村镇银行组建审批工作指引》，为村镇银行的发起设立和经营管理提供了制度保障。2007年3月，全国第一家村镇银行——四川仪陇惠民村镇银行在四川省仪陇县成立。后经国务院同意，原中国银监会又将试点省份从6个省份扩大到了31个省份（不包括港澳台地区，下同）。

（二）2010年4月至2011年7月为积极推进阶段

2010年4月，原中国银监会发布了《关于加快发展新型农村金融机构有关事宜的通知》，要求各地强化执行力，确保执行三年规划，并制定和调整了一系列政策。2010年5月，国务院发布了《关于鼓励和引导民间投资健康发展的若干意见》，鼓励民间资本参与设立村镇银行。准入政策的调整，大大调动了主发起行设立村镇银行的积极性。国家开发银行及四大国有商业银行、全国性股份制商业银行、城市商业银行、农村商业银行（含农村合作银行、农村信用社）等各类金融机构积极参与发起设立村镇银行，也为民间资本参与金融业务开辟了更加宽广的路径。

（三）2011 年 7 月至今为稳步发展阶段

随着村镇银行业的快速发展，为解决村镇银行业发展中暴露出的新问题，2011 年 7 月，原中国银监会发布了《关于调整村镇银行组建有关事项的通知》（以下简称《通知》）。这份《通知》的发布，引导和鼓励主发起行集约化、专业化发起设立村镇银行，有效解决了村镇银行协调和管理等问题，促进村镇银行合理布局，进一步提高了组建质量。

经过 10 多年发展，村镇银行坚守扎根县域、服务"三农"、助力县域经济发展方面使命，在为县域地区经济社会发展做出应有贡献的同时，自身的发展规模和经营水平也得到了显著提升。截至 2021 年末，全国组建村镇银行数量 1651 家，开业数量 1630 家，覆盖了全国 31 个省份的 1306 个县（市、旗），县域覆盖率达 70.6%，且新设机构主要集中在中西部地区。支农支小特色明显，对县域、农村地区持续"供血"成效显著。

"深耕'三农'，服务小微"既是时代赋予村镇银行的历史使命，也是村镇银行发挥自身优势的必然选择。从中国经济发展的现实情况来看，广大县域及农村地区一直是扶贫脱困的主战场，也是金融服务最为薄弱和困难的地区，在国务院推进普惠金融的战略规划中，明确提出要努力提升"三农"、小微融资服务水平、创新金融产品和服务手段等，村镇银行在这样的历史背景中应运而生，担负起了发展普惠金融助力脱贫攻坚的社会责任和历史使命，然而，村镇银行在实际运营中也遇到了一些问题，例如：定位偏离支农支小，产品服务方式单一；治理结构有待优化，治理成效有待提升；管理机制有待完善，内控制度执行不力；风控体系不太健全，信贷管理手段落后；等等。

鉴于此，一些村镇银行积极探索各种模式，试图开辟一条可持续发展之路，其中不乏像鄂温克蒙商村镇银行一样，在内蒙古呼伦贝尔大草原开展创新实践，找到一种适应当地农牧民特征的金融服务模式，并被美誉为"马背银行"。

四、互联网金融机构

在互联网信息时代，各种行业与互联网相融合，实现了产业结构的优化升级。金融行业同样如此，通过"互联网+金融"的方式，推动了互联网金融的快速发展，为小额信贷业务的推广奠定了坚实基础。金融科技以数据和技术为核心驱动力，通过技术手段提高金融运行的效率，降低金融服务的门槛。近年来，云计算、大数据、人工智能和区块链等金融科技重点技术在金融领域被广泛应用，金融科技正在深刻改变金融生态、重塑金融格局，"无科技不金融"已成行业共识。

互联网金融是在"互联网+金融"的背景下实现的，互联网是金融发展的途径和渠道，主要依托云计算、大数据等网络信息技术，属于新兴金融工具。互联网金融是将金融与互联网进行深度融合，通过技术与业务相连接，实现两者的优化发展。

随着近年来信息科技的不断发展，互联网金融业已成为金融行业发展的一种主流趋势，小额信贷也成为金融机构的主打产品。在互联网背景下，小额信贷机构主要依托互联网金融平台开展业务，但小额信贷机构需要承担所有信贷风险，这无疑会增加小额信贷机构的整体风险，对此，可以将平台纳入风控体系当中，发挥平台的监督作用，在降低贷款风险的同时，分散小额信贷机构的风险压力。

在互联网金融时代，小额信贷产品成为大众消费品，备受消费者青睐，与此同时，在中国消费理念转变下，小额信贷业务将会快速增长。尽管小额信贷发展趋势良好，但必须要对其发展中存在的不足予以改进，规避风险，实现小额信贷业务的长远发展。

在金融科技赋能下涌现出了众多互联网起家的小额信贷机构，微众银行、网商银行就是其中最具代表性的机构。

五、商业银行

通过公益性小额信贷的发展，为国际机构推动中国地方商业银行小额信贷的发展提供了经验。中国地方商业银行小额信贷业务的起步，主要是国际机构通过与国家开发银行合作，利用项目的形式把小额贷款（也称微贷）成功引入中国的地方性商业银行，并在国内银行业加以有效推广。

（一）地方商业银行的微贷项目背景

在世界银行和德国复兴银行的支持下，国家开发银行于 2005 年 11 月开始执行中国地方商业银行微贷项目。项目宗旨是扶持城市商业银行和农村商业银行，采用商业化的模式向中国城镇和城乡结合部的小型及微型企业提供小规模信贷服务。在德国 IPC 公司的技术支援下，国家开发银行的地方商业银行微贷项目从 2005 年 11 月 28 日开始向参与合作的地方商业银行提供转贷和技术支持。

世界银行和德国复兴银行作为参与的国际机构在与国家开发银行合作的基础上提供了技术支持和经费支持。国家开发银行小额信贷项目的专家团队首先进入浙江台州商业银行，微贷项目在 2006 年 9 月扩展到江西九江商业银行，随后于 2007 年 5~11 月扩展到甘肃兰州银行、广西桂林银行、安徽马鞍山农村商业银行、黑龙江大庆商业银行、重庆银行和四川德阳银行。2008 年，广西桂林市商业银行、云南曲靖市商业银行和湖北荆州商业银行也先后加入了该项目。

（二）地方商业银行微贷项目的成功经验

在短期内（3 年左右）推进的地方商业银行微贷项目总体而言是一个非常成功的项目，体现在三个方面：

一是项目已达到主要项目目标，包括借款人数量、培训的信贷员数量、小额贷款的拨付金额等。具体来说，该项目实现了贷款下移的目标，2005~2008 年，12 家合作金融机构的平均单笔贷款规模大体在 1.5 万~7.8 万元。该项目还达到了小额贷款的可持续财务目标，如小额贷款运作的贷款质量和财务绩效。合作的金融机构发放的小微企业贷款质量一贯保持在优良水平，逾期超过 30 天的贷款占贷款总余额的比例一直低于0.7%，远低于项目评估文件为该贷款组合设定的 3%控制目标。该项目清晰地表明，中国银行业采用商业化方式扶持小微企业发展是完全可行的。

二是项目实现了诸多超越项目设想的其他目标。如一些合作的金融机构已将从该项目学到的小额贷款技术应用到其他银行业务运营中，主要是为乡镇企业、农户、中小企业提供融资；一些银行经理已将小额贷款业务人员的招聘和管理方法运用到其他银行职员的管理中，包括服务企业和消费者的贷款业务人员；再如通过开展微贷业务，合作的金融机构已吸引更多储蓄存款和优质客户，为这些银行的未来发展奠定了良好基础。

三是项目实现了把小微企业贷款纳入中国正规金融系统的目的。其最主要的标志是在项目结束后，越来越多的城市商业银行（以下简称城商行）和农村商业银行通过自己花钱购买专家服务的形式引进并推广微贷业务，并且形成了商业化的银行业对体制外微贷专家服务的需求，以及相对应的市场化的微贷专家服务提供商。通过购买专家服务主动开展微贷业务的地方商业银行包括江苏常熟农村商业银行、湖北武汉农村商业银行、四川成都农村商业银行、吉林长春市农村商业银行等。一些全国性的商业银行也积极开展了微贷业务，如中国邮政储蓄银行。一些项目顾问已获聘为一些银行主管小微企业贷款的高层或中层管理人员。微贷专家服务提供者很多是以前由德国 IPC 公司聘用的在地方商业银行微贷项目中提供咨询服务的中方顾问。

（三）国际机构对中国商业银行小微企业贷款的贡献

国际机构对中国商业银行小微企业贷款的贡献可以概括为以下五个方面：一是在对当时中国社会经济发展需求和银行业发展状况深入把握的基础上，国际机构在适当的时机推出了商业银行微贷项目，通过引进国外的先进微贷理念和经验，帮助中国政府和商业银行把正规金融机构服务小微企业的理想部分转变成了现实；二是国际机构通过这个项目，既培养了一批银行内的从事微贷的管理人员和专家，还培养了一批市场化的为商业银行提供微贷咨询服务的专家队伍，从而使微贷技术在中国银行业扎根；三是不少合作银行的人员认为，他们从微贷项目中受益最多的是改变对总体贷款业务、培训和管理信贷人员及中层管理人员的思路和工作方法，这远比单纯地引进一套贷款方法重要得多；四是通过微贷项目的实施，国际机构帮助证明了中国的商业银行，特别是中小型商业银行，是完全能够开展商业性的微贷业务，为小微企业提供服务；五是通过开展微贷项目，国际机构也促成了中国的金融监管机构在监管政策规定上作出了有利于银行服务小微企业的改进。

国际机构在项目设计和推进项目的过程中，把地方性的商业银行（小银行）作为微贷的突破口，符合中小银行服务中小企业的理论与原则，使微贷模式在比较短的时间内在中国的城市商业银行和农村商业银行中得以推广。另外，与推进中国的农村小额信贷不同，国际机构在推进城市微贷的过程中目标明确，更具有计划性，把外部支持聚焦于适合商业银行微贷技术的传授和对银行微贷工作人员的培训，在短期内取得了比较好的效果。国际机构选择的技术支持团队和技术支持方式有效，通过手把手的师傅带徒弟式的培训，使商业银行的信贷人员能在半年左右的时间初步掌握微贷技术，并且形成良好的信贷习惯。

六、农村信用社系统

农村信用社系统（以下简称农信社系统）是新中国成立以后，最早在中国广大农村牧区开展小额信贷的金融机构。农信社系统（农村商业银行、农村合作银行、农村信用合作社）是中国农村金融体系最重要的组成部分。在60多年曲折的变革历程中，农信社系统始终坚持发展小额信贷业务，主动调整信贷结构以适应农村普惠金融的市场定位和发展需要，既能进一步满足小微客户融资需求，又能有效降低信贷总量中的结构性风险，提升金融服务能力，这些都是农信社系统改革需要达成的目标。

（一）农信社系统改革的问题

农信社系统改革是中国金融体制改革发展中的一种特有现象。回顾农信社系统的改革历史，其核心问题主要围绕着以下四个方面：一是推进农信社产权制度改革，经历了从合作制、股份合作制到股份制以及多元化产权制度等变迁；二是理顺农信社管理体制，重点是改革省联社，强化专业化服务功能，发挥"小法人，大平台"优势；三是完善公司治理，建立现代金融企业制度，提升内部治理水平；四是建立健全风险承担机制，形成全面风险管理能力，防范化解金融风险。无论哪种改革方向，可以肯定的是，未来的农信社系统改革应将能否更好地服务"乡村振兴"作为检验改革成效的重要标准。

经过多轮改革，特别是2003年试点改革成立省联社后，农信社系统的历史包袱大大减轻，法人治理逐步完善，经营实力和管理水平显著提高，金融服务能力大大提升，在服务"三农"、乡村振兴和脱贫攻坚中发挥了重要作用，自身也不断发展壮大。

但也应当看到，自2003年两轮改革以来，农信社系统内外部环境发生了巨大变化，农信社系统体制机制上深层次的问题逐步显现：省联社定位不清、功能不足，难以适应管理与服务农信社机构的现实需要；难以理顺"自下而上入股，自上而下管理"的关系，农信社改制为农村商业银行之后，公司治理等仍然存在"形似而神不似"现象；部分农信社系统机构发展定位模糊，商业化经营与服务"三农"目标存在一定冲突，涉农贷款比例下降；少数农信社系统机构资产质量下行压力较大，化解不良、防控风险面临严峻挑战。此外，面对金融科技快速发展，农信社系统机构的观念、技术、人才等存在短板，部分农信社系统机构难以适应。

2020年初，银保监会发出深化农信社系统改革的文件，对农信社系统改革作出具体安排。在农信社系统改革已经进入"深水区"之际，应加强顶层设计，由国务院金融稳定发展委员会牵头，加快出台深化农信社系统改革的指导意见，支持各省份在坚持基本原则的基础上因地制宜，探索新机制、新模式、新方案，兼顾促进发展和防控风险双重目标，积极稳妥地推进和深化改革。

（二）农信社系统发展的建议

实行股份制改造、商业化经营是深化农信社系统改革的主流方向，也是顺应当前国际国内经济形势，应对复杂金融环境的大势所趋。但要保持农信社系统的草根本色，坚持服务"三农"和小微企业，可持续地提供小额信贷，担负起乡村振兴的重担，需要做到以下四个"必须"：

第一，农村商业银行改制必须坚持服务"三农"方向、保持草根金融本色。农信社改制为农村商业银行，是改名不改姓，改制不改向。农村商业银行从诞生之日起就有着"三农"基因、草根本色，"三农"始终是农村商业银行的生存之本、立行之基和发展之源。农村商业银行的前身是农信社，是农村金融体系改革的产物，与国有商业银行和股份制商业银行相比，农村商业银行具有自身的优势。农村商业银行主要布局在乡镇，为本地客户办理业务提供了相当大的便利性。而且农村商业银行的员工多为当地人员，对当地的经济环境较熟悉，了解当地的客户资源，有广大的人脉关系，同时，作为一级法人的农村商业银行，规模小、决策层次少，对当地市场有很强的敏感性，因此对于当地中小企业的很多服务需求能够灵活地及时给予回应、做出决策，也会使其平均成本相对较低，展现其草根优势。

第二，农信社系统必须全面加强风险控制。风险管理既是银行业金融监管的要求，更是银行业自身生存发展的需要，风险管控水平直接体现了银行业的核心竞争力。加强风险控制和管理是各类金融机构的永恒主题。要牢固树立风险管理意识，加强风险管理文化培育，让员工把防范风险作为自觉行动。

第三，农村信用社、农村商业银行的管理必须建立科学的绩效考核体系。农村信用社、农村商业银行日常管理工作千头万绪，特别是作为农村金融体系改革产物的农村商业银行，需要利用从业人员的本土化、与当地客户联系紧密、熟悉当地客户资信及经营情况等有利条件，充分发挥每一位员工的工作积极性，实现领导之间、部门之间、员工之间在知识、技能和智慧高度的优势互补与配合协调，调动管理层和一线员工长久的主观能动性，更好地服务"三农"，发挥"知农、近农、便农、助农"的纽带作用，为"三农"提供便捷高效的金融服务。

第四，农信社系统的发展必须有国家持续的政策支持和良好的发展环境。改革是一个企业持续发展的不竭动力，也是农信社系统面临激烈市场竞争寻求发展新突破的长远之策。要使农信社系统真正成为自主经营、自我约束、自我发展、自担风险的市场主体，并通过建立科学的法人治理结构、完善的风险管理机制和内控制度，达到资本充足、产权明晰、治理完善、内控严密、财务良好、服务高效，成为具有较强竞争力和可持续发展能力的现代金融企业，国家必须持续提供有效的政策支持和营造良好的发展环境。比如，各级政府部门要从财政税收方面加大对农村商业银行的扶持力度。只有在向客户提供的金融服务所获得的收入可以覆盖其经营成本和资金成本的前提下，农村商业银行才能实现其独立生存和持续发展的目标，才能使广大"三农"群体、小微企业持续地享受金融服务，分享国家经济发展成果。为此，要进一步协调地方各级人民政府结合各地实际，扩大对服务"三农"的农村商业银行等新型农村金融机构定向费用补贴范畴，加大政策扶持力度。

第三章 小额信贷机构的风控机制建设

风险是金融活动的内在属性。能否有效地管理风险，是关系到小额信贷机构能否生存与发展的头等大事。自 2020 年以来，小额信贷机构在市场拓展、盈利能力、资产质量、资本补充等方面都面临着更为明显的压力和挑战。

第一节 小额信贷机构风险管理

综观中国银行业 100 多年的历史就是在不断化解风险中前进的，没有一家银行机构是一帆风顺的。实践证明，包括小额信贷机构在内的金融服务提供者的经营发展关键要看决策者、经营者对风险的认识和把控能力。小额信贷机构作为中国 21 世纪以来金融体系增量改革的典型实践，需要居安思危、未雨绸缪，不能忽视一个风险，不能放过一个隐患。小额信贷机构管理层要有如履薄冰的意识，要时刻想风险、防风险，随时研究风险、重视风险，更要学会驾驭风险。

一、小额信贷机构的风险管理原则

小额信贷机构的风险管理是指通过风险识别、风险评估、风险控制和风险处置等一系列管理手段来防范信贷风险的工作过程。小额信贷风险管理应当遵循全面管理、制度优先、预防为主、职责分明的原则。

（一）全面管理原则

对资产、负债、所有者权益和收入、支出、损益等业务经营的各个环节，进行全面的风险管理。

（二）制度优先原则

开展各项工作先制定相应制度，尽可能使其科学、合理并严格按照制度执行，并对制度执行效力和结果实行全程监控。

（三）预防为主原则

各类风险应防范于未然，以预防预警为主，出现问题及时采取针对性措施予以处置化解。

（四）职责分明原则

防范和处置风险，明确各职能部门和责任人相应的权利和义务，对因渎职、失职或营私舞弊造成风险或损失的行为，依照公司规定追究相关责任人的责任。

小额信贷机构风险管理是一个完整的风险管理循环体系。小额信贷机构的风险管理循环体系通常包括风险管理目标与政策的制定、风险识别、风险评估、风险应对、风险控制、风险监测与风险报告等环节。制定风险管理目标与政策是小额信贷机构风险管理流程的起点。只有先明确目标，管理者才能确定有哪些因素可能影响目标的实现，才能对来自内外部的各种风险进行有效识别和评估；同样，只有先制定政策，管理者才能确定在风险管理过程中哪些行为是被允许的，哪些是被禁止的，才能对已识别出来的风险采取有效的应对与控制措施。风险管理目标与政策的制定更多体现在战略层面上，而风险识别、风险评估、风险应对与控制、风险监测与报告等具体环节是对风险管理目标与政策的细化和执行，这也是风险管理的主体部分。

二、小额信贷机构的风险管理组织

小额信贷机构的风险管理理念、原则等都必须通过一定的载体才能得以实施，风险管理的效果与小额信贷机构内部的组织架构具有高度的关联性。合理的组织架构设计和清晰的职能界定不仅有助于明确风险管理者的权力和责任，形成有效的风险治理机制，还有助于在小额信贷机构内部的各组成部分之间围绕风险管理进行持续的沟通，营造出良好的风险管理环境。不同小额信贷机构内部的风险管理组织架构设计可能各不相同，但大体上都应包括以下核心环节：

（一）董事会及其专业委员会

董事会是小额信贷机构风险管理的最高决策机构，也是风险管理的最终责任承担者，其主要负责审批小额信贷机构风险管理的战略、政策和程序，确定小额信贷机构可以承受的总体风险水平，督促高级管理层采取必要的措施来识别、评估、监测和控制各种风险，并定期获得关于风险性质和水平的报告，监控和评价风险管理的全面性、有效性以及高级管理层在风险管理方面的履职情况。董事会通常指派专业委员会（如风险管理委员会）负责拟定具体的风险管理政策和指导原则。专业委员会的成员应由小额信贷机构内部具有丰富管理经验的人士担任，也可以邀请外部专家参与。

（二）高级管理层

小额信贷机构的高级管理层负责制定、定期审查和监督执行风险管理的政策、程序以及具体的操作规程，及时了解小额信贷机构的风险水平及其管理状况，并确保公司具备足够的人力、物力以及恰当的组织结构、管理信息系统和技术水平来有效地识别、评估、监测和控制各项业务所承担的各类风险。毫无疑问，高级管理层的支持与承诺是小额信贷机构有效风险管理的基石，只有高级管理层充分意识到风险管理的重要性，并积极投身于其中，风险管理才能对小额信贷机构整体产生最大的收益。小额信贷机构应在高级管理层中指定专人具体负责风险管理，有条件的小额信贷机构还可以设立专门的风险管理总监（或称首席风险官）。

（三）风险管理部门

为了确保风险管理的有效性，小额信贷机构应设立专门的风险管理部门，负责风险管理的具体实施。负责风险管理的部门应当职责明确，与承担风险的业务经营部门保持相对独立，向董事会和高级管理层提供独立的风险报告，并且具备履行风险管理职责所需要的人力、物力资源。负责风险管理部门的工作人员应当具备相关的专业知识和技能，并充分了解所在小额信贷机构与各类风险有关的业务、所承担的各类风险以及相应的风险识别、计量、控制的方法和技术。

（四）其他风险控制部门

一是财务管理部门。小额信贷机构经营过程中遇到风险的所有影响最终都将集中体现到其财务状况和经营成果上，这要求小额信贷机构的财务管理部门在组织、指导财务活动时，应通过有效地识别、评估公司在经营过程中客观存在的风险，进而采取行之有效的防范控制措施，以最小成本获得最大安全保障。不仅如此，风险管理部门在识别、评估和控制风险时，所依据的数据很多也是来自财务管理部门。因此，财务管理部门在小额信贷机构风险管理过程中发挥着至关重要的作用。二是内部审计部门。内部审计作为一项独立、客观、公正的约束与评价机制，可以在强化小额信贷机构风险管理的过程中发挥重要作用。内部审计可以从风险识别、评估、监测和控制等主要阶段来审核小额信贷机构风险管理的能力和效果，发现并报告潜在的重大风险，提出应对方案并监督风险控制措施的落实情况等。三是法律及合规部门。有条件的小额信贷机构还可以设立专门的法律及合规部门，及时判定、评估和监测公司所面临的法律及合规风险，并向高级管理层和董事会提出咨询建议和报告。

三、小额信贷机构面临的主要风险类型

小额信贷机构面临的风险多种多样，其中最主要的五种风险是信用风险、操作风险、政策风险、流动性风险和声誉风险。

（一）信用风险

信用风险是指债务人或交易对手未能履行合同所规定的义务或信用质量发生变化，影响金融产品价值，从而给小额信贷机构造成经济损失的风险。通常信用风险的存在与借贷行为的发生有密不可分的关系。对某个特定的放贷机构来说，从贷出一笔款项开始到这笔款项最终完全收回，整个过程中始终要面对的问题都是借款人能否及时归还贷款。一旦借款人违约，放贷机构就会因此遭受损失。因此，传统意义上的信用风险等同于违约风险。

具体来说，小额信贷机构的信用风险主要表现在以下几方面：一是借款人主观上的违约。这是对贷款影响最大，也是长期以来各类放贷机构最担心的问题。信用即借款人本身的人格信誉，属道德品质范畴，变数很大，由此形成的债务链极为脆弱，一旦断裂和遭到破坏就会失去对贷款归还的约束力。二是借款人在生产经营活动中要面临的风险，包括自然灾害、市场波动以及政策环境变化等。由于小额信贷机构的借款人主要集中于农户、个体工商户以及微型企业，他们自身抗风险能力较弱，经营风险十分突出。以农户贷款为例，农业的弱质性决定了其生产经营对自然条件及生产环境有较强的依赖性。农业受自然灾害的影响很大，一次旱灾或洪灾就可能导致庄稼颗粒无收，农户没有收入，自然谈不上还贷。三是由于小额信贷机构的贷款过于集中在某一区域或行业而导致的系统性风险。小额信贷机构的客户数量多，单笔贷款金额小，表面上看似乎是实现了贷款投向的分散，但实际上小额信贷机构往往要面临比其他银行类机构更大的信用集中风险。

（二）操作风险

操作风险是指因操作流程不完善、人为过失、系统故障或失误及外部事件造成损失的风险。相对于其他风险类型，操作风险的范围更为宽泛。它可以泛指在小额信贷机构运作过程中可能发生的一系列损失，这些损失可能源自某种电脑病毒的发作或者宏观政策的改变，也可能由某些特定情况下决策者的一个失误而导致，或者来自第三方的欺诈。

小额信贷机构操作风险的形成原因主要有：一是人员因素。如小额信贷机构员工发生内部欺诈、失职违规；员工的知识和技能匮乏，不能胜任其本职工作；核心员工流失导致关键的技术、信息和客户流失等。二是流程因素。小额信贷机构的主要服务对象为农户、个体工商户和微型企业，其贷款业务具有户数多、金额小、期限短、方式灵活、手续简便等特征，这意味着在同等资金规模下，与银行大宗业务相比，小额信贷机构贷款业务量更大，从而增加了产生操作风险的可能性。三是计算机系统因素。如小额信贷机构的计算机系统设计不完善或维护不完善，系统之间不兼容，设备发生故障等，从而导致数据丢失、外泄甚至业务操作无法进行等问题。

（三）政策风险

政策风险是指政府有关小额信贷行业的政策发生重大变化或是有重要的举措、法规出台，引起小额信贷市场的波动，从而给小额信贷机构带来风险。在市场经济条件下，由于受价值规律和竞争机制的影响，各类小额信贷机构争夺市场资源，都希望获得更大的展业自由，因而可能会触犯国家的有关政策，而国家政策又对各类小额信贷机构的行为具有强制约束力。另外，国家在不同时期可以根据宏观环境的变化而改变政策，这必然会影响到小额信贷机构的经济利益。因此，国家与企业之间由于政策的出台和调整，在经济利益上会出现矛盾，从而产生政策风险。

政策风险一般涵盖以下三类风险：法律风险、合规风险和监管风险。所谓法律风险，是指在小额信贷机构的日常经营活动中，因为无法满足有关的商业准则或违反相应的法律规定导致小额信贷机构不能履行合同、发生争执诉讼或其他法律纠纷，而可能给其造成经济损失的风险。从狭义上讲，法律风险主要是关注小额信贷机构所签署的各类合同、承诺等法律文件的有效性和执行能力。

所谓合规风险，是指小额信贷机构因未能"合规"而可能遭受法律制裁或监管处罚、重大财务损失或声誉损失的风险。这里的"规"是指法律、规则和准则，包括适用于小额信贷机构经营活动中的所有法律、行政法规、部门规章及其他规范性文件、经营规则、自律性组织的行业准则和职业操守等内容。

所谓监管风险，是指由于法律或监管规定的变化，可能影响小额信贷机构正常运营，或削弱其竞争能力、生存能力的风险。与合规风险相比，监管风险的范围要窄一些，其主要涉及的内容是法律、法规以及监管当局制定的规则和标准，而合规风险不仅涉及这些外部的法律、规则和准则，还涉及小额信贷机构内部规章制度、行为准则和职业操守等内容。

(四) 流动性风险

流动性风险是小额信贷机构经营过程中面临的主要风险之一。随着利率市场化、金融创新的不断深入，不同类型的小额信贷机构在业务类型、复杂程度、资产负债结构等方面的差异逐步显现。同时，小额信贷机构之间的同业业务往来增多使得金融市场波动对小额信贷机构流动性的影响更加显著。

流动性风险主要产生于小额信贷机构无法应对因负债下降或资产增加而导致的流动性困难。当一家小额信贷机构缺乏流动性时，它就不能依靠负债增长或以合理的成本迅速变现资产来获得充裕的资金，因而会影响其盈利能力。极端情况下，流动性不足会导致小额信贷机构倒闭。

流动性风险与信用风险和操作风险相比，形成的原因更加复杂和广泛，通常被视为一种综合性风险。流动性风险的产生除了因为小额信贷机构的流动性计划可能不完善之外，信用、操作等风险领域的管理缺陷同样会导致小额信贷机构的流动性不足，甚至引发风险扩散，造成整个行业系统出现流动性困难。

小额信贷机构的流动性风险形成的原因：一是流动性极度不足。流动性风险是一种致命性的风险，而多数情况下往往是其他风险导致的结果。二是短期资产价值不足以应付短期负债的支付或未预料到的资金外流。可以说，保证流动性充足是在困难条件下帮助争取时间以及缓和危机冲击的"安全垫"。三是筹资困难。从筹资角度来看，流动性是指以合理的代价筹集资金的能力。流动性的代价会因市场上短暂的流动性稀缺而上升，而市场流动性对所有市场参与者的资金成本均产生影响。因此，小额信贷机构筹资的能力实际上是市场流动性和小额信贷机构流动性两方面因素共同作用的结果。

（五）声誉风险

声誉风险是指小额信贷机构因操作上的失误、违反有关法规、资产质量下降不能到期偿债、内部管理不善等，导致其声誉受损，进而面临损失的风险。声誉是小额信贷机构经营的生命线，其对机构的影响往往比信用风险、操作风险等的影响更大、冲击力更强。良好的声誉能够让内部员工、社会公众和投资者对小额信贷机构充满信心，为其带来更多的业务机会，扩展其生存的空间；反过来，一旦声誉受损，小额信贷机构就会面临员工和客户的流失、投资者撤资、业务缩减等困境。因此，小额信贷机构应该注重企业形象塑造，以品牌支撑业务发展，不断创新，提供优质服务，从而增加美誉度和竞争力，既强化了自身防范风险的能力，也树立了小额信贷机构在社会公众心目中的良好形象。

随着经营环境的变革，小额信贷机构声誉风险管理正面临多方面的新挑战。值得关注的是，在声誉风险问题变得越来越突出的同时，对多数小额信贷机构来说，声誉风险管理依然是一个新课题。相比传统信用风险、操作风险等，声誉风险事件具有监控难度大、传播速度快、处置强度大等特点。

从现实来看，声誉风险的源头往往与小额信贷机构日常业务操作息息相关。小额信贷机构的业务部门和风控部门如何打通，并建立起跨部门的协调机制，是未来小额信贷机构声誉风险管理的一道必答题。通常，业务部门管业务，风险部门管风险。只有出现了声誉风险的时候才会作为风险去管理，但实际上已经晚了。要从公司治理角度建立起日常业务发展和声誉风险管理之间相协调的制度，规范业务流程，特别是在开发新业务、新产品的时候，需要依靠一套完善的声誉风险管理预案和方法去评估，才能从源头上杜绝问题的产生。

第二节　小额信贷机构的风险识别与防控

小额信贷机构的业务特点决定了每项业务和每个业务环节都具有潜在的风险。小额信贷机构风险管理是一项系统性工程，包括目标与政策的制定、风险识别、风险评估、风险应对、风险控制等诸多环节。由于不同的小额信贷机构其风险防控目标与政策的制定有所不同，为此，本节着重探讨小额信贷机构各类风险识别与防控问题。

一、风险识别的原则

适时、准确地识别风险是小额信贷机构风险管理的最基本要求，也是风险管理流程的首要步骤。风险识别应坚持全面周详、量力而行、科学计算及系统化、规范化、常态化的原则。

（一）全面周详的原则

全面周详的原则就是要全面系统地考察、了解各种风险事件存在和可能发生的概率以及损失的严重程度，判断风险因素及因风险的出现而导致的其他问题。其中，损失发生的概率及其后果的严重程度，直接影响对损失危害的衡量，最终决定风险处置措施的选择和管理效果的优劣。因此，小额信贷机构必须全面了解各种风险的存在和发生及其将引起的损失后果的详细情况，以便及时清楚地为决策者提供比较完备的决策信息。

（二）量力而行的原则

风险识别的意义在于以最小的支出来获得最大的安全保障，因此，小额信贷机构在经费限制的条件下，必须根据实际情况和自身的财务承受能力，来选择效果最佳、经费最省的识别方法。小额信贷机构在风险识别和衡量的同时，应将该项活动所引起的成本列入财务预算，进行综合的考察分析，以保证用较小的支出，来换取较大的收益。

（三）科学计算的原则

科学计算就是对小额信贷机构各类业务、各个部门、各个经营环节状况及其所处环境进行量化核算的具体过程。风险的计算和衡量要以严格的统计分析为依据，结合地区本行业或社会平均值测得接近合理的分析结果。

（四）系统化、规范化、常态化的原则

小额信贷机构应当建立系统的风险管理控制体系，制定完善的风险管理工作操作流程，健全管理制度、明确管理职责，确保风险管理工作规范化和常态化。

二、风险资料的收集与整理

由于小额信贷机构的业务风险具有隐蔽性、复杂性和多样性等特征，小额信贷机构要防范和识别风险就必须及时、广泛地采集各种风险信息和数据，使用科学系统而又符合实际的认知方法，准确判断风险的来源、成因及后果，进而采取各种有效措施，把各类风险损失降低到最低程度。

风险资料是指各种能够反映业务发展现状及趋势预测、前期风险的发生及其结果等情况的统计数据和文字记载，以及据此做出的简单分析等资料。对风险资料的收集和整理是小额信贷机构识别风险的根本依据，风险资料越完备，信息越充分，据此对未来风险的发生及结果的预测越准确。

风险资料大多集中在以下三个方面：一是专业性资料。通过向各种专业性的机构咨询或购买的有关信息。例如，按规定小额信贷机构可以申请加入企业和个人信用信息基础数据库，这样，在发放贷款时小额信贷机构只要进入中国人民银行的信贷登记咨询系统，就可以很便捷地查询到借款人的信用资料。二是媒体信息。即各种图书、报纸、杂志、其他公开出版物，以及电视、广播、互联网等媒体公开发布的信息，包括国家的法律法规、政府部门发布的政策信息、借款人或交易对手的公开信息等。三是现场访查获得的信息资料。由调查人员直接到实地了解进行风险分析所需的第一手信息资料，如贷前调查人员到借款企业实业考察其经营状况、资信情况等。

通常，前期收集来的风险资料比较零星、杂乱，不能准确地反映风险的成因与损失。因此，小额信贷机构必须根据一定的研究目的，把这些收集到的原始资料进行科学的归纳、加工和整理，使之系统化、条理化、科学化。

三、风险识别的主要方法

如何识别风险，使风险识别具有准确性、完整性、系统性。风险识别是个系统、持续的复杂工作，需采用科学的方法，其基础在于对贷款发放过程风险的分解。从国际国内小额信贷机构行业发展所取得的实践经验总结来看，小额信贷机构风险识别的方法有很多种，常见的主要有专业分析法、外部环境分析法、指标预警法及情景分析法。

（一）专业分析法

专业分析法就是利用专业人士的知识、经验及判断来识别贷款风险，这也是小额信贷机构识别风险时最常用的一种方法。小额信贷机构通常配备经验丰富的信贷人员，由他们专门从事具体的业务操作。由于小额信贷机构贷款对象主要是农户、个体工商户和小微企业，这些客户来源复杂，往往缺乏必要的信用记录和财务资料，对他们的风险识别大多要靠业务人员现场访查，这时候，那些信贷人员的专业技能知识和直觉判断能力就显得非常重要。为了提高专业分析法的准确性，小额信贷机构可以在公司内部设立专门的审贷委员会，集思广益，识别风险。

（二）外部环境分析法

通过对客户外部环境的分析，了解来自外部环境的各种不确定因素对经营项目运行的影响，主要包括经营项目资金来源及落实情况、政府政策导向、市场状况、人文环境、风俗情况，通过分析其与客户经营项目存在的内在联系，从中发现风险。详细勘察现场，清楚现场及周围环境、市场价格、周围人群对经营项目参与和接受的程度，减少可能的风险。

（三）指标预警法

指标预警法就是小额信贷机构根据经验及具体业务的特点设置风险预警指标，确定指标的临界值并将其作为风险发生的触发点，也就是说，一旦某项指标的实际数值迫近其临界值，就表明对应的风险发生的可能性很大，应该密切关注。例如，经过长期的观察，人们发现贷款的逾期归还与贷款的最终违约之间存在较强的正相关性，尤其是逾期归还的日期长度超过 90 天的贷款，其最终违约的可能性高于那些逾期归还期限短于 90 天的贷款。这样，小额信贷机构就可以把逾期期限为 90 天作为贷款最终违约的一个预警指标值。

（四）情景分析法

情景分析法主要是小额信贷机构通过设置某种具体的情景来描述风险，以此来判断当某种因素变化时，某项业务或整个小额信贷机构的情况会有何不同，将会有何种风险发生，其影响如何等。情景的设置既可以是对未来状况的预演，也可以是对历史场景的真实模拟。例如，小额信贷机构可选取融资资金突发性强制要求提前归还，而对应的客户贷款根本无法提前收回的情况发生时的场景，选取一些关键性的因素，对其一幕一幕地进行演示，来揭示小额信贷机构在不同情景中会有什么样的结果。

四、主要风险类别的控制与管理

小额信贷机构在日常经营活动中会面临各种各样的风险，而不同的风险识别与控制的方法有所不同。下面着重就信用风险、操作风险、政策风险、流动性风险和声誉风险的控制与管理进行简要的分析研究。

（一）信用风险的控制与管理

信用风险的特征主要集中在小额信贷机构客户的还款能力和还款意愿上。在实际工作中下列情况都可能导致信用风险发生：

第一，借款人的偿债能力、盈利能力等关键财务指标突然出现异常性的不利变化或低于同行业平均水平。

第二，借款人或有负债（如对外担保、抵押等）过大或与上期相比有较大幅度上升。

第三，借款人的固定资产贷款项目出现重大的不利于贷款偿还的因素（如基建项目工期延长、预算调整过大）。

第四，借款人未按约定用途使用贷款。

第五，借款人或担保人改制（如分立、兼并、租赁、承包、合资、股份制改造等）对贷款可能产生不利影响。

第六，借款人的主要股东、关联企业或母子公司等发生了重大的不利于贷款偿还的变化。

第七，借款人的管理层出现重大意见分歧或者法定代表人或主要经营者的品行出现了不利于贷款偿还的变化。

第八，借款人在其他金融服务提供者的贷款被划为次级类。

第九，宏观经济、市场、行业、管理政策等外部因素的变化对借款人的经营产生不利影响，并可能影响借款人的偿债能力。

第十，担保人出现重大经营异常，偿债能力降低等。

对于信用风险的控制，小额信贷机构应当做到以下几点：

第一，坚持动态信息对称，把握企业的变动过程与趋势，做到时时心中有数。

第二，实现全面全过程的信用管理，保证信息的宽度及动态的变化与趋势。

第三，建立并完善各项风险管理的规章制度，严格控制风险。

在实践中，一些小额信贷机构在学习借鉴国际先进经验的基础上，立足中国国情，总结了识别客户信用风险的五要点，也就是"五看"：

一是看人。看借款人的个人品质：通过侧面了解看有无不良嗜好，通过中国人民银行征信系统查询征信报告，了解有无不良信用记录；看借款人的家庭关系：通过侧面了解借款人家庭婚姻是否稳定，家庭关系是否和谐；看借款人的健康状况：通过侧面了解有无重大疾病；看借款人的工作经历：看从事本行业年限，要求有不低于1年的从业经验；看借款人的经济实力：主要看个人净资产或家庭净资产，以及个人资产与负债的比例。

二是看物。通过实地走访侧面了解借款人管理层关系是否融洽；看企业固定资产累积情况，主要是企业的厂房、土地、设备等情况；通过向企业了解贷款情况，核实企业的对外担保等或有负债；看企业净资产；看企业产品：通过财务报表、纳税申报表、对账单、用电量、用水量等判断销售，通过企业的订单量、上下游合作的年限、上游产品的价格波动情况及波动趋势来判断企业应对上游产品价格波动的能力和市场需求；看自主创新能力或区域专属代理权：生产企业看产品是否有专利，是否具备研发新产品能力，如果有，可视为核心竞争能力的提升，贸易企业看是否有区域专属代理权，如果有，可视为可持续经营能力的提升；用工成本上升对企业盈利能力的影响；出口退税等政策性变动因素的影响；目前是否涉及对企业不利的诉讼。

三是看用途。主要包括合规性和合理性两个方面。合规性：主要看用途是否符合有关监管部门及机构的授信政策、文件的要求。合理性：主要看用途与生产经营是否相符合。

四是看现金流。通过银行对账单来判断，看账户借方和贷方的发生额及发生频率，正常的账户结算记录应该为发生频率较高、笔均较小，资金来源一般为货款收入，而资金流向一般为购买原材料或经营成本支出；通过银行卡或个人结算账户分户账来判断，看个人账户的进出情况，日均存款，发生频率；通过公司账户及个人结算账户来判断，看现金流与授信期限、金额的匹配情况。

五是看担保。通过风险共享系统查询或向房产交易所等相关部门查询看抵押物是否已被查封，了解抵押物权属情况；了解抵押现状，自用或出租，如果出租，其出租年限、租金支付情况；看变现能力，是否存在限制条款。若保证人为大中企业，参照大中企业的要点审查。若保证人为小企业，参照小企业的要点审查。若保证人为个人，看个人实力及还款意愿。

（二）操作风险的控制与管理

操作风险往往是由于小额信贷机构内部员工职业道德、综合素质、内控机制建设不到位，以及产品设计不合理等内部操作性因素所致。在实际工作中下列情况都可能导致操作风险发生：

1. 内部员工道德风险

员工道德风险主要有两个方面：一是内部欺诈，是指员工故意骗取、盗用财产或违反监管规章、法律或制度、政策导致的损失；二是失职违规，是指员工因过失没有按照雇佣合同、员工守则、相关业务及管理规定操作或者办理业务造成的风险，主要包括未经审批的业务或行为以及越权办理的活动。员工越权行为包括滥用职权、对客户交易进行误导或者支配超出其权限的资金额度，或者从事未经审批的业务等，致使公司发生损失的风险。

2. 员工知识技能匮乏

在工作中，员工自己意识不到缺乏必要的知识，按照自己认为正确而实际错误的方式工作；员工意识到自己缺乏必要的知识，但是由于颜面或者其他原因而不向管理层提出或者声明其无法胜任某一工作或者不能处理面对的情况；员工意识到本身缺乏必要的知识，进而在这种情况下开展业务工作。

3. 核心员工流失

小额信贷机构的核心员工往往掌握着公司大量技术和关键信息，他们的流失必然会给公司带来不可估量的损失。核心员工流失体现为对关键员工的过度依赖性，包括缺乏足够的后援、替代人员，相关信息缺乏共享和文档记录，缺乏岗位轮换机制等。

4. 财务、会计错误

财务、会计错误是指公司内部在财务管理和会计账务处理方面存在流程错误，主要原因是财会制度不完善，管理流程不清晰，财会系统建设存在缺陷等。

5. 文件、合同缺陷

文件、合同缺陷也称文件、合同瑕疵，是指各类文件档案的制定、管理不善，包括不合适的或者不健全的文档结构，以及协议中出现错误或者缺乏协议等，主要表现为抵押权证、房产证丢失等。

6. 计息错误

计息错误是指在利息计算过程中，由于人员计算失误、未经复核，导致收息错误的行为，这在一定程度上可能给小额信贷机构造成经济及声誉等方面的损失。

7. 错误监控、报告

错误监控、报告是指小额信贷机构的监控、报告流程不明确、混乱，负责监控及报告的部门的职责不清晰，有关数据不全面、不及时、不准确，造成未履行必要的汇报义务或者对外部汇报不准确（发生损失）。

8. 产品设计缺陷

产品设计缺陷是指为客户提供的产品在业务管理框架、权利义务结构、风险管理要求等方面存在不完善、不健全等问题。

对操作风险的控制主要从合规文化理念、内部控制机制和业务信息管理三个方面入手：一是要使全体员工树立正确的合规文化理念，把合规的理念贯穿到全体员工和所有的业务条线。要加强管理层的驱动作用，充分发挥人的主导作用，建立重视人、以人为本的管理模式和文化氛围，加强企业文化建设，营造融洽的企业人际关系，提高员工的认同感和归属感，提高员工的工作满意度，从而减小员工的道德风险。二是强化内控意识，树立内控优先理念，完善激励约束机制。要提高内控制度的执行力，加强对关键岗位和人员的监督约束，强化责任追究，不断完善内部控制的机制和措施。同时，还要建立监督制度。通过制度建设加强对员工的监督和管理，不断规范业务行为，强化岗位监督与部门监督。激励与监督并举可以促使员工采取经理所希望的行动，因而它能够在很大程度上有效地解决员工道德风险问题。三是充分利用小额信贷业务信息管理系统，建立信息数据库。通过各种监控措施及时了解各类繁杂的业务信息系统是否采取了保障网络数据安全的措施，是否建立了计算机信息风险防范措施，电子数据的录入是否准确、完整、及时，业务数据的修改是否经过相应的程序并经有关管理者批准等。

（三）政策风险的控制与管理

政策风险防范主要取决于小额信贷机构对国家宏观政策的理解把握和对市场趋势的正确判断。由于政策风险防范的主要对象是政府管理当局，因而有其特殊性。

政策风险管理是小额信贷机构管理的重要内容。小额信贷机构在对政策风险进行管理时，首先要提高对政策风险的认识。对业务开展过程中面临的政策风险应及时地观察分析和研究，以提高对政策风险客观性和预见性的认识，充分掌握小额信贷机构政策风险管理的主动权。

其次要对政策风险进行预测和决策。为防止政策风险的发生，应事先确定所开展业务的风险度，并对可能的损失有充分的估计，通过认真分析，及时发现潜在的政策风险并力求避免。在风险预测的基础上，合理安排小额信贷计划，做好风险项目的重点管理，提出有利于业务发展的最佳方案，正确作出处理政策风险的决策，并根据决策方案，采取各种预防措施，力求降低风险。

对政策性风险管理应侧重于对潜在的政策风险因素进行分析，并采用科学的风险分析方法。通过对政策风险的有效管理，可以使小额信贷机构避免或减少各种不必要的损失，确保各项小额信贷业务的顺利进行。

（四）流动性风险的控制与管理

小额信贷机构的流动性风险包括资产流动性风险和负债流动性风险。资产流动性风险是指资产到期不能如期足额收回，进而无法满足到期负债的偿还和新的合理贷款及其他融资需要，从而给小额信贷机构带来损失的风险。负债流动性风险是指小额信贷机构过去筹集的资金，由于内外因素的变化而发生不规则波动，对其产生冲击并引发相关损失的风险。小额信贷机构筹资能力的变化可能影响原有的筹资安排，迫使小额信贷机构被动地进行资产负债调整，造成流动性风险损失。这种情况可能迫使小额信贷机构提前进入清算，使账面上潜在损失转化为实际损失。

小额信贷机构对其流动性风险的防范和控制可采取以下措施：

一是建立流动性风险预警机制，完善流动性风险内控机制。要积极建立和完善流动性风险预警机制。要树立正确的风险防范意识，注重短期风险预防，提高及时迅速处理突发风险的能力，强化中长期风险预测，做到对流动性的准确判断。对流动性风险实施精细化管理，加强实施监控、动态监测、及时报警，使流动性风险降到最低水平。要注重建立完善的内控体系，充分发挥内部控制体系对流动性风险的控制管理作用，对有可能影响小额信贷机构流动性情况的决策事前控制，分析其可能引起流动性变化的可能与成因，提前做好风险预警；对日常经营活动的每个环节进行全程监督管理控制，转移或降低流动性风险的危害；对无法避免或已经发生的流动性风险及时控制到最小，并将其信息向内控体系反馈。此外，要建立定期流动性分析制度，包括流动性需求分析、流动性来源分析和流动性储备设计，将流动性纳入内部审计范畴，做好流动性压力测试，提高抵御流动性风险的能力。

二是加强资产负债管理，优化资产负债结构，减少对同业业务的依赖程度。合理的资产负债结构，能够避免因为期限错配而导致的流动性风险，要充分利用好有限的资金资源，实现小额信贷机构流动性和盈利性的平衡。要优化长期融资的结构化流动性管理，为小额信贷机构建立优化的流动性管理体系，按照长期和短期严格匹配资产与负债的流动性期限，提高小额信贷机构在不同压力下抗击流动性风险的能力。此外，还要防止同业业务的不规范发展导致融资成本提升，期限错配和流动性风险加大。要合理开展同业业务，减少对同业资金的依赖程度。

三是加大不良资产处置力度，增强信贷资产流动性。为了消除不良贷款积累带来的流动性风险，小额信贷机构应扩宽不良贷款处置渠道，加大不良贷款处置力度，提升信贷资产质量。除了清收、批量转让等传统手段，还可扩大不良贷款证券化、债转股等新型处置模式的应用。要动用更多的财务资源处置不良贷款，将资产盘活，增强信贷资产流动性。

（五）声誉风险的控制与管理

小额信贷机构对于声誉风险的防范和控制应坚持前瞻性、匹配性、全覆盖、有效性的原则。"前瞻性原则"重点强调树立预防为主的声誉风险管理理念，要求加强源头防控、关口前移，定期审视，提升声誉风险管理的预见性。"匹配性原则"要求声誉风险管理工作不仅要与机构自身经营状况、治理结构、业务特点等相适应，同时也要符合外部环境动态变化，不断调整完善。"全覆盖原则"明确机构各层级、各条线都应重视声誉风险管理，建立完善的声誉风险管理架构体系。"有效性原则"指出声誉风险管理以防控风险、有效处置、修复形象为最终标准，制度设计、机制构建和组织落实都应围绕这一标准来展开。

声誉风险的防范和控制有三个层次：第一个层次是处理负面舆情，平息声誉事件；第二个层次是加强市场沟通，开展正面报道；第三个层次是塑造良好的品牌形象和社会形象。加强声誉风险管理，不仅要从规范产品服务流程、加强声誉事件监测与应对等具体问题着手，更要进一步从发展战略、公司治理、业务转型、文化建设等顶层设计入手和解决。

第三节　小额信贷机构的风控要素

风险管理绝不仅仅是风险管理部门的职责，也不仅仅限于业务发展的全过程，而应从公司治理、内控机制、尽职调查、内部审计及激励机制等多个要素加以管控。

一、小额信贷机构风控的重要基础——公司治理

（一）小额信贷机构的公司治理结构

小额信贷机构的公司治理结构从广义上讲是指小额信贷机构的人力资源管理、员工的薪酬、激励约束机制、财务制度、组织发展战略以及一切与组织管理控制有关的一系列制度安排。从狭义上讲是指在小额信贷机构所有权、控制权、经营权分离的条件下，董事会、执行机构的结构和功能，董事长与高层管理人员的权利与义务以及相应的聘选、激励与监督等

方面的制度安排。

在现代市场经济条件下，小额信贷机构的目标并非唯一追求股东利益的最大化。小额信贷机构的本质是系列契约关系的总和，是由小额信贷机构的所有者、经营者、债权人、员工、消费者组成的契约网，契约本身所内含的各利益主体的平等化和独立化，要求小额信贷机构的公司治理结构的主体之间应该是平等、独立的关系。为了实现小额信贷机构整体效率，小额信贷机构不仅要重视股东利益，而且要考虑其他利益主体的利益，采取不同的方式对经营者进行有效监控。

同时应当关注到，在小额信贷机构的公司治理过程中，信息披露和透明度非常重要，这是由于董事会、管理层容易获得公司信息，相比之下相关社会公众获得直接性公司信息较难，而这些社会公众由于与公司有直接利益关联，因此有权利获得公司信息。在现代公司治理结构框架下，无论是小额信贷机构的所有者，还是小额信贷机构的经营者都要十分注意解决好信息披露的透明度问题，董事会要确保投资者、决策者、经营者、监督者以及客户、债权人及其他利益相关者能及时、准确、完整地获得公司信息，以维护其合法权益。

（二）公司治理是小额信贷机构风控的重要基础

完善小额信贷机构的公司治理，不仅是小额信贷机构夯实持续健康发展的根基，聚纳形成强筋固本的"丹田之气"，更是防范金融风险的治本之计。从根本上说，小额信贷机构的公司治理，应该树立大格局，抓住"形似"更要"神似"的"牛鼻子"，实现治理机制和治理效能的真正提升。

第一，将公司股东大会、董事会、监事会、经营管理层的建设，上升到治理体系和治理能力现代化的总体要求中。公司治理践行企业核心价值观，承载公司发展战略和业务体系，包含着功能定位、组织架构、责权利配置、管理流程、保障机制等组成的一整套管理机制。小额信贷机构要顺应时代发展方向，把握国家政策要求，在公司治理关系中，逐步建立健全权责对等、运转协调、有效制衡的决策、执行和监督机制，既不能缺位，也不能越位，充分发挥董事会的决策作用、监事会的监督作用、经理层的经营管理作用，把本企业的深厚文化和各种利好政策优势转化为治理效能。

第二，将合规意识、风险观念、底线思维作为小额信贷机构管理、发展、运营的基本准则，在全公司上下形成共识。小额信贷机构的公司治理仅有形式上的制约平衡机制还不够，更需要的是对全体员工的提升和改造。因此，在完善公司治理的推进和评估评价体系当中，小额信贷机构应对"三会一层"的相关理念、重要观念、风险意识进行考查，通过高管人员的资格考试、窗口约谈、专题辅导、案例推广等方式，积极引导和督促，形成自觉自愿的企业管理、经营习惯。

第三，建立具有国际视野的智库团队和公共关系评价、声誉风险评估和客户满意度调查等辅助决策系统，促进小额信贷机构公司治理的信息化、科学化和全球化。建立具有国际视野的智库，及时全面准确地跟踪、了解、掌握国际同行同业的公司治理理论、经验、规则，是不断提高公司治理水平的重要途径和手段。公司治理着眼于内部，但与外部监督密不可分，是互相映照、相辅相成的。借助公共关系评价，可以了解股东各方和利益相关者的真实意见建议，有利于公司治理的制度健全和协调。声誉风险评估常常反映公司治理的重大缺陷，见微知著、未雨绸缪，对公司治理的预警、风险排查和及时矫正，具有无可代替的作用。公司定期开展的客户满意度调查，是客户端对公司治理的有效检验，两者之间是正向逻辑关系，在较多情况下，客户真实的服务感受，都能从公司治理的层面找到对应的环节和答案。

二、小额信贷机构风控的重要手段——内控机制

内控机制建设作为小额信贷机构董事会、管理层和全体员工共同实施的、旨在合理保证实现机构总体目标的一系列控制活动，是帮助小额信贷机构实现经营管理目标、组织内部经营活动而建立的各职能部门之间组织、制约、考核和调节的方法、程序和措施，也是小额信贷机构加强管

理、防范风险、提高效率、实现工作目标的重要手段。

　　小额信贷机构内控机制的建立是业务活动本身的内在要求，只要有业务活动，就必须建立健全各项内控制度，并要有良好的运行机制。但是，有了一套完整的内控制度，如果不切实执行则无异于没有制度。同时，应当认识到内控制度的制定和建立，只是在理论上一个设计的完成，并不等于内控机制的形成，内控机制建设并不等于简单的建章立制，关键还要看执行、看落实，关键在于人的操作，在于能否采取切实可行的措施使各项制度要求得以落实。

　　如果小额信贷机构的内控制度没有随着金融市场环境的变化进行相应的修订，缺乏操作性，则会导致内控制度执行有效性不足。比如，贷前调查主要考察借款人抵押物，而对客户的信用状况、偿还能力、还款意愿、行业发展前景等内容调查不充分。贷后管理流于形式，未按制度要求严格监测贷款资金实际流向、企业动态经营状况、还款能力变化等情况。如果小额信贷机构各个管理层及具体职能部门在日常工作中，对内控机制建设没有充分的认识，对各类风险没有一个准确的判断，内控机制的执行没有切实可行的措施，所谓强化内控机制建设只能是一阵风、一场雨、一句空话，规章制度也只能是一个花瓶式摆设。为此，小额信贷机构要实现合规经营，提升内控制度执行有效性，就需要做好以下几个方面的工作：

　　（一）要培养良好合规意识，筑牢风险防线

　　管理层要提高对内控管理的重视程度，全面倡导内控合规理念，带动员工提高合规经营的自觉性和主动性。建立内控合规长效培训机制，加强对基层员工内控制度、操作流程、风险防范、职业道德等内容的培训，提高员工的合规意识及风险防范意识，形成以自我控制为主的内控约束机制。

　　（二）要动态完善内控制度强化流程控制

　　对业务活动和管理活动制定全面、系统、规范的内控制度，并定期进行检查和评估，在业务更新及外部环境发生重大变化时，及时梳理业务流程，查找需要管控的风险点，对内控的薄弱环节进行纠正和完善，确保依法合规经营。通过业务操作系统、管理信息系统与内部控制流程的有效结合，加强对贷款审核、贷后监管、会计对账、人员轮岗等业务和管理活动的系统控制，防范操作风险。

（三）要做好流动性风险防控

制定切实有效的流动性管理措施，降低对大额负债的依存度，审慎安排新增贷款投放。加强对流动性比例、流动性缺口率等流动性指标的监测，定期开展流动性压力测试，不断规范情景设定和结果运用，对照压力测试结果查找流动性风险防控的薄弱点，及时予以完善。优化流动性风险应急预案，并定期进行应急演练，提高突发状况应对能力。

（四）要做好负面舆情管控

在互联网时代，尤其要关注网络负面舆情，借助专业的舆情监测系统，实现关键词设定、热点识别，对网络负面舆情实现有效监测和预警。第一时间甄别舆情源头，在快速掌握事实真相的基础上，迅速采取适当措施予以妥善处置，正面引导网络负面舆情走向，缩小负面舆情的影响力和降低传播度。

三、小额信贷机构风控的重要环节——尽职调查

尽职调查通常是指在收购过程中收购者对目标公司的资产和负债情况、经营和财务情况、法律关系以及目标企业所面临的机会与潜在的风险进行的一系列调查，是企业收购兼并程序中最重要的环节之一，也是收购运作过程中重要的风险防范工具。客户尽职调查作为反洗钱客户身份识别系统中的一个重要程序，对小额信贷机构履行身份识别义务也起着至关重要的作用。小额信贷机构通过尽职调查，实现客户接洽、客户识别、客户风险等级划分以及异常交易评估报告等反洗钱各个环节的紧密结合，从而有效控制洗钱风险。

（一）对客户尽职调查的主要关注点

小额信贷机构的尽职调查就是对客户的商业模式、产品服务、商业计划书、市场定位等进行最终的确认。尽职调查是为了双方互相了解，以便

两者在未来有更好的合作和发展。小额信贷机构对客户尽职调查的目的是要弄清借款人的真实情况，其中最重要的是对客户还款来源的分析。

小额信贷机构对客户尽职调查中所关注的几个方面：一是客户的管理团队是否强大、是否健康。调查每位团队成员的智力、忠诚度、优点、弱点、团队合作和管理风格等。一是功能不健全的团队，或者在关键位置上有一个老爱唱反调的人都应引起关注；二是市场评估及销售和采购订单的完成情况；三是财务预测的方法及过去预测的准确性，销售量及财务预测的假设前提，财务报表、销售和采购票据的核实，当前的现金、应收应付及债务状况；四是资产核查，库存和设备清单的核实，工资福利和退休基金的安排，租赁、销售、采购、雇佣等方面的合约以及潜在的法律纠纷等。

（二）客户尽职调查方法及操作流程

小额信贷机构客户尽职调查的方法主要包括：建立有效的尽职调查制度；合理地进行客户风险等级划分；建立基于风险的交易监测方案；重新识别客户身份信息程序；等等。

1. 建立有效的尽职调查制度

客户尽职调查是客户身份初次识别的延续，小额信贷机构应将其制度化、规范化，针对不同金融产品的适用客户群，在开展现有产品和服务、新兴产品和服务中对潜在的洗钱风险不断进行评估、调整、审查和更新，从而形成一套动态管理制度，其中应包括持续识别的路径、风险响应的程度、评估结果的留存和管理等。

2. 合理地进行客户风险等级划分

客户风险等级划分是客户尽职调查工作的基础之一。它能使小额信贷机构针对不同风险等级的客户合理分配监控资源，并最大限度地节约监控资源。因此，小额信贷机构应当根据与客户建立业务关系时所掌握的客户身份、职业、住所、背景和经济经营状态等资料，科学合理地对客户进行风险等级划分，并根据客户风险等级采取不同的尽职调查措施。

3. 建立基于风险的交易监测方案

小额信贷机构应当建立基于风险的交易监测方案，不仅能对《金融机构大额交易和可疑交易报告管理办法》中规定的 48 种可疑情形进行监测，还应能对办法中未列明的，如复杂交易、异常交易、无明确目的或无实质意义的资金往来进行主观判断，同时还能对与先前取得的客户身份不符的交易进行重点关注和监测，并根据监测情况决定是否执行可疑交易报告或是否继续予以关注。

4. 重新识别客户身份信息程序

小额信贷机构应以与客户建立业务关系时所收集的客户身份信息为基础，设定启动重新识别客户身份信息程序的触点。一旦出现符合触点的情形，小额信贷机构便可立即对先前收集的客户资料真实性、完整性进行进一步验证、核实，并根据实际情况对客户开展重点交易监测或增强型尽职调查。同时，在这一过程中还要特别关注客户大量使用现金交易，交易实际受益人或单位实际控制人难以确定、客户从事洗钱高风险行业或来自洗钱高风险地区、客户资金来源无法核实或难以核实；客户是政界人士或者企业高管等情况。

（三）小额信贷机构的尽职调查

为了防范和化解信贷风险，如何做好尽职调查，对小额信贷机构的长期发展起到至关重要的作用。在具体操作时，无论是现场调查，还是财务分析，目的都是要发现"事实"真相。

小额信贷机构在贷款前所做的工作是弄清借款人的真实情况，而要弄清真实情况，不能凭借款人的一面之辞，更要像"侦探"一样去求证、取证，核实借款人提供的信息，对借款人所讲情况进行质疑并尽可能地寻找缺陷或破绽。

小额信贷机构尽职调查，最重要的一点是对客户还款来源的分析。而对客户的还款来源分析应当立足于一个基本点、两个重点调查分析。

一个基本点：是对借款人的还款意愿调查分析，主要考察借款人是否有道德违约的可能性。关于客户还款意愿的调查，可以从内部调查、外部调查两方面进行。内部调查以员工调查为主，看企业主在员工当中的地位、形象、评价如何，找不同岗位、不同职务的员工面谈，以期得到更多的、直接的信息，从而直接客观地了解借款人的人品，为是否存在道德违约风险把好第一关，这也是能否发放贷款的基本点。外部调查以调查借款人的上下游企业为主。调查上下游企业，看借款人的客户群是否稳定以及所占公司营业额的比例如何，可以看出公司的发展稳定性。通过对其上下游往来账务的了解，也可知晓企业主的诚信、品德。经过内外部的调查，小额信贷机构对借款人的道德违约的可能性做出初步的判断，从而为下一步工作奠定基础。

两个重点调查分析：主要是对客户的第一还款来源和第二还款来源的调查分析。

第一还款来源，通过尽可能真实的财务报表来分析企业的财务及经营情况，如资产负债率、流动比率、利息保障倍数、存货和应收账款的周转率，比较近期指标的变化情况，能够知晓企业的发展状况。查银行对账单，看企业现金流，从经营活动、投资活动、融资活动三方面分析现金流，如经营活动增加、投资活动增加、融资活动减少，表明企业的债务处于偿还期，有足够的偿还债务能力，经营和投资活动处于良性循环，财务状况稳定、安全。

第二还款来源，即落实借款人的抵质押物及担保情况。对抵质押物的实际情况要实地落实，做好价值评估，明确可实现性，如房产是否可由法院执行。调查担保人可用对借款人的调查以相同的方式进行。

通过以上两个还款来源的全面分析，小额信贷机构开展的尽职调查可以有效保证贷款的安全性。同时，小额信贷机构在办理业务过程中严格按规定程序处理，确保所有手续的合法、齐全、有效。基于以上办法的严格执行和落实，小额信贷机构可以有效降低业务风险，确保经营效益的稳定实现。

四、小额信贷机构风控的基本保障——内部审计

内部审计是小额信贷机构强化内部控制及防控风险和各项制度流程执行效能的基本保障。当前，小额信贷机构面临诸多内外部压力，内部审计应主动作为，积极应对，紧紧围绕小额信贷机构战略目标和经营重点，坚持"以监督为核心、以问题为导向、以增值为目的、以科技为引领"的工作理念，全面加强审计专业能力、科技手段、人才队伍建设，持续提升内部审计工作在小额信贷机构的价值贡献度和影响力。内部审计作为小额信贷机构公司治理三大基石之一，需在促进小额信贷机构风险管理和内部控制水平不断提升方面发挥更大作用，尤其是在经济发展迈入新时代，以服务县域经济为主体的小额信贷机构，面临的金融风险压力加大，内部审计需要宏观思维，精准"号脉"，积极建言献策。要充分发挥内部审计在小额信贷机构风险防控中的基本保障作用，就需要强化以下几个方面的工作：

（一）要牢固树立"三道"防线的"底线"意识

内部审计作为第三道防线，是小额信贷机构风险防控的最后一道防线，如果第一道防线、第二道防线把控不牢，第三道防线缺位，就可能对小额信贷机构产生灾难性后果。因此，内部审计应强化责任担当，做到守土有责，堵塞风险漏洞。

（二）要突出审计成果应用

不管是监管部门还是小额信贷机构高管层都对内部审计寄予很大期望，内部审计要在做好审计基础管理的同时，拓展审计成果的利用渠道和形式，归纳提炼普遍性、倾向性、规律性问题，充分挖掘问题成因，通过风险提示、管理建议等方式，将审计意见上升到机构决策层面，补齐管理短板，实现审计成果运用升级。

（三）要强化顶层设计和统筹协调

坚持将审计工作融入新时代小额信贷机构发展大局，做到内部审计与小额信贷机构战略发展规划有机统一、协同推进。同时，内部审计人员要

树立终身学习理念，以审计精神立身、以创新规范立业、以自身建设立信，努力锻造一支信念坚定、业务精通、作风务实、清正廉洁的高素质专业化审计队伍。

（四）要推动内部审计体制变革、质量变革和效率变革

体制变革就是要充分发挥审计委员会作用。董事会应明确审计委员会履职机制，按照公司治理要求，选好审计委员会主任，配齐审计委员会委员，加强审计工作的战略性、全局性工作指导。质量变革就是要根据监管部门关注的重点领域加强审计。强化各环节质量标准控制，切实做好审前分析调研、现场工作碰头和项目总结交流工作，通过加强审前、审中、审后控制，提升审计效率和质量，做好合规风险"压舱石"。效率变革就是要加快审计信息化建设。在新时代下，小额信贷机构要尽可能多地将业务数据、监管部门数据甚至税务、环保、征信等信息收录进来，并根据新情况、新问题不断更新优化审计模型，真正达到"精确制导、精准打击"的效果。

五、小额信贷机构风控的内在动力——激励机制

小额信贷机构按照收益与风险兼顾、长期与短期并重、精神与物质兼备的原则，不断完善业绩考核机制，有利于可持续发展和战略目标的实现。小额信贷机构综合考虑社会经济发展、市场变化及自身发展战略、风险偏好等因素，完善考评指标体系，淡化规模指标，突出质量、风险、合规指标。对可能产生重大风险的岗位、对稳健发展具有重大影响力的人员，应实施薪酬延期支付制度。小额信贷机构要加强对高管相关信息的披露，建立健全薪酬管理外部监督机制。积极探索多种激励方式，对高管人员和基层员工，都要更加重视精神鼓励方式的探索和创新。

随着互联网金融的不断发展，传统的仅看重业务经营指标、轻视客户服务质量、员工发展、内部管理和控制等前瞻性指标的考核体系已不能满足小额信贷机构的发展需要。小额信贷机构必须建立和完善激励约束机制，转变激励考核方式，充分发挥人力资源的主动性和创造性，为自身可

持续发展提供内在、持久的动力。

在新时代下，小额信贷机构激励约束机制建设应坚持前瞻性、精细化、短期利益与长期目标结合、经营效益与风险防控并重的原则。

前瞻性原则就是要使激励约束机制建设能有效解决现有考核方式"后知后觉、亡羊补牢"的问题，注重前瞻性和实时性，真正发挥绩效考核的"指挥棒"作用。

精细化原则就是要使激励约束机制建设精细化，应针对不同条线制订不同的考核办法，并逐步健全完善，杜绝机制建设"一刀切"现象，重点突出效益领先、规模优先和结构优化。

短期利益与长期目标结合原则是指考核指标的设置不能局限于完成当期经营管理计划目标。考核既要突出当年业务发展导向，又要保持一定的连续性，并通过连续、有计划的调整，逐步完善现有激励约束机制，最终达到科学、合理的状态。

经营效益与风险防控并重原则是指激励约束机制建设应当在有效促进小额信贷机构业务发展、实现经营效益、保证资产质量的同时，不断提高小额信贷机构的整体管理水平及风险防控能力。

为使小额信贷机构激励约束机制建设能够真正落地，需相应解决好以下几个方面的问题：

第一，提高重视程度，确保激励约束机制执行到位。小额信贷机构应充分认识建立激励约束机制的重要性和必要性，实施激励约束机制建设"一把手"负责制，把建立科学、高效的激励约束机制作为小额信贷机构转型发展的重要组成部分。要加大激励约束机制执行的监督检查力度，确保激励约束机制能够得到切实的执行和落实、作用能够得到充分发挥，避免激励约束机制建设流于形式。

第二，打破传统的短期思维模式，积极探索建立长期的激励约束机制。要有效落实贷款责任追究"始终制"。因审查不力、潜在风险计量不足、风险防控措施不到位而造成呆账的，对相关责任人进行责任追究，不因责任人岗位调整而减轻追究力度。同时，考核指标设置以及考核结果运用既要注重短期激励，又要重视长期盈利能力的积累以及潜在风险的防控，改变"当期效益当期兑现"的固有模式，探索建立长期激励机制。

第三，建立以经营效益、资产质量为核心，兼顾管理水平和风险防控能力的激励约束机制。要进一步优化薪酬结构，设立薪酬委员会，规范薪酬分配方案的制订和组织实施工作，通过探索建立股权期权激励机制、推出多项福利计划等举措，逐步扩大长期薪酬激励比重。要有效落实绩效薪酬延期支付管理规定，按照"依法合规、公平公正、风险约束"的原则，对小额信贷机构管理人员和对风险有重要影响的岗位员工实施绩效薪酬延期支付管理，强化相关人员的合规经营和风险防范意识，激励各级管理人员和对风险有重要影响的岗位员工自觉遵守职业操守，促进小额信贷机构业务持续发展。

第四节　智能风控体系建设

随着全球金融一体化进程的加快，包括小额信贷机构在内的金融服务提供者的经营环境日益复杂，面临的风险进一步加大，对风险管理能力提出了更高的要求。大数据、人工智能、互联技术、云计算等新一代信息科技的高速发展，驱动着包括金融业在内的经济社会各领域加速向数字化、智能化的更高阶段发展。在此背景下，各类金融服务提供者都在努力谋求转型升级，以金融科技作为提升效率、控制风险的有效手段。

一、智能风控体系

随着人工智能发展进入落地阶段，业界对智能风控内涵的理解比较多样，缺乏清晰标准的定义。对"智能"的定义已不局限于大数据或者人工智能等单一技术的应用。从一定意义来讲，智能风控就是综合运用大数据、人工智能、互联技术、云计算、区块链等先进的技术手段，以数据驱动风险管理，达到风险管理流程的智能化转型，提升风控自动化程度，在有效降低风险事件发生概率和损失的前提下，降低风控成本，扩展金融服务的覆盖人群。智能风控作为综合运用大数据、人工智能、互联技术、云计算、区块链等先进的技术手段，为包括小额信贷机构在内的金融服务提供者的现有风控领域相关问题的解决提供了很好的契机。

（一）大数据、人工智能、互联技术、云计算、区块链在智能风控体系中的应用

智能风控注重对多种技术的综合应用。通过广泛应用多元化的技术，最大限度地规避单一技术的缺陷，同时打通各个业务环节，实现风险管理的自动化闭环，有效提升风控水平和风控效率。大数据、人工智能、互联技术、云计算、区块链是智能风控的代表性技术，这些技术优化甚至颠覆了传统风控的管理流程，加速了智能风控的应用落地。在智能风控体系中大数据、人工智能、互联技术、云计算、区块链技术互为融合，又各有侧重。

大数据技术打破"数据孤岛"，整合多维数据，并提供大规模数据分布式计算以及高效实时的流式计算能力。目前大数据迎来数据要素市场化的新征程。当前大数据发展仍处于价值尚未得到高效释放的初级阶段。数据资源的内部管理治理与外部流通交易是横亘在数据要素市场化进程中的关卡。要持续创新大数据治理及流通关键技术，夯实大数据关键基础设施，深化数据要素发展的政策环境与管理机制，才能保障数据要素市场化步入正轨，使数据赋能真正惠及经济社会生活。

人工智能则在大数据技术的基础上，通过生物特征识别、机器学习、自然语言处理、计算机视觉和知识图谱等手段，实现风控决策的模型化和自动化。在技术方面，超大规模的机器学习模型不断涌现，微型人工智能成为落地的关键，跨模态的融合应用持续提升智能表现。当前，智能金融已经扑面而来，全流程、全场景的智能金融服务成为金融业数字化转型的主要方向。

互联技术是第四次科技革命迅速兴起并蓬勃发展的内在驱动，5G

（第五代通信技术）、工业互联网、物联网、智能网联汽车、虚拟现实等终端技术和应用深刻改变着生产和生活，促进实体经济各个领域加快数字化转型。互联技术的连通性、交互性和跨域叠加的特征在数字经济和新一轮产业升级中表现愈加明显，随着技术的深入研发、技术与多元化场景深度融合，不同互联技术板块单独或融合将产生更大的规模效应、协同效应、网络效应，助力金融科技生态的完善。

云计算提供了充足的基础算力和灵活的算力分配。云计算进入了一个全新的阶段，以容器和微服务为基础的云原生技术已成为云计算发展的主要方向，目前基本上所有的云厂商都在围绕云原生进行产品布局，并且相关细分领域的技术也在快速发展，像微服务、容器等均已经在很多行业进行落地实践。

区块链作为按照时间顺序，将数据区块以顺序相连的方式组合成的链式数据结构，以密码学方式保证的不可篡改和不可伪造的分布式账本，相比于传统的网络，具有两大核心特点：一是数据难以篡改，二是去中心化。基于这两个特点，区块链所记录的信息更加真实可靠，可以帮助解决人们互不信任的问题。

（二）智能风控解决现有风控问题

传统的风险管理体系以专业经验评估为主，存在数据获取维度窄、量化分析能力偏弱、精细化程度低等缺点。在数字化转型的背景下，传统的风险管理模式已无法满足全面风险管理的需求。以大数据、人工智能为代表的智能风控新技术为现有风控领域相关问题的解决提供了很好的契机。一方面，大数据技术通过整合大量数据，包括金融服务提供者内部的数据和外部第三方机构的数据，从多维度对客户进行全面评估，极大地提升了对客户评估的精准度，促使传统模式下难以度量的风险显性化，提升了风控能力。另一方面，凭借强大的计算能力和先进的人工智能算法，对弱变量数据进行整合以及信息提取，提升了风控模型的精准度和人群覆盖度，建立主动、实时响应机制，大大提高了风险管理的效率。可以说，利用大数据、人工智能等技术建立智能风控体系，已成为互联网金融时代下金融服务提供者塑造核心竞争力的重要举措。

二、智能风控对金融服务提供者的影响

作为典型的数据密集型行业，金融业与大数据的关联极为密切，每一轮信息技术发展也对金融业起到了极大的变革作用。基于大数据、人工智能的智能风控，也天然地在金融业中找到了极佳的落地场景。在现实情况下，大型商业银行、股份制商业银行、城市商业银行、农村商业银行以及互联网金融机构等，均在智能风控领域有所动作，但涉足的深度和研发的力度参差不齐，呈现梯队式发展格局。其中，以微众银行、网商银行、新网银行为代表的互联网金融机构，脱胎于互联网科技公司，对技术的推崇以及强劲的创新动力使其成为大数据时代金融服务提供者风控智能化的先锋队。通过先进的技术平台、巨大的场景流量来源、灵活的组织架构，互联网金融机构率先完成智能风控在某一业务场景下的闭环应用，并进行了能力和模式的输出。

具体而言，智能风控对金融服务提供者的影响至少表现在以下三个方面：

（一）促进金融服务提供者业务高质量发展

智能风控的应用能够改善金融服务提供者风险被动管理的局面，在贷前客户准入、贷中风险评级、贷后风险预警和逾期催收等全信贷周期风险管理流程中进行科技赋能，能够帮助金融服务提供者主动发现高风险客户，为不同的客户匹配与其风险级别相对应的额度和利率，实时发现客户的异常行为并及时预警，提高风控系统评估准确率，有效降低不良率，改善金融服务提供者资产质量。

（二）促进金融服务提供者业务普惠化发展

智能风控模型可完成对无征信记录人群的信用评级，扩大金融服务范围，促进金融服务提供者业务普惠化发展。近年来，国家大力推行普惠金融事业，颁布了一系列政策来促进普惠金融发展。一直以来，金融服务提供者的主要目标客户是央行有征信记录的客群，但目前征信信息覆盖面还

比较低，这部分客群基本上被排除在传统金融机构信贷服务范围之外。

（三）促进金融服务提供者集约化发展

智能风控可以提升金融服务提供者的审批效率，短时间完成大规模的信贷业务审批，给客户提供良好的贷款体验，实现人性化、集约化业务管理。传统金融机构的信贷审批具有多层级流程化的特征，从申请到放贷需要多个工作日。相比之下，运用智能风控的信贷审批，一般可以实现分钟级甚至秒级的放款。利用人工智能技术和大数据技术，可以同时处理大规模的信贷业务申请，在实现信贷集约化管理的同时也为客户提供了良好的信贷体验。

三、构建智能风控体系面临的困难和挑战

智能风控体系建设是一个长期的过程，各类金融服务提供者唯有认清自身的不足，才能有的放矢。目前包括小额信贷机构在内的中小型金融服务提供者在构建智能化风险管理体系方面都面临着诸多困难和挑战，其源头性障碍或不足主要有以下几点：

（一）风险管理理念仍以经验驱动为主

许多金融服务提供者多年来遵循固有的风险管理体系，不论是事前风险评估、事中监测还是事后催收，主要还是凭借各级风险条线人员的个人经验进行决策和审批，并且主要是以合规性、满足监管要求为导向，而缺乏对风险发生概率、风险收益对价测算等量化指标的主动评估和监测。应该说，经验驱动的风险管理方式在客户数较少、单笔授信金额较大的情况下，表现出较高的优越性，比如处理灵活、方向调整迅速、对风险对象了解透彻等。但随着机构资产规模上升、客户数量增加，叠加数字化、移动化、智能化时代背景，金融服务提供者要更好地持续发展，原有经验驱动的风险管理理念已经开始显得捉襟见肘。一是科技快速发展导致各类新型风险层出不穷，企业经营模式、商业模式发生了巨大变化，旧有的经验不一定能够准确判断风险。二是经验驱动的方式效率较低，人力成本高。随着资产规模扩大、客户数增多，会出现人手紧张、风险评审和处置速度慢的状况，无法为业务的可持续快速发展提供有力支撑。三是经验驱动的方式精细化不足，导致差异化定价能力较弱，只能在一些低风险领域开展业务，造成利差较小，利润率不高。四是经验驱动的风险管理模式无法支撑零售业务的快速拓展，在金融服务竞争日益加剧的当下，不进则退，零售市场的优质客群有限，先发者优势明显，缓慢的增长其实就意味着将市场拱手让人。

（二）数据基础较为薄弱，数据治理相对滞后

智能化风险管理体系是以先进的信息技术驱动的风险管理体系。智能化技术的基础是数据。在大数据时代，数据是宝贵的资产，对信息密集型的金融业来说更是如此。如果说石油是工业时代的"血液"，那么数据就是智能时代的"养料"。数据是构建智慧型质量管理体系的基础和源泉，数据的规模和质量也最终决定了这一体系的"智商"所能达到的高度。

从现实情况来看，中小型金融服务提供者的数据基础仍较为薄弱。具体表现为几个方面：一是数据积累的时间长度不够。中小型金融服务提供者建立较为完整的信息化系统时间并不长，存储的数据时间甚至都还没经历过一个较大的经济周期，这对于建立风险计量模型来说是相对欠缺的。二是客户基础相对薄弱，有效客户数总量较少，导致进行客群细分之后，某些类别的客户样本数很少，无法进行有效分析。三是数据治理仍差距较大。例如，缺乏数据资产目录，机构内部有哪些数据，数据归属部门是谁等没有一个全局性的统一目录管理，不利于跨部门沟通和知识的传递；数据的定义和统计口径不规范，数据人为调整的主观性较强，容易出现前后不一致的情况，不利于准确判断和决策。

（三）知识体系相对落后，人才队伍建设有待完善

不论是经验驱动也好，智能驱动也罢，其关键在于人才。中小型金融服务提供者不乏实战经验丰富的风险管理人员，对于机构内外的规章、政策、法律等了然于胸。但由于长期以来，风险管理以经验驱动为主，以监管合规为导向，缺乏风险计量的实践，因此熟悉并能应用数理模型、统计学等方法的人员十分匮乏，对于新兴人工智能技术熟悉和了解的更是少之

又少。大多风险管理人员数据分析能力不足，对于数据的分析和理解能力主要还是限于简单的描述性统计分析，分析的深度不足，无法处理多维度、高复杂性的数据关联性问题，对数据隐含的内在信息价值挖掘不够，而且容易犯统计分析中常见的幸存者偏差、伪相关等问题，导致得出的结论不准确甚至相反。

另外，风险管理人员对于科技的理解不到位。许多风险管理人员对于科技的期望存在一定的偏差，误以为某项新科技一旦应用即能发生翻天覆地的变化，而一旦受挫或短期成效不佳则对于科技的预期又落入谷底，从而缺乏对科技战略性、持续性的关注和投入。同时，对新信息科技工具的不了解或了解不足，使许多风险管理人员无法在实际的业务处理过程中自觉、主动地发现科技嵌入的方式，从而影响其引领部门进行持续的转型升级，实现从量变到质变的过程。

四、小额信贷机构的智能风控体系

数据是智能化风控体系的基础"养料"。目前中小型金融服务提供者，特别是村镇银行、小额贷款公司等小额信贷机构的数据基础普遍较为薄弱。因此，做好数据治理、提高数据质量对于充分发挥数据要素的生产力显得尤为重要。

（一）注重风控数据积累，强化风控数据治理

数据治理应该坚持数据标准先行。目前，金融服务提供者的内部数据来源多头，定义不一致，格式不统一，导致部门间的"数据孤岛"，造成数据应用困难，所以数据治理要坚持标准先行原则。同时，数据治理应该建立数据质量检验核查、落实数据质量考核评价和问责机制。数据治理的最终价值，将从数据应用体现出来。数据治理需要以提升数据资产价值、增强数据应用价值为导向，明确数据治理的目标，了解数据在哪里、为什么用、怎么用，才能真正实现基于数据驱动的智能风险管控。

（二）加强外部合作，提升自身"内功"

一是与行业"领头羊"合作，以业务发展带动风控变革。目前，市

场上已经有一些在智能风控领域运作较为成熟、技术较为先进、经验较为丰富、数据较为多样的金融科技公司，可以通过与之合作，借他山之石，为我所用。与金融科技公司的合作可以拓展业务，带来直接的利润收入、看到实际的成效。可以在合作中进行理念的碰撞，学习金融科技公司的创新意识、建模方法、运营方法等，对风险管理变革起到"鲇鱼效应"，最终实现独立自主的智能风控能力。二是与金融科技公司的合作应该秉持一个生态共建、互利共赢的原则，从产品设计、渠道建设、联合建模、运营管理等方面进行合作，最终实现知识的转移和理念的重塑，而不是走捷径，从一开始就仅仅为了流量以及短期的业务增量而开展合作，这样就无法实现可持续的发展，自身的"内功"也得不到提升。三是与科研机构共同探索，实现从跟随到领先的跨越。业界更注重应用以及实践，而高校等科研机构则具有较强的探索能力，并对前沿的技术以及方法保持较高的关注度。业界目前使用的大多数方法都是由学术界率先提出并加以完善的。保持与学术界的联系，共同探索前沿领域的方法应用，有助于自主风控能力的快速提升。

（三）完善模型管理机制，提升模型开发效率

智能风控模型是建立智能风控体系的关键。因此，应当将模型视为金融服务提供者重要的资产之一，完善模型管理机制，有效控制模型风险、提升模型研发效率。建立一整套覆盖模型开发、验证全流程的规范体系，包括外部数据评估验证规范、数据质量探索规范、模型开发报告规范、投产前验证规范、投产后验证规范等，为规范化、标准化的智能风控模型开发流程奠定基础。风控模型开发涉及金融服务提供者大量敏感的生产数据，可以建立人工智能实验室。通过受控物理环境在准入控制、权限管理、行为监控、数据安全等方面进行统一规范化管理，不仅为模型开发人员提供便捷、高效的模型研发工作环境，同时又能够保障生产数据安全、规范、可控的被使用，防范信息泄露风险。在组织架构上，金融服务提供者要保证模型开发和验证团队相互独立，可以成立模型评审委员会对模型进行评审，以最大限度保证模型的稳定性和安全性。

（四）加强人才队伍建设，提升风险条线人员的科技素养

人才队伍是建设智能风控体系的核心力量，同时也是金融服务提供者风控的核心竞争力。风险建模技术尤其是要融合新兴的人工智能技术，是一个高度综合化的领域，需要一支专业化水平较高的队伍。从职责分工角度，可以大致分为数据采集和清洗人员、模型设计/开发/验证人员、业务专家人员、技术平台人员。在团队设置方面，至少应该包括两个团队，模型研发团队和模型验证/监控团队。模型研发团队主要负责模型的设计、开发、内部验证和应用对接工作。模型验证/监控团队主要负责第三方验证，应具备一定的独立性，同时负责模型日常监控工作，定期出具监测报告，向研发团队反馈问题，控制模型风险。风控模型研发核心人员，属于复合型人才，在精通相关理论知识的同时，还要具备相当的行业经验，同时还需要有一定的编程能力，专业门槛很高，因此，金融服务提供者可以考虑引入该类中高端人才，作为团队的核心引领人员。

（五）以场景应用推动智能风控体系迭代优化

以场景应用推动智能风控体系迭代优化，将智能风控深入应用于风险管理的各个环节，探索"智能评估、智能决策、智能监控"三位一体的智能风控体系，全面整合内部、外部数据，捕捉和发现客户行为背后的相关性，把控客户信用风险的变化，提升应急处置能力，有效降低资金风险。同时，要在场景应用的过程中逐步优化风险管理模式。智能风控体系与传统风控体系的管理模式差别较大，在传统风控体系下建立的业务制度、业务流程势必无法完全适应智能风控体系。因此，应及时调整优化业务流程，使之与智能风控体系衔接更加紧密。

第四章　小额信贷机构的社会绩效和财务绩效管理

　　绩效是一个管理学概念，是机构期望的结果，是机构为实现其目标而展现在不同层面上的有效产出。在新形势下，小额信贷机构的股东和利益相关者（包括员工、客户、政策制定者乃至整个社会）都要求不仅为其财务绩效负责，也要为其社会绩效负责。为此，正确认识小额信贷机构的社会绩效和财务绩效问题，对于小额信贷行业的健康持续发展至关重要。

第一节　小额信贷机构绩效管理

　　多年来，如何使小额信贷机构在扩张和转型的同时不出现目标偏移一直是理论界、学术界及众多行业发展推动者十分关注的问题。绩效管理是小额信贷机构的各级管理者和员工为了达到组织目标，共同参与的绩效计划制订、绩效辅导沟通、绩效考核评价、绩效结果应用、绩效目标提升的持续循环过程，绩效管理的目的是持续提升个人、部门和组织的绩效。中国的小额信贷行业要持续健康发展，就不能只是追求财务绩效，还要追求社会绩效，要强调社会目标与财务目标相结合。追求双重目标的关键在于寻求促进小额信贷机构社会绩效与财务绩效的协调发展机理与发展途径，协调发展存在的可能性及其制约因素，及时分析并提出相对应的政策建议，以保证小额信贷机构在社会绩效和财务绩效协调发展的同时不出现服务目标偏移。

一、绩效管理的作用

作为小额信贷机构完整而有效的绩效管理，一定要让组织和员工认识到，绩效管理虽然涉及绩效评价，但最终目的并不是要讨论或强调绩效低下的问题，而是要找出产生如此绩效的原因，并且讨论员工的工作成绩、业务成就和如何进步。小额信贷机构良好的绩效管理是提高绩效的有效途径，能满足由于组织结构的调整而带来的管理变化，也是组织其他人力资源管理工作的基础。

（一）绩效管理是提高绩效的有效途径

一家小额信贷机构要想取得竞争优势，必须不断提高其整体绩效。而提高绩效的有效途径是进行绩效管理。因为绩效管理是一种提高组织员工的绩效和开发团队、个体的潜能，使组织不断获得成功的管理思想和具有战略意义的、整合的管理方法。通过绩效管理，可以帮助小额信贷机构实现其绩效的持续发展，促进形成一个以绩效为导向的企业文化，激励员工更加投入地工作，促使员工开发自身的潜能，提高他们的工作满意感，增强团队凝聚力并改善团队绩效，通过不断的工作沟通和交流，发展员工与管理者之间的建设性的、开放的关系，给员工提供表达自己工作愿望和期望的机会。

（二）绩效管理能满足由于组织结构的调整而带来的管理变化

多数小额信贷机构的结构调整都是对社会经济状况的一种反应，其表现形式各种各样，如减少管理层次、缩小规模、适应性、团队合作、高绩效工作系统、战略性业务组织、授权等。组织结构调整后，管理思想和风格也要相应地改变，如：给员工更多的自主权，以便更快更好地满足客户的需求；给员工更多的参与管理的机会，促进他们对工作的投入，提高他们的工作满意感；给员工更多的支持和指导，不断提高他们的胜任特征；

等等。而所有这一切都必须通过建立绩效管理系统，才能得以实现。

（三）绩效管理是组织其他人力资源管理工作的基础

人力资源管理系统中，其他的许多工作如培训、薪酬等都需要以绩效管理的结果为依据，才能做到有的放矢。一是人力资源规划评估的依据。绩效评估的反馈信息给人力资源计划的重新制定或调整提供了参考和依据，绩效评估结果同时显示了人力资源管理系统中的薄弱环节和新增长点，这就要求人力资源计划做出相应的调整，弥补薄弱环节，谋求新的增长。二是工作分析改进的依据。绩效评估的结果反映了员工完成任务的情况和员工的业务素质，为小额信贷机构结合新一轮的工作任务来考虑人力资源的因素提供了依据，必要时组织需要重新进行工作分析，修订工作说明书，完善员工招聘工作。三是薪酬政策的依据。绩效评估的结果，为员工薪酬制度的设立和调整提供了客观的依据，员工现有的薪酬制度是否合理、是否具有适度的激励功能、是否与员工的工作贡献有效地挂钩、薪资总体水平是否适度等，都可以通过绩效评估获得信息，以及有关管理者和员工的建议，为改进组织的薪酬制度服务。四是培训需求分析信息的来源。绩效评估可以反映出员工的素质不足之处，以及员工本人的培训意愿，员工的上级主管对员工完成任务在哪些方面还需提高的要求，这些因素构成了培训需求的内容。五是为人员合理流动提供依据。绩效评估结束后，根据绩效评估的反馈信息，可以采取相应的人事决策与调整工作。例如，对工作有成就者，素质高、潜力大者予以晋升或工作轮换，对不称职者降职使用；对员工需要的各种支持和帮助，分别采取不同的方式给予满足。

二、绩效管理的环节

绩效管理作为小额信贷机构各级管理者和员工为了达到组织目标共同参与的持续循环过程，主要包括绩效计划制定、绩效辅导沟通、绩效考核评价、绩效结果应用四大环节。

（一）绩效计划制定

绩效计划制定是小额信贷机构绩效管理的基础环节，绩效目标分为两种：一是结果目标，指做什么，要达到什么结果，结果目标来源于公司目标、部门目标、市场需求目标以及员工个人目标等。二是行为目标，指如何做，确定一个明智的目标就是既要确定实现什么结果又要确定怎样去做，才能更好地实现要达成的目标。同时，通过目标计划会议达到管理者与员工双方沟通明确并接受，在管理者与员工之间建立有效的工作关系。

（二）绩效辅导沟通

绩效辅导沟通是绩效管理的重要环节，作为管理者的工作重点就是在各自目标实现过程中对员工进行辅导。辅导的方式有两种：一是通过正式的会议实施辅导过程；二是通过各种非正式渠道和方法实施对员工的辅导。对员工实现各自目标和业绩的辅导应为管理者的日常工作，在辅导过程中既要对员工的成绩予以认可，又要对员工实现目标进行帮助和支持。良好的沟通是有效辅导的基础。管理者与员工之间的良好沟通是达成共识、明确各自目标分解的前提，同时也是有效辅导的基础。

（三）绩效考核评价

绩效考核评价是绩效管理的核心环节，这个环节工作出现问题，绩效管理会带来严重的负面影响。一般来说，小额信贷机构在阶段性工作结束时，对阶段性业绩进行评价，以便能客观、公正地反映阶段性的工作业绩，目的在于对以目标计划为标准的业绩实现的程度进行总结，评定业绩，总结经验，促进下一阶段业绩的改进。通过实际业绩与目标业绩的比较，明确描述并总结业绩的发展表现趋势。在对阶段性业绩评价之前，要进行信息收集，尤其是对实现目标过程的信息收集，在沟通和综合员工与管理者双方所掌握的资料后，通过会议的形式进行阶段性业绩的评价，包括对实际业绩与预期业绩的比较、管理者的反馈、支持与激励、业绩改进建议、本阶段总结、确定下阶段的计划等。

（四）绩效结果应用

绩效考核的结果用于确定个人的绩效回报。个人绩效回报的形式包括：工资、奖金、股权、福利、机会、职权等。小额信贷机构一般通过与绩效管理相结合的岗位职能工资制度来实现以激励为导向的合理业绩报酬。通过员工岗位的设定，评定职位的输出业绩，对关键的业绩进行考核，同时综合考评工作能力、工作态度等方面，并将它们与报酬相结合，这些是目前比较通行的做法。

三、有效的绩效管理

绩效管理根本目的在于绩效的改进与提高，需要管理者与员工双方的共同努力。但是从中国小额信贷行业发展的现实情况来看，为数不少的小额信贷机构的绩效管理存在诸多方面的问题。

（一）对绩效管理认识不足

在绩效管理过程中，不仅强调达成绩效结果，更要强调通过计划、分析、评价、反馈等环节达成结果的过程。绩效管理是对绩效实现过程中各要素的管理，是通过对机构战略的建立、目标分解、业绩评价，并将绩效成绩用于机构日常管理活动之中，以激励员工业绩持续改进并最终实现组织战略目标的一种管理活动。

（二）沟通不畅、反馈不及时

要做好绩效管理工作就必须有良好的沟通与反馈机制，让员工充分了解本小额信贷机构的绩效管理的目标、作用、成果。绩效管理的最终目的在于确保机构战略目标的实现、对员工的指导与开发，最后才是将考评结果运用于工资和奖惩等方面。

（三）绩效管理与战略目标脱节

小额信贷机构各部门的绩效目标不是从机构的战略逐层分解得到的，而是根据各自的工作内容提出的，即是自下而上的申报，而不是自上而下的分解。如果绩效管理与战略目标发生了脱节现象，则难以引导所有员工趋向组织的目标。

（四）绩效指标设置不科学

作为绩效管理，应该主要抓住关键业绩指标，针对不同的员工建立个性化的考评指标，将员工的行为引向组织的目标方向，太多和太复杂的指标只能增加管理的难度和降低员工的满意度，影响对员工行为的引导作用。

（五）绩效考评存在主观性与片面性

健全的绩效考评制度旨在通过对员工过去一段时间内工作的评价，判断其潜在发展能力，并作为对员工奖惩的依据。但在实践中，绩效考评的正确性往往受人为因素影响而产生偏差。绩效考评制度中的种种缺陷大都来自考评的主观性与片面性，其结果势必影响绩效考评的可信度与效度。

小额信贷机构的绩效管理不仅是要实现绩效考评模式的转变，更重要的是实现从单一的绩效考评向有效的绩效管理提升，建立起完整的、科学的绩效管理体系。

1. 开展工作分析，设定可行的绩效目标，增强绩效考评的可操作性

一是在小额信贷机构人力资源管理实务中，强调以岗位为核心的人力资源管理整体解决方案。这意味着机构人力资源管理的一切职能，都要以工作分析为基础。工作分析是现代人力资源所有职能，即人力资源获取、整合、保持激励、控制调整和开发等职能工作的基础和前提，只有做好工作分析与设计工作，才能据此完成机构人力资源规划、绩效管理、职业生涯设计、薪酬设计管理等工作。二是部门负责人在与员工共同设定具体的绩效目标时，要根据机构的年度经营计划和管理目标，围绕本部门的业务重点、战略目标制定本部门的工作目标计划。然后根据员工具体职位应负的责任，将部门目标层层分解到具体的责任人。员工要根据分解到的目标制定出具体的工作计划，并与经理进行协商。员工最终的绩效目标应当以与经理共同协商确定后的计划为依据。只有这样，机构的战略目标才能真正得以落实。三是绩效考评指标应尽量量化，不能量化的要尽量细化，以提高考评工作的可操作性，确保考评结果的客观性、公正性。设定可行的考评指标时应尽量以可量化的、可实际观察并测量的指标为主，并且能科学确定各考评指标之间的权重。在确定考评的指标内容时，要考虑机构的实际特点，建立有针对性的、切

实符合机构自身管理要求的指标体系。

2. 营造良好的平等沟通氛围、做好绩效面谈工作、建立健全绩效反馈机制

绩效沟通是绩效管理的重要环节，绩效沟通的主要目的在于改善及增强考评者与被考评者之间的关系。要分析、确认、显示被考评者的强项与弱点，帮助被考评者善用强项与正视弱点。要明晰被考评者发展及训练的需要，以便日后更加出色有效地完成工作。要反映被考评者现阶段的工作表现，为被考评者订立下阶段的目标，作为日后工作表现的标准。在绩效管理的过程中，一定要注意与员工的沟通。传统自上而下传达任务的方式，更多地体现出对员工的控制作用。而在绩效管理循环中，绩效目标一定要由管理者和员工经过充分沟通，双方共同确定和完成。良好的沟通首先应建立并维护彼此的信赖。建立彼此的信赖关系是绩效沟通成功的首要前提。营造平等沟通氛围对做好绩效面谈工作将起到非常重要的作用。同时，基于绩效沟通的绩效评价是绩效管理的核心环节，是通过岗位管理人员或岗位关联人员与该岗位员工之间有效的双向或多向沟通，依据考评标准和实际工作完成情况的相关资料，在分析和判断基础上形成考评成绩，并将绩效成绩反馈给员工的一种工作制度。绩效评价应预先建立健全绩效反馈机制，如果有些员工对自己所得到的绩效评价结果有不同意见，可以在一定时间内通过该程序谋求分歧的解决方法。

3. 创新绩效激励体系，加强绩效压力，迅速而广泛地应用绩效成绩

绩效管理的最后阶段是应用开发阶段，对绩效成绩的应用包括以下六个方面：工资调整、绩效薪酬分配、层级晋升与职位调整、教育培训、激活沉淀和指导员工职业发展。创新绩效激励体系在绩效管理应用开发阶段具有十分重要的作用。激励机制作为人力资源开发与管理工作的重要组成部分，要与人力资源管理的其他环节相互联结、相互促进。合理有效的激励机制可能成为现代企业制度下机构规避员工道德风险的重要手段。创新绩效激励体系要在机构内部形成共同的价值观和健康向上的新型文化；要很好地设计能配合机构战略实现的关键性业绩评价指标，开展战略性业绩

评价与激励。建立和实行战略性激励对机构实现全面和可持续发展是至关重要的。

小额信贷机构单用物质激励不一定能起作用，必须把物质激励和精神激励结合起来才能真正地调动广大员工的积极性，用提供工作的挑战性、责任和机会，在内在的层面满足职工多方面的需要。战略性激励就是针对机构的长远发展战略而实行的一套综合性激励方案，实现责任与权利的协调统一，着重实行团队或集体激励。可以引导和促进机构的全面和可持续发展，形成核心竞争力，从而赢得全局性的根本胜利。战略性激励不仅仅是一套激励方案，更是一个机构的企业文化，涵盖了共同价值观的形成、制度建设、岗位设计与晋升、责权利有机结合等一系列重要内容。

第二节　小额信贷机构的社会绩效管理

无论是以服务于低收入人群为宗旨的公益性小额信贷机构，还是服务于更宽泛目标群体的商业性小额信贷机构在其发展历程中都面临着许多新情况、新问题和新要求。尽管社会绩效管理在小额信贷领域相对较新，但它在小额信贷行业内所起的作用日益显著。小额信贷领域的股东和利益相关者（包括员工、客户、政策制定者，乃至整个社会）都要求小额信贷机构不仅要为其财务绩效负责，也要为其社会绩效负责。

一、小额信贷机构的社会绩效

从广义来看，社会绩效是指一个机构经营管理所产生的社会效益，也就是对社会的科技、政治、文化、生态、环境等方面所做出或可能做出的贡献。例如，对扶贫、社会公正、男女平等、环境保护等方面的贡献。而小额信贷领域的社会绩效就是小额信贷机构通过经营管理实现其社会目标所达成的结果，诸如惠及目标客户、满足客户需求、改善客户生活等。小额信贷机构的社会目标与财务目标相对应，被称为双重目标，也叫作双重底线，即小额信贷机构在帮助贫困、低收入人群和小微企业摆脱困境（社会目标）的同时也要实现自身的商业可持续发展（财务目标）。随着环境问题的日益突出，环境目标也被纳入小额信贷机构的社会绩效管理，形成三重目标或三重底线。

根据国际组织关于小额信贷机构社会绩效管理的通用标准，小额信贷机构的社会绩效目标应涵盖以下六方面：

（一）社会环境目标和目标客户群

小额信贷机构要有明确的社会使命、清晰的社会环境目标以及目标客户。目标客户和社会环境目标是社会绩效的核心。有了清晰的目标，小额信贷机构才有可能采取相应的措施来达成这些目标。小额信贷机构的所有董事会成员、管理人员和员工都应了解并理解社会使命、社会环境目标和目标客户。同时，小额信贷机构还要拥有一套现行的制度，用以监控社会环境目标的实施状况。小额信贷机构必须利用收集到的数据来适时调整社会环境目标和社会绩效体系。小额信贷机构应将社会绩效指标纳入信息管理体系中。

（二）基于社会环境目标的公司治理

小额信贷机构需要根据社会环境目标开展公司治理，体现在以下五方面：一是所有的董事会成员都应致力于小额信贷机构社会目标的实现，社会绩效应作为董事会绩效评估和管理层绩效评估的一部分；二是董事会应拥有一套审查社会绩效的管理体系，包括使命完成状况、绩效结果、人力资源政策等；三是董事会高级管理层的薪酬机制应平衡好机构财务绩效与社会绩效目标的关系，确定在一个合理的水平上；四是将社会绩效信息纳入日常管理报告和战略计划中，在制定决策和评估机构的发展进程时，应将机构的现行社会绩效水平纳入考虑范畴；五是所有员工都应理解其在机构社会目标的实现中应当发挥的作用，所有员工，无论职位高低，都应在入职时接受机构关于社会目标的培训，并在之后的工作中继续接受培训。

（三）客户权益保护

小额信贷机构必须遵守行业倡导的客户保护原则，注意保护客户权益。小额信贷机构的产品与服务不得损害客户利益，客户权益保护主要体现在：防止过度负债、信息公开透明、产品合理定价、贷款回收合规、员工职业道德、客户投诉机制和客户隐私保护。

（四）满足客户需求的产品和服务

小额信贷机构根据目标客户的需求和条件为其提供产品和服务。设计并提供以客户为中心的产品和服务，必须通过定期客户调研、收集客户反馈、分析客户绩效等方式来了解客户需求。小额信贷机构还应根据贷款客户的业务及生活需求提供灵活的还款方式。小额信贷机构要定期调研现有客户并统计客户保留率。客户保留率可以作为统计社会绩效的一个重要指标，特别是它可以反映客户服务及产品是否符合客户需求。若能辅之以推出客户访谈，客户保留率就能发挥其最大效用，因为这种访谈可以帮助机构查出导致客户退出的原因所在。此外，小额信贷机构要定期收集客户满意度反馈，并通过这一数据来了解客户对机构产品、服务及员工的评价。

（五）对员工负责

小额信贷机构的人力资源政策要公开透明并保护员工权益。人力资源政策是保障员工得到公平对待的重要途径。除使员工获得尊重外，保护员工权益的人力资源政策还能对员工对待客户的态度产生积极影响。受到尊重的员工更有可能尊重客户。所有员工均应了解小额信贷机构的人力资源政策，包括正式的岗位职责、员工薪酬、福利及工作场所等。同时，小额信贷机构要定期评估员工各方面需求及满意度。

（六）对社会和环境负责

小额信贷机构在设定了一个或多个清晰的社会环境目标的基础上，需设立各种机制以检测这些目标的实现情况，如就业机会创造水平、农村覆盖率、新创企业的发展情况、现有业务增长水平、其他社会目标（如年轻人覆盖度、本土居民覆盖度、残疾人覆盖度）以及环境目标（如排除环境污染企业、支持环保企业）等。小额信贷机构可为实现其最终社会环境目标设定清晰的长短期目标，并通过各项指标来评估这些目标的实现程度。小额信贷机构应向当地的行业协会和监管部门定期报告其所追求的社会环境目标及所取得的成果。

二、小额信贷机构的社会绩效管理

社会绩效管理是小额信贷机构为实现其社会目标，通过设定战略和指标、开展经营管理、产生社会绩效的过程。

（一）社会绩效管理的好处

小额信贷机构开展社会绩效管理可以带来以下五方面的好处：

第一，社会绩效管理让社会导向型的小额信贷机构向捐助者和投资者证明其双重回报。在没有引入社会绩效之前，捐助者和具有社会责任的投资者只关注财务绩效，造成资金流向极少数财务业绩优良的小额信贷机构。而社会绩效管理可以让小额信贷机构向捐助者和投资者证明其社会绩效，要求他们重新分配资金，转而支持实现较高双重或三重回报的社会环境导向型的小额信贷机构。

第二，社会绩效管理帮助小额信贷机构成为一个以客户为中心的机构，提供以需求为导向的产品和服务，让客户从社会绩效管理中受益，享受更多的产品选择和更好的客户服务。

第三，社会绩效管理有助于实现更好的财务绩效。通过让小额信贷机构更能吸引潜在客户以及通过监督和响应客户需求增加客户保留率，管理和改进社会绩效将潜在地帮助小额信贷机构实现增长。

第四，社会绩效管理能够让小额信贷机构的管理人员在财务绩效与社会绩效之间进行权衡管理，也将有助于管理层及早发现经营管理中的问题。

第五，社会绩效管理有助于制定社会绩效基准。对于小额信贷机构、捐助者、具有社会责任的投资者和其他利益相关者而言，对社会绩效进行横向比较是非常必要的，这就需要建立社会绩效基准。

（二）社会绩效管理的路径

社会绩效管理在实施过程中是一项较为复杂的工程，涉及绩效管理系统与战略规划、信贷方法与产品设计、内外部审计，还有相关的工具指标体系设计以及信息的反馈和对最终结果的评估等。小额信贷机构实施社会绩效管理，不仅需要内在的意愿和动力，同时也必须具备一定的组织制度和技术条件。

随着社会绩效管理理念的不断深入，许多国际组织也积极推动小额信贷机构实施社会绩效管理，美国微型金融信息交流平台（MIX）要求挂牌机构公布各自的社会绩效指标。在世行扶贫协商小组（CGAP）的推动下，2005 年，全球社会绩效工作组（SPTF）基于历史研究成果，为小额信贷机构开展社会绩效管理绘制了社会绩效管理路径，如图 4-1 所示，并形成了一套完善的社会绩效指标评价体系。

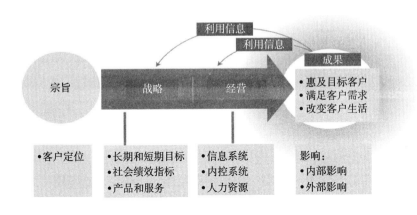

图 4-1　社会绩效管理路径

由图 4-1 可知，为了实现三方面的社会绩效（惠及目标客户、满足客户需求、改变客户生活），小额信贷机构需要从源头开始引入社会绩效的理念，在设置宗旨目标时，就要体现社会绩效的内容，明确机构的客户定位，通过设置长短期目标来分解机构的宗旨目标，围绕这些目标匹配相应的产品与服务、信息系统、内控系统、人力资源等，最终达成目标，产生预定的影响，通过机构的社会和财务方面的成果所反映出来的数据和信息来对机构的战略和经营进行相应调整，这就完成了社会绩效管理的整套流程。

以上路径的每一个环节都会对最后的成果产生重要影响，甚至带来溢出效应。因此，小额信贷机构开展社会绩效管理，必须将社会绩效的理念融入到小额信贷机构的宗旨目标、战略规划、经营管理、规章制度等体系中，从而实现社会绩效目标，提升机构的整体绩效水平。

为了推动小额信贷机构社会绩效管理的开展，地方政府监管部门也需要有明确的政策目标，如果监管者认为支持小额信贷机构的目的就是让小额信贷扶持"三农"，那么在政策监管的时候，这个目标一定要非常旗帜鲜明。同时，在目标明确的前提下，制定社会绩效管理指标体系，并进行考核和评级，监管者不一定自己去开展，可以委托一些中介机构对小额信贷机构实施考核和评级，并把指标报送给监管部门，再由监管部门对小额信贷机构加以指导和约束。

第三节　小额信贷机构的财务绩效管理

一般来说，财务绩效管理是隶属于财务管理中的绩效管理，主要是对会计人员的工作绩效进行的管理控制。但是，对小额信贷机构来说，财务绩效管理不仅是会计财务部门的职责所在，也是整个管理层的核心任务之一。因此，充分认识财务绩效管理的重要性，深刻理解并准确把握小额信贷机构的关键性财务绩效指标体系，对小额信贷机构的商业和财务可持续发展具有十分重要的意义。

一、一般企业的财务绩效

财务绩效是企业用于衡量其战略及其实施和执行是否正在为最终的经营业绩作出的贡献。财务绩效是指企业一定期间的盈利能力、资产质量、债务风险和经营增长四个方面的综合认定，是整个绩效管理的核心。

（一）财务绩效体现的主要内容

对一般企业来说，财务绩效主要体现在盈利能力、营运能力、偿债能力和抗风险能力四个方面。

盈利能力考核的立足点是经济增加值（EVA）和销售（利润）增长率。用 EVA 代替以往用净资产回报率、资产回报率、每股收益等指标评价企业盈利能力，更能反映资本净收益和资本增值的状况，是企业绩效评价指标改进的发展趋势。用销售收入（利润）增长率指标来衡量企业的成长性。营运能力可以促进企业加强资产管理，提高资产使用效率，增强盈利能力。偿债能力的强弱是企业经济实力和财务状况的主要体现，也是衡量企业经营是否稳健的重要尺度。抗风险能力是指企业抵御经营中各种不确定因素带来的不利影响的能力。

财务绩效的意义在于其能够很全面地表达企业成本控制的效果、资产运用管理的效果、资金来源调配的效果以及股东净资产回报率的组成。它可以回答非财务主管最关心的四方面问题：钱从哪里来——财务杠杆作用；明天会不会倒闭——速动比率；会不会做生意——应收账款周转率、存货周转率、应付账款周转率、资金积压期间固定资产周转率、营业收入成长率；会不会赚钱——成本率、销售费用率、管理费用率、研发费用率、财务费用率、净利率、资产回报率及股东净资产回报率等。

（二）传统的企业财务绩效评价指标

传统的财务绩效评价指标主要指会计收益指标，如净利润、投资回报率，虽然这些指标在过去很长一段时间里被许多企业广泛应用，但随着企业的目标从利润最大化发展为股东财富最大化，财务绩效评价指标在实际当中却暴露出许多局限性。主要表现在以下方面：

一是关于对资本成本指标的评价。在传统的会计准则下，会计收益的计算未考虑所有资本的成本，仅解释了债务资本的成本，然而却忽略了对权益资本成本的补偿。在现代经济条件下，企业的资本来源一般由债务资本和权益资本两部分组成，权益资本成本作为一项重要的资本要素也具有机会成本。因此不确认和计量权益资本成本，实质是虚增了利润，有可能误导投资者做出错误的决策。

二是对经营业绩的评价。在传统的会计准则下，由于会计方法的可选择性以及财务报表的编制具有相当的弹性，使会计收益存在某种程度的失真，往往不能准确地反映企业的经营业绩，单凭报表业绩决定经营者的实际工作绩效和报酬很可能是不恰当的。尤其是折旧与存货计价方法会影响企业盈利及其使用的净资产。

三是缺乏无形影响的反映。在使未来的增长得以实现或者导致未来企业的增长难以实现的无形影响的反映方面，传统的财务绩效评价指标显得力不从心。也就是说，许多有利于或不利于企业创造价值的活动的影响，因为不符合会计的谨慎性原则，而无法包含于净利润当中。例如，成功地开发了一项新产品，或损失了主要的经营管理人员，虽然可能都对目前及未来的净利润有重大的影响，却未能立即得到反映。

四是会计收益只是一种"短视指标"。利润的增加并不一定就导致现金流量的同步增加。传统的会计准则片面强调利润容易造成经营者为追求短期效益而牺牲企业的长期利益的短期行为，可能助长企业经营者急功近利的思想和短期投机行为，使企业经营者不愿进行可能会降低当前盈利目标的资本投资去追求长期战略目标，也就是说可能导致企业经营者不重视科技开发、产品开发、人才开发，不利于企业长期的健康发展，从而与企业的股东财富最大化的基本目标相背离。

二、小额信贷机构的财务绩效管理

通过多年来中国广大小额信贷行业推动者和实际工作者的理论探索和行业实践，对小额信贷机构的财务绩效管理形成了一整套指标体系。小额信贷机构的财务绩效管理主要体现在融资结构、客户覆盖面、盈利性、效率与生产率以及风险与流动性五个方面。

（一）融资结构

主要分析小额信贷机构如何获得贷款资金的来源，不同来源资金之间的有机构成及其比重关系，以及小额信贷机构如何利用资金杠杆。如何看待融资？融资结构如何影响增长？融资与成本之间什么关系？融资渠道会影响机构治理或战略吗？这是融资结构财务绩效指标分析中需研究思考的问题。小额信贷机构融资结构主要管理指标有以下三个方面：①资本金/资产比率：总净资产/总资产。②负债与净资产比率：总负债/总净资产。③贷款总余额与总资产比率。

（二）客户覆盖面

客户覆盖面主要分析小额信贷机构向哪些适合的人群提供需要的服务，能为多少人提供需要的服务。如何看待覆盖面？如果小额信贷的目标是为低收入人群这一特定群体提供的金融服务，同时不断促进微型企业的发展，进一步扩大金融服务的覆盖广度，推动金融普惠性，是否在任何情况下，小额信贷客户覆盖面的扩大都是好事？覆盖面的扩大存在哪些潜在的风险？这是客户覆盖面财务绩效指标分析中需研究思考的问题。小额信贷机构客户覆盖面管理指标主要有以下六个方面：①有效客户数。②有效的妇女客户数。③贷款余额笔数。④贷款总余额。⑤贷款总余额/有效客户数。⑥客户平均贷款余额/人均国民收入。

（三）盈利性

盈利性主要分析小额信贷机构的财务可持续性问题，即财务上是否能自负盈亏和获得盈利，涉及盈利性财务绩效、收入类财务绩效和费用类财务绩效等分类指标。如何看待盈利能力？如何看待利润？高利润会带来什么风险？不同机构间应注意的问题有哪些？这是盈利性财务绩效指标分析中需研究思考的问题。

小额信贷机构盈利性财务绩效主要管理指标有以下三个方面：①资产回报率：（净经营收入-税收）/平均总资产。②净资产回报率：（净经营收入-税收)/平均总净资产。③经营自负盈亏率：经营收入/（金融费用+贷款损失计提费用+经营费用）。

小额信贷机构收入类财务绩效管理指标主要有以下四个方面：①贷款利息及各类业务收入/资产：贷款利息及各类业务收入/平均总资产。②利润率：净经营收入/贷款利息及各类业务收入。③贷款收益率（名义）：由贷款余额产生的金融收入/平均贷款总余额。④贷款收益率（实际）：（贷款收益率（名义）-通货膨胀率）/（1+通货膨胀率）。

小额信贷机构费用类财务绩效管理指标主要有以下七个方面：①总费用/资产：（金融费用+贷款损失预提费用+经营费用）/平均总资产。②金融费用/资产：金融费用/平均总资产。③贷款损失预提费用/资产：贷款损失预提费用/平均总资产。④经营费用/资产：经营费用/平均总资产。⑤人员费用/资产：人员费用/平均总资产。⑥管理费用/资产：管理费用/平均总资产。⑦费用调整/资产：（调整后的净经营收入-调整前的净经营收入）/调整后的平均总资产。

（四）效率与生产率

效率与生产率主要分析小额信贷机构的经营成本有多高，服务一个客户的单位成本是多少，资源效用如何等问题。如何看待效率？小额信贷机构的核心成本是什么？快速提升效率的风险是什么？效率如何影响客户？这是效率与生产率财务绩效指标分析中需研究思考的问题。

小额信贷机构的效率指标主要有以下五个方面：①经营费用/贷款余额：经营费用/平均贷款总余额。②人员费用/贷款余额：人员费用/平均贷款总余额。③平均工资/人均国民收入：平均人员费用/人均国民收入。④每个借款人的单位成本：经营费用/平均有效客户数。⑤每笔贷款的单位成本：经营费用/平均贷款笔数。

小额信贷机构的生产率指标主要有以下五个方面：①每位员工的客户数：有效客户数/员工数。②每位员工的贷款笔数：贷款余额笔数/员工数。③每位信贷的客户数：有效客户数/信贷员数。④每位信贷员的贷款笔数：贷款余额笔数/信贷员数。⑤人员配置比例：信贷员数/员工数。

（五）风险与流动性

风险与流动性主要回答小额信贷机构能否负责任地管理好自己最重要的资产——用于贷款的资金，探讨小额信贷机构的贷款质量、损失风险及如何管理资产负债等问题。风险与流动性相关指标主要有以下六个方面：①逾期30天以上的风险贷款率：（逾期30天以上的贷款余额+重置贷款）/贷款总余额。②逾期90天以上的风险贷款率：（逾期90天以上的贷款余额+重置贷款）/贷款总余额。③贷款核销率：贷款核销额/平均贷款总余额。④贷款损失率：（贷款核销额-回收的贷款额）/平均贷款总余额。⑤风险覆盖率：贷款损失准备金/大于30天的风险贷款余额。⑥无收益的流动资产占总资产的比例：现金和银行存款/总资产。

此外，在实际工作中，小额信贷机构的财务绩效管理往往还需要考虑人均国民收入、经济成长率、通货膨胀率以及货币供给量与国内生产总值等相关的一些宏观经济指标以及同行业的相关指标，对标行业基准，也可作横向比较。

第四节 社会绩效和财务绩效的协调发展

社会绩效与财务绩效之间的关系问题是多年来中国广大小额信贷机构在发展过程中都需要面对和思考的问题。公益性小额信贷机构虽然以服务社会弱势群体为目标，但也必须解决好自身的商业和财务可持续发展问题。商业性小额信贷机构似乎主要应追求财务绩效，而事实上，他们在为"三农"、小微企业和个体工商户提供信贷资金服务的同时，也承担了相应的社会责任，产生了相应的社会绩效。在中国小额信贷行业快速发展的今天，小额信贷机构必须解决好社会绩效与财务绩效之间的关系问题。

一、小额信贷机构社会绩效与财务绩效的协调发展

相比其他企业，小额信贷机构更需要处理好社会绩效与财务绩效之间的关系问题，这是由小额信贷的初心使命所决定的。正确认识小额信贷行业的社会绩效和财务绩效问题，对于小额信贷机构健康持续发展至关重要。一方面，小额信贷机构必须解决好商业和财务可持续发展问题；另一方面，也必须将其初心使命付诸实践，达到相应的社会成效。国际小额信贷机构的实践证明，在追求社会绩效的同时也会促进小额信贷机构财务绩效的提升。

（一）小额信贷机构承担对社会的责任有利于增强可持续性

从某种程度来看，政府实质上是社会总财富的管理者。政府可以通过税收、法律、财政等方式来调节市场经济主体的行为，小额信贷机构作为市场主体之一，主动地承担其社会责任有利于改善政府对小额信贷机构的印象，以使两者之间的关系更为和谐，从而有利于自身获得政府的支持甚至扶持，也更容易获得相关优惠政策，如税收优惠、融资支持等政策倾斜。因此，从某种意义来说，改善小额信贷机构与政府之间的关系，就是为小额信贷机构自身的发展创造良好的外部环境。小额信贷机构注重社会绩效，在某种程度上会对其形象有所提升。政府的初衷就是服务"三农"，对此会在税收、利率、融资等方面提供更多优惠政策，政策的支持会降低机构运营成本，留有多余资金用于经营，以便机构在更好服务社会的同时能在财务上实现自负盈亏和可持续性发展。

（二）小额信贷机构承担对员工的社会责任有利于提升财务绩效

组织理论认为，组织的有效性就是全体员工对组织目标的共同认同，并在认同的基础上产生为组织做贡献的意愿。小额信贷机构作为现代金融专业人才密集型行业，其生存和发展越来越依赖员工的创造力，因而小额信贷机构对员工履行社会责任的程度将直接影响自身的财务绩效。小额信贷机构是金融人才密集型行业，员工的创造力会影响机构的生存与发展。关注社会绩效，自然会关注员工的福利、薪酬等方面，实现对员工的承诺

以促进员工更好地为机构服务，从而提升机构的财务绩效。

（三）小额信贷机构履行对债权人的社会责任有利于增加融资机会

小额信贷机构履行对债权人的社会责任主要体现在信守合同，按时履行还款义务，以减少债权人的风险。小额信贷机构的信用程度会因其在社会实践中履行对债权人的社会责任而不断增强，从而使更多的银行等金融机构愿意为小额信贷机构提供资金，特别是当小额信贷机构出现资金紧缺或周转不灵的时候，这就会为小额信贷机构带来更多的融资机会，从而有利于增加小额信贷机构的财务绩效。小额信贷机构履行好自身的社会责任，会为机构带来正面的影响力，增强机构信用程度和争取更多的融资机会。在一定时间内财务绩效的改善会促进机构社会绩效的实现，履行更多社会责任。

（四）小额信贷机构履行对社会公益事业的社会责任有利于提高企业声誉

小额信贷机构的发展离不开社会公众的支持，而小额信贷机构履行对社会公益事业的社会责任是对社会的回馈，有利于塑造小额信贷机构良好的社会形象，增加公众对小额信贷机构的信任感，从而促进小额信贷机构的发展，增加小额信贷机构的财务绩效。

总之，小额信贷机构应当看到履行社会责任能为其长远的发展创建更好的政企关系、更好的合作关系，提升员工认同感，最重要的是树立小额信贷机构良好的声誉和社会形象，从而赢得更多的客户。小额信贷机构追求社会绩效，承担社会责任，进而改善机构的财务绩效。反过来，良好的财务绩效能实现更好的社会绩效。两者相互协调与促进，形成良性循环。

二、良好的社会绩效与财务绩效管理

小额信贷机构要取得良好的社会绩效和财务绩效，不仅需要确立明确的经营目标，而且要建立良好的运行机制和管理措施，对财务绩效和社会绩效进行系统性分析研究。

一是整理客户资料。随着时间推移定期整理新老客户和退出客户的个人资料，使用选定的社会绩效指标，定期评估他们的情况，分析小额信贷机构的各种服务对他们所产生的影响。

二是解决好财务绩效和社会绩效评估问题。解决好财务绩效和社会绩效评估结果为小额信贷机构不同层次的决策人员服务的问题。财务绩效管理参照标准的财务比率，而社会绩效指标因机构的目标和背景各不相同，这使得社会绩效管理更加复杂。

三是运用切实可行的核查方法。为确保有足够、可靠的绩效数据，质量控制措施显得尤为重要。在财务绩效管理中，这些都是通过财务审计和评估实现的。而社会绩效管理的评估评级还不是非常普及，但当小额信贷机构足够认真地做好社会绩效管理工作时，这本身就是向利益相关方证明其可靠性的有力证据。

第五章 小额信贷机构的
发展战略和痛点难点

一家小额信贷机构与任何一个企业一样，其经营管理体系如果想要永远立于不败之地，首先要明确其自身的发展重点是什么，从而规划出实施性强的企业发展战略规划。也就是说，一家小额信贷机构必须有自己持久的竞争优势和清晰的发展战略。同时，小额信贷机构在确定发展战略时还必须对一些涉及行业发展战略的问题做出基本的分析判断。例如，在现实情况下的小额信贷机构绿色发展问题、小额信贷机构数字化转型问题以及小额信贷机构可持续发展的痛点难点问题，就是非常值得关注和研究的发展战略问题。

第一节 小额信贷机构发展战略

一家小额信贷机构要制定清晰可行的发展战略必须具备完整的基本框架，认清发展战略的本质特征，熟知发展战略核心的主要内容与参与要素，并做好发展战略的制定和创新。

一、小额信贷机构发展战略的基本框架

发展战略就是关于企业如何发展的理论体系。发展战略是在一定时期内对企业发展方向、发展蓝图、发展速度与质量、发展着力点及发展能力的重大选择与规划。企业发展战略可以指引企业的长远发展方向，寻找发展路径，明确发展速度和质量，找到发展着力点，并确定企业需要的发展能力。战略的真正目的就是要解决企业的发展问题，实现企业快速、健康、持续的发展。

一家小额信贷机构如何来发展呢？通常来说，小额信贷机构要实现可持续发展，就需要思考以下五个问题：

第一，小额信贷机构未来要发展成什么样子？（发展方向）

第二，小额信贷机构未来做什么才能实现未来的样子？（发展路径）

第三，小额信贷机构未来以什么样的速度与质量来实现发展？（发展速度与质量）

第四，小额信贷机构未来从哪些发展着力点来保证这种速度与质量？（发展着力点）

第五，小额信贷机构未来需要哪些发展能力来支撑？（发展能力）

这五个问题是以小额信贷机构发展为导向，对于这五个问题的回答就能系统解决小额信贷机构的发展问题，它们分别解决小额信贷机构的发展方向、发展路径、发展速度与质量、发展着力点和发展能力。如果能回答好这五个问题，那么小额信贷机构的发展问题就能得到系统的、有效的解决。

一般来说，小额信贷机构发展战略的基本框架，是由愿景、宗旨、战略目标、业务战略和职能战略五大部分组成。

第一，愿景：未来要成为一个什么样的企业？

第二，宗旨：未来要做什么才能实现愿景？

第三，战略目标：根据愿景和宗旨，未来要达到一个什么样的发展目标？

第四，业务战略：根据战略目标，未来需要有哪些发展着力点？发展哪些产业、哪些区域、哪些客户、哪些产品？如何发展？

第五，职能战略：根据业务战略，未来需要什么样的发展能力？需要在市场营销、技术研发、生产制造、人力资源、财务投资等方面采取什么样的策略和措施，以支持企业愿景、宗旨、战略目标、业务战略的实现？

在发展战略框架中，所有构成部分都是围绕企业发展来进行的，愿景是企业发展的落脚点，它指引企业的发展方向；宗旨是企业发展的路径，它规划了企业的发展路径；战略目标是企业发展的要求，它明确了发展速度和发展质量；业务战略包含产品战略、客户战略、区域战略和产业战略，是企业发展的手段，它指明了企业的发展着力点；职能战略是企业发展的支撑，它确定了企业的发展能力。愿景、宗旨、战略目标、业务战略和职能战略构成企业战略自上而下的五个层面。上一层面为下一层面提供方向与思路，下一层面对上一层面提供有力支撑，它们之间相互影响，构成一个有机的发展战略系统。

发展战略框架是一种良好的战略方法论体系，它通过明确企业发展方向、发展路径、发展速度与质量、发展着力点和发展能力等战略问题，帮助企业真正解决发展问题，实现企业快速、健康、持续的发展。许多企业战略的实践证明，发展战略理论是一个对企业战略发展具有重大指导意义、实战性强、实践效果好，能真正帮助企业系统解决企业发展问题，实现快速、健康、持续发展的战略理论体系。

二、小额信贷机构发展战略的本质特征

"战略"这个概念最初只存在于军事领域。战争讲究谋略，谋略有大有小，大谋略叫"战略"，小谋略叫"战术"。战略与战术的区别是：战略针对全局问题，战术针对局部问题；战略针对长期问题，战术针对短期问题；战略针对基本问题，战术针对具体问题。

（一）企业发展战略特征

"企业战略"是一个总称，可进一步划分为企业发展战略、企业营销

战略、企业技术开发战略等。

企业发展战略有四个特性：整体性、长期性、基本性和谋略性。必须具备这四个特点，缺少一个也不能叫"企业发展战略"。整体性是相对于局部性而言的，长期性是相对于短期性而言的，基本性是相对于具体性而言的，谋略性是相对于常规性而言的。企业发展战略不是企业发展中长期计划，而是企业发展中长期计划的灵魂与纲领。企业发展战略指导制定企业发展中长期计划，企业发展中长期计划落实企业发展战略，由此可见，前者是纲，纲举目张。

（二）企业发展战略规划

小额信贷机构如何建立一个有能力的组织结构，以更好地实施发展战略规划，这和小额信贷机构经营管理的资源密切相关。要在小额信贷机构经营管理体系中找到可用的资源，建立自己的能力，从而形成核心竞争力，最后获得竞争优势。所以，建立一个有能力的组织，就是如何调度资源，使小额信贷机构经营管理具有很强的能力，需要从三个方面予以考虑：为组织配备人才，建立核心竞争力，调整组织结构与工作效果。

小额信贷机构的组织结构设计包括组织架构与职能调整、组织分工、岗位职责描述、汇报关系、绩效考核方式建议、人员编制等。通过组织结构确定对工作任务如何进行分工、分组、协调、合作。常见的组织结构形式包括职能性结构、地域型组织结构、事业部职能结构、矩阵结构等。

通过小额信贷机构发展战略规划，将诸多"战略思想碎片"串起来，能帮助一家小额信贷机构的管理层进一步明晰以下问题：①公司的核心优势是什么，既有的开发经验是什么？②公司的劣势是什么，发展瓶颈是什么？③未来一定时期内，适宜、可行的发展目标是什么？④为了实现战略发展目标，公司所需要的核心能力和资源是什么？⑤为了获取所需要的核心能力和资源，公司应该做什么，如何做？

三、小额信贷机构的发展战略规划

小额信贷机构与任何企业一样其发展战略因时而异、因地而异、因人而异、因事而异、因知而异、因智而异，没有固定的构成模式。但是，其发展战略的主要内容是相通的，发展战略必须与发展计划相衔接，发展战略制定要按程序进行，发展战略要有创新。

（一）小额信贷机构发展战略的主要内容

一般而言，小额信贷机构的发展战略应涉及中长期干什么、靠什么和怎么干三方面内容。

1. 小额信贷机构中长期干什么——定好位

小额信贷机构要发展，定位很重要。市场已发生很大变化，"大而全""小而全"的时期已过，什么都搞，什么也搞不好。没有远见、决心、魄力和毅力，干不成大事。应该运用智慧选好经营目标，持之以恒地集中力量打"歼灭战"。定位是为了解决核心业务问题。有些小额信贷机构开展几项业务，但核心业务应该是一项。可以搞多元化经营，但不可以搞多核心经营。用核心业务带动其他业务，用其他业务促进核心业务，这是先进小额信贷机构的成功之道。小额信贷机构定位有阶段性，不同的战略阶段有不同的定位。定位讲究个性，每个小额信贷机构有每个机构的定位。定位的方法很多，定位无定式。

2. 小额信贷机构中长期靠什么——全面发掘资源

"集四面各种资源，成八方受益事业"是小额信贷机构企业家的使命。发掘资源是企业发展战略的一翼，没有这一翼，再好的定位也没用。要树立大资源观，不但要发掘物质资源，也要发掘人力资源；不仅要发掘现实资源，也要发掘潜在资源；不仅要发掘直接资源，也要发掘间接资源；不仅要发掘空间资源，也要发掘时间资源；不仅要发掘智力资源，也要发掘情感资源；不仅要发掘可见资源，也要发掘无形资源。

3. 小额信贷机构中长期怎么干——制定好战略措施

战略措施是实现定位的保证，是善用资源的体现，是企业发展战略中最生动的部分。从哪里入手、向哪里开刀、施什么政策、用什么策略、保哪些重点、舍哪些包袱、怎么策划、如何运作等，这些都是战略措施的重要内容。战略措施要符合规律、紧靠实际、超凡脱俗、提纲挈领。战略措施也要可操作，但这种可操作是战略上的可操作，与战术的可操作具有很大的不同。

（二）小额信贷机构的发展战略与发展计划

小额信贷机构与任何企业一样，其发展战略与发展计划的关系可表述为：发展战略是企业发展计划的路线和原则、灵魂与纲领。小额信贷机构发展战略指导发展计划，发展计划落实发展战略。小额信贷机构要处理好发展战略与发展计划的关系还必须做好以下几点：

第一，注意中期、长期大计划下小计划的细分和落实。不仅要重视计划，尤其是年度计划，还要围绕年度计划作好阶段规划，要坚持用小额信贷机构的发展战略来指导和统率各项计划。计划制订时必须注意到具体的措施、定量的目标和综合平衡。

第二，计划必须是基于小额信贷机构发展战略基础上详细的、相对的短期目标，是战略达成的根本保证。

第三，在小额信贷机构各类计划的制订和实施过程中必须紧紧围绕战略的核心。小额信贷机构发展战略的核心，是企业的竞争能力。企业的竞争能力基于对企业内部要素的客观分析和评价，它取决于行业结构和企业相对的市场地位。

核心竞争力是指企业自身拥有超过参与竞争的其他对手的关键资源、知识或能力。这种能力具有对手难以模仿、不可移植、不会随员工的离开而流失等特性。核心竞争力可以是特殊技能、诀窍、企业的知识管理体系或具备很大竞争价值的具体技能组合。

（三）小额信贷机构发展战略的制定和创新

小额信贷机构与任何企业一样，制定发展战略要经过意识形成、调查研究、形成发展战略草案、咨询社会有关方面意见、发展战略确定五个阶段。

1. 意识形成阶段

发展战略始于意识，只有首先感觉或理解到发展战略有必要，才会下功夫研究它。认识到发展战略有必要并不容易，这是因为小额信贷机构的领导人往往想不到发展还面临整体性问题、长远性问题和基本性问题，也想不到现有发展思路还不太高明或存在重大毛病。为了拥有好的发展战略，小额信贷机构领导人必须首先挑战自己的"想不到"。

2. 调查研究阶段

一旦认识到小额信贷机构发展需要战略，就应该进行调查研究。为制定发展战略调研必须视野开阔、思维灵活。社会的现实需求及潜在需求，竞争的现实对手及潜在对手，可用的现实资源及潜在资源，自身的核心优势及潜在优势，都应该得到周密观察与思考。思考这些问题必须冲破现有观念、应用相关知识、尊重自我发现，否则，只能是一次走过场。

3. 形成发展战略草案阶段

在调研的基础上要形成一家小额信贷机构的发展战略草案。小额信贷机构发展战略草案不需要很具体、很系统、很严谨，但需要反映小额信贷机构发展的主要矛盾，并提出解决这个主要矛盾的核心对策。小额信贷机构发展战略草案的提出对有关人员是一次重大考验。它要求草案的起草者富有责任心和事业感，以及智慧和勇气；要求参与讨论者虚怀若谷、深思熟虑，不要排新妒异、反驳为快。

4. 咨询社会有关方面意见阶段

为防止发展战略失误、提高发展战略水平，小额信贷机构在确定发展战略之前，应该就非保密问题征求社会有关方面特别是企业战略专家的意见。由于自身能力有限，有些小额信贷机构采取委外办法研究发展战略。即使采取这种办法，在战略咨询服务机构提交发展战略研究报告之后，除了内部充分讨论，也要再适当咨询征求外部有关方面的意见。

5. 发展战略确定阶段

确定小额信贷机构发展战略对企业而言具有里程碑意义。为了小额信贷机构的长远利益，战略决策要"公"字当先，不唯书本，不唯经验，不唯上级指示，也不唯职务权力，只唯实际情况。确定小额信贷机构发展战略要充分发扬民主、依靠集体智慧，最好事先征求重点员工意见。

小额信贷机构与任何企业一样其发展战略要保持相对稳定，但保持相对稳定并不意味着一成不变。小额信贷机构发展战略的创新是企业的基本性创新，出于以下两方面的考虑：

第一，小额信贷机构企业发展战略的创新是为了应对内部条件或外部环境的重大变化。当外部环境或内部条件发生重大变化时，毫无疑问就应该调整或重新制定发展战略。我们所处的是变化速度空前加快的时代，这就使企业发展战略创新显得格外重要。

第二，小额信贷机构企业发展战略的创新是为了提高战略水平。企业发展战略之间存在水平差异，这种差异往往还特别大。小额信贷机构企业发展战略的创新是为了创出更加高明的企业发展战略。

而小额信贷机构要做好企业发展战略的创新，取决于领导观念转变。小额信贷机构普遍需要发展战略创新，有的需要重新定位，有的需要重新整合资源，有的需要重新制定政策。可是，由于领导或多或少存在一些企业发展的陈旧观念，小额信贷机构企业发展战略的创新往往提不上重要议事日程。小额信贷机构的领导要想获得更好的发展战略，应该首先向自己的旧观念挑战。

由此可见，企业发展战略的创新来源于企业领导的动力、魄力和毅力。从某种意义来讲，企业发展战略创新是企业再造工程，是一项具有很大风险、困难和阻力的系统工程。小额信贷机构的领导组织实施这样的工程，如果没有强烈的事业心、责任感，没有排除各种困难和阻力的魄力，没有坚韧不拔的毅力，只能半途而废。

第二节　小额信贷从脱贫攻坚进入乡村振兴的痛点难点及对策

贫困是人类社会的顽疾，是全世界面临的共同挑战。贫困及其伴生的饥饿、疾病、社会冲突等一系列难题，严重阻碍了人类对美好生活的追求。消除贫困是人类梦寐以求的理想，人类发展史就是与贫困不懈斗争的历史。经过 8 年持续奋斗，中国如期完成了新时代脱贫攻坚目标任务，现行标准下农村贫困人口全部脱贫，贫困县全部摘帽，消除了绝对贫困和区域性整体贫困，近 1 亿贫困人口实现脱贫，取得了令全世界刮目相看的重大胜利。

随着中国脱贫攻坚战取得全面胜利，2021 年 1 月发布的《中共中央 国务院关于全面推进乡村振兴加快农业农村现代化的意见》，为新发展阶段全面推进乡村振兴划定了"施工路线图"。如何认识和有效实施脱贫攻坚之后的小额信贷，金融扶贫与金融支持乡村振兴战略的内在联系，如何将巩固拓展脱贫攻坚成果同乡村振兴进行有效衔接，如何制定服务乡村振兴的普惠金融战略，这是国家新时期的政策研究问题，也是普惠金融推动者、实践者需认真研究解决的问题。

一、脱贫攻坚之后的小额信贷

完成脱贫攻坚的任务后，中国的扶贫工作将由解决绝对贫困转向缓解相对贫困，也使中国小额信贷在脱贫攻坚之后面临着一些新的问题和挑战，主要围绕着以小额信贷为基石的普惠金融体系展开。

（一）脱贫攻坚之后面临的新问题和挑战

中国脱贫攻坚战取得全面胜利，小额信贷助推脱贫攻坚成效显著，但在脱贫攻坚之后仍然面临着一些新的问题和挑战。一是普惠金融理念有待深入普及，金融消费者保护和金融素养有待进一步提升。二是普惠金融体系中的供给与需求匹配度有待提高。受农村金融服务成本较高、资本回报率较低等因素影响，农村地区存在资金外流现象，农村金融体系不健全，普惠金融供给尚不能满足需求。三是普惠金融发展不平衡的问题仍较突出。中西部地区对金融产品和服务的使用情况明显落后于东部地区，信贷、保险等金融服务资源仍然较多地分布于东部，数字支付等普惠金融新型业态在东部地区的发展也明显快于中西部地区。四是普惠金融发展的配套政策有待完善。普惠金融的目标客户普遍居住地偏远、抵押物缺乏、收入不高，为这些客户提供服务的机构在实现商业可持续性方面面临挑战，在客观上需要进一步完善配套的产业、财税、金融监管、法律法规等政策措施，加强信用信息体系建设。五是数字普惠金融监管相对滞后。实现普惠金融的发展，需要充分利用数字技术，然而数字普惠金融模式也会带来一定的风险，如市场驱动的风险、规范和监管带来的风险以及消费者方面存在的风险，目前与数字普惠金融相匹配的监督管理机制仍有待健全和完善。

（二）脱贫攻坚后普惠金融的新思路

一是贯彻创新发展理念。充分运用信息科技和金融创新，不断将基础金融服务惠及更广大的人群。在普惠金融领域贯彻创新发展理念，就是要通过金融服务创新、金融产品创新、金融机构创新、金融市场创新等，不断推动普惠金融理论创新、制度创新，为新产业、新业态、新技术的发展提供坚实的金融支持，提升金融服务实体经济的效率，降低金融服务成本。鼓励金融服务提供者创新经营管理，降低成本；以客户为中心，探索移动互联、大数据、云计算、人工智能等信息技术在金融领域的合理运用方式。

二是贯彻协调发展理念。正确处理各类主体、各种要素之间的关系，不断增强普惠金融发展的平衡性和整体性。"千钧在一羽，轻重在平衡"，坚持协调发展，也是普惠金融广泛包容性要实现的目标。作为一种制度安排，普惠金融体系在地区、产业、城乡等层面存在差异，整体上不尽协调。因此，在政府和市场的关系上，要切实做到"市场主导、政府引导"。在直接融资和间接融资的关系上，可进一步提升直接融资对小微企业、涉农企业的支持力度。建立健全普惠金融风险分担机制，降低金融机构的服务成本和风险，营造良性、可持续的普惠金融发展环境。加强数字金融运用的指导和监管，平衡好创新和风险管理的关系。

三是贯彻绿色发展理念。注重将普惠金融发展与环境保护、生态修复结合起来，促进人与自然的和谐共生。普惠金融、惠及民生更多的是绿色生态文明建设的金融支撑效果，体现的是绿色金融与绿色经济的高度协调融合。普惠金融发展要贯彻绿色理念，在实践中，探索将绿色金融标准运用到普惠金融中来，用金融约束手段推进绿色发展，引导和鼓励小微企业减少对环境的污染；引导和支持绿色种养殖，发展绿色农产品；加强绿色金融能力建设，提升投资绿色化水平。推动绿色金融改革创新试验区建设，探索绿色金融发展可复制、可推广的经验和做法。

四是贯彻开放发展理念。加强国际交流与学习，增强普惠金融国际话语权。开放发展体现更多的是包容性，普惠金融就是包容性的金融。金融包容不仅体现在对外开放、市场准入上，更重要的是金融体系所提供的服务向所有阶层、所有群体开放，必然将有金融服务需求的弱势群体、弱势产业、弱势地区纳入金融服务的范围。普惠金融发展成效与国际交流的方式和质量紧密相关。因此，要推进《G20 数字普惠金融高级原则》等国际社会共识在中国落地，积极加强各国政府间、政府各部门间以及政府与私人部门间的沟通与合作，重视总结和推广利用数字技术促进普惠金融发展的有益经验。通过参与普惠金融领域国际机构、国际组织的治理，发出中国声音，讲好中国故事。

五是贯彻共享发展理念。将普惠金融真正服务于普通大众，服务于共同富裕和社会和谐。坚持民生优先、发展共享理念，坚持市场化发展和政策支持有机结合的基本取向，进一步完善普惠金融基础设施，持续推进农村支付环境建设，发挥供给对催化和改善农村支付服务需求的推动作用，创新升级助农支付产品，持续提升农村支付服务供需匹配度。进一步完善征信体系，健全农户信用信息征集与信用评级体系，提高中小微企业信用档案建档率，营造守信激励、失信惩戒的信用环境。

二、金融扶贫与支持乡村振兴战略的内在联系

实施乡村振兴战略是党的十九大做出的重大战略决策，是新时代"三农"工作的总抓手。在脱贫攻坚与乡村振兴战略交汇的关键期，充分认识金融服务脱贫攻坚成果与乡村振兴战略内在联系所具有的重要意义。

（一）金融服务脱贫攻坚成果与支持乡村振兴的统一性

一是目标统一。自党的十八大以来，解决好新时代"三农"问题，已经成为党和国家推进城乡发展一体化的战略部署核心。在此背景下，为贯彻中共中央、国务院关于脱贫攻坚的重要战略部署，2016年3月印发的《中国人民银行关于开办扶贫再贷款业务的通知》，旨在充分发挥扶贫再贷款的精准扶贫作用，推动贫困地区发展特色产业和贫困人口创业就业，促进贫困人口脱贫致富。党的十九大以"第二个一百年"的奋斗目标为出发点，开启了乡村振兴战略安排新阶段，同时也发出打赢脱贫攻坚战的号召。党的二十大更要求普惠金融为乡村振兴和建设社会主义现代化强国的奋斗目标做出更大贡献。金融服务脱贫攻坚成果与乡村振兴战略都是基于社会主义社会的本质要求。两者目标具有统一性。在长期战略目标上，两者都统一于百年奋斗目标，旨在解决农村发展不充分的问题，以缩小城乡差距、贫富差距，实现社会主义现代化强国的奋斗目标。

二是内容互通。《中共中央 国务院关于实施乡村振兴战略的意见》中，把脱贫攻坚确定为贫困地区实施乡村振兴战略的主要任务。脱贫攻坚与乡村振兴作为国家系统战略工程，在具体政策内容方面存在互通性。脱贫攻坚战略中的"五个一批"政策内容，从农业生产、农村生态、农民教育、社保、搬迁等方面着手，形成稳定脱贫合力；减贫战略中的"十大工程"政策内容，核心围绕产业发展扶贫，覆盖电商、旅游、光伏等要素资源领域。这些内容与乡村振兴战略中的产业、人才、文化、生态、组织五个方面内容存在同质性，这也深层次反映了两者的顺接逻辑关系，即贫困地区脱贫攻坚的过程也是乡村振兴的过程。

三是主体一致。金融服务脱贫攻坚成果与乡村振兴战略的各方面主体都存在一致性。习近平总书记关于"扶贫要同扶智、扶志结合起来"的思想，强调突出贫困农民的主体地位。乡村振兴战略则是维护农民，尤其是维护留在农村的农民的政策制度方面的收益主体地位，产业、人才、生态等方面的建设主体地位，新时代乡村治理现代化的治理主体地位。基于实现农民利益的共同目标，农民在这两大战略中占据着主体地位。

（二）金融服务脱贫攻坚与支持乡村振兴的差异性

一是时间要求不同。服务于脱贫攻坚的金融精准扶贫是攻坚之战，要求确保到 2020 年农村贫困人口全部脱贫、贫困县全部脱贫摘帽，必须限时打赢。乡村振兴则是持久之战，是规划到 2050 年的一项长期的历史性任务，需要稳扎稳打、久久为功。

二是方向侧重不同。金融精准扶贫聚焦农村贫困地区和贫困人口，以完成脱贫的基本要求和核心指标为目标重在保基本、保兜底，着力解决"两不愁三保障"问题。乡村振兴聚焦农村全域和所有农民，以农业农村现代化为目标，侧重高质量、高品质，要实现农业强、农村美、农民富的乡村全面振兴。

三是具体策略不同。金融精准扶贫是点上着力，强调精准方略、对症下药、靶向治疗。乡村振兴战略则是全面发力，注重总体设计，强调促进农业全面升级、农村全面进步、农民全面发展。

（三）金融精准扶贫的实践探索为乡村振兴战略实施奠定有利基础

一是推动农村金融组织体系不断完善。金融精准扶贫积极引导银行业金融机构包括小额信贷机构在金融服务薄弱区域增设分支机构，使银行业发展布局进一步优化。建立金融服务站，实现全覆盖。探索依托助农金融服务点构建金融扶贫服务站，整合助农服务网点小额取现、转账、助农补贴刷卡、信用体系建设、金融知识宣传普及等服务功能，切实服务于农村贫困农户。

二是大力支持美丽乡村工程建设。金融精准扶贫引导各金融机构主动对接乡村振兴战略，综合运用联合授信、中长期贷款等方式，加大对农业开发、水利，农村生活垃圾、污水处理，供水、供电、通信等项目建设的信贷投入。

三是建立一套金融扶贫信息库。金融精准扶贫建成贫困户和扶贫产业相互配套的两个金融扶贫信息库。制定贫困地区评级授信标准，扩大授信范围和规模，信用体系建设覆盖到全部贫困村，依托金融扶贫服务站，在贫困村即可查询贫困户信用报告。

四是依托发展"一地一品"特色产业脱贫。地方政府以市场为导向，引导银行及小额信贷机构加快涉农业务创新，根据不同地域特色农业产业，创新"扶贫再贷款+农村商业银行+特色农业产业"模式，推出特色农业金融服务产品。借助于央行扶贫再贷款资金，面向当地特色产业开发的专属金融产品，具有纯信用、放款快、用款灵活等特点，实行利率优惠。

三、金融服务脱贫攻坚成果与常态化帮扶

2021 年中央一号文件在"实现巩固拓展脱贫攻坚成果同乡村振兴有效衔接"的部分指出要"加强农村低收入人口常态化帮扶"，其中特别强调，"对有劳动能力的农村低收入人口，坚持开发式帮扶，帮助其提高内生发展能力，发展产业、参与就业，依靠双手勤劳致富"。显而易见，这部分人群也是金融机构重点帮扶的对象。金融如何助力农村低收入人口常态化帮扶？

（一）通过发展产业或参与就业增收的机会

金融赋能农村低收入人口正是通过这个机会入手。一方面，金融机构为有劳动能力的低收入人口发展产业提供一定的资金支持；另一方面，金融机构可通过支持相关产业主体带动低收入人口的就业。此外，部分地区的实践还基于农村发展的特点，支持村集体经济的壮大发展，从而带动农村低收入人口的增收。

（二）金融助力村集体增收所带来的机会

很多地方政府推动的针对收入较低的村集体的"消薄"工作取得了显著的成效，其为低收入人口的增收效果突出。村集体的收入增加主要依靠产业带动，而产业带动对于具备一定劳动能力且有发展意愿的低收入人口，会有明确的增收促进作用。金融支持村集体经济的优势在于信息对称且充分、风险可控以及带动作用明显，这也与"共同富裕"的原则高度一致。

（三）通过建立多方协同的价值链，帮扶低收入人口持续增收

例如，浙江某地民营企业在当地残联的支持下，帮助村里部分残疾人员获得就业机会，而当地的农信机构将信贷资金发放给为这些残疾人提供就业机会的企业，这种方式带来了这些残障人士的增收，也帮助企业获得了信贷资金，找到适合的劳务支持。此类实践，重点是当地的农信机构主动作为，将多方的价值关联建立起来，为低收入人口带来了增收机会。

（四）帮扶低收入人口获得创业机会

金融在这个方面既可以直接帮扶有一定能力和意愿的低收入主体创业，又可以结合该主体所从事的行业特征，通过上下游供应链，为其提供信贷支持，从而使低收入人口获得增收机会。四川凉山当地规模型养猪主体需要发展很多代养场，而一些低收入人口希望通过帮助大型养猪主体代养，获得增收机会，但其缺乏一定的资金支持，这个时候，当地银行既为大型养殖主体授信，又为部分低收入人口代养提供部分资金支持，使其扩大养殖规模，提升能力，从而达到增收的目的。

（五）金融机构与多部门协同向低收入人群提供就业机会

在助力脱贫攻坚工作中，很多部门都在协同推进，人社部门通过帮扶相关企业，使得企业降低费用，从而吸纳更多人员就业；而金融给予企业或者个人的信贷支持，也可以根据相关就业政策而动态施策。山东某地人社部门、金融机构以及产业促进部门协同推进，帮助低收入人群获得就业机会，金融在其中起到了重要的作用，既支持了企业，又帮扶了低收入人群。

有劳动能力的农村低收入人群，更多需要的是机会。从普惠金融的角度来看，针对弱势群体的金融服务必然包括低收入人群，而普惠金融强调的就是金融服务的可获得性，也包括获得信贷的机会。为了低收入人群能够获得增收的机会，金融的普惠理念则表现为给予这些低收入人群获得信贷的机会。从为低收入人群直接或间接地提供信贷支持，到为其创造更多增收的机会，这说明低收入人群的帮扶不是一味地输血，尤其是针对具备一定劳动能力的人群，更要以创造增收机会的方式，变"输血"为"造

血",从而建立其持续增收的长效机制。

四、关于扶贫小额信贷与过渡期小额信贷工作的政策指导

(一)进一步完善扶贫小额信贷的有关政策指导

扶贫小额信贷是原中国银监会、财政部、中国人民银行、国务院扶贫办于 2014 年联合推出的精准支持建档立卡贫困户的扶贫信贷产品,政策要点是"5 万元以下、3 年期以内、免担保免抵押、基准利率放贷、财政贴息、县建风险补偿金"。在帮助贫困群众发展生产脱贫致富、增强贫困户内生动力、促进贫困地区金融市场发展、改善农村社会治理等方面取得显著成效。

为认真贯彻落实习近平总书记重要指示精神和中共中央、国务院决策部署,进一步做好扶贫小额信贷工作,助力高质量打赢脱贫攻坚战,2020年 7 月,《中国银保监会 财政部 中国人民银行 国务院扶贫办关于进一步完善扶贫小额信贷有关政策的通知》,提出以下六项举措:

第一,进一步坚持扶贫小额信贷政策,明确脱贫攻坚期内(2020 年12 月 31 日前)签订的扶贫小额信贷合同(含续贷、展期合同),在合同期限内各项政策保持不变。

第二,进一步扩大扶贫小额信贷支持对象,将返贫监测对象中具备产业发展条件和有劳动能力的边缘人口纳入扶贫小额信贷支持范围。

第三,进一步延长受新冠疫情影响还款困难的扶贫小额信贷还款期限,对到期日在 2020 年 1 月 1 日后(含续贷、展期)、受疫情影响还款困难的贫困户扶贫小额信贷,在延长还款期限最长不超过 6 个月的基础上,将还款期限进一步延长至 2021 年 3 月底。

第四,进一步满足扶贫小额信贷需求,要求认真落实分片包干责任,坚持以乡镇为单位不断完善扶贫小额信贷主责任银行机制,实行名单制管理,对符合条件的贫困户要应贷尽贷。充分发挥村两委、驻村帮扶工作队等基层力量作用,配合银行机构做好扶贫小额信贷政策宣传、贷款使用监测指导等工作。

第五，进一步做好扶贫小额信贷风险防控工作，坚持扶贫小额信贷户借、户用、户还，精准用于贫困户及边缘人口个人发展生产，加强扶贫小额信贷监测分析，持续完善风险补偿机制，明确风险补偿启动条件及流程。

第六，进一步加强扶贫小额信贷工作组织领导，要求各级银行保险监管部门、财政部门、人民银行分支机构、扶贫部门加强统筹协调，将扶贫小额信贷工作情况纳入地方党委、政府脱贫攻坚年度考核内容，加大典型经验总结推广和新闻宣传力度。

（二）关于深入扎实做好过渡期脱贫人口小额信贷工作的政策指导

为认真贯彻落实习近平总书记重要指示精神和中共中央、国务院决策部署，深入推进脱贫人口小额信贷工作，2021 年 3 月，中国银保监会、财政部、中国人民银行、国家乡村振兴局联合印发《关于深入扎实做好过渡期脱贫人口小额信贷工作的通知》（以下简称《通知》）。

《通知》明确，脱贫人口小额信贷支持对象是建档立卡脱贫户，贷款金额原则上 5 万元（含）以下，贷款期限 3 年期（含）以内，实施免担保免抵押，财政资金适当贴息，鼓励以贷款市场报价利率（LPR）放款，现有风险补偿机制保持基本稳定。边缘易致贫户可参照执行。

《通知》指出，脱贫人口小额信贷坚持户借、户用、户还，精准用于贷款户发展生产和开展经营，不能用于结婚、建房、理财、购置家庭用品等非生产性支出，也不能以入股分红、转贷、指标交换等方式交由企业或其他组织使用。

《通知》强调，要切实满足脱贫人口信贷需求。银行机构要在符合政策、风险可控的前提下，准确开展评级授信，合理确定贷款额度和期限，努力满足脱贫人口贷款需求。要加强脱贫人口小额信贷续贷和展期管理，合理追加贷款，不断创新信贷服务方式。

《通知》指出，要有效防控信贷风险。完善银行机构信贷管理机制，不过度强调获贷率，切实规范信贷资金的发放和使用。银行机构要稳妥处置逾期贷款，建立健全风险补偿和分担机制。

《通知》提出，要进一步夯实工作基础。支持在脱贫地区培育发展县域支柱产业和优势特色产业，推进脱贫地区信用体系建设，建立实施脱贫人口小额信贷主责任银行制度，持续开展银行基层机构与基层党组织"双基"联动。

《通知》要求，不断完善脱贫人口小额信贷支持政策。银行业、保险业的监管部门要实施差异化监管政策，中国人民银行要用好再贷款、差异化存款准备金等货币政策工具，财政部门要安排好财政贴息资金，乡村振兴部门特别是县级部门要做好组织协调、政策宣传、产业指导等工作。

《通知》强调，要认真抓好工作落实。加强组织领导，加大工作统筹、政策协调和信息共享力度，充分发挥工作合力。认真做好脱贫人口小额信贷统计监测和分析调度工作，建立定期会商和监测通报制度。采取群众喜闻乐见的形式开展脱贫人口小额信贷政策宣传，营造良好的舆论氛围。

五、服务乡村振兴的普惠金融战略

金融是现代经济的核心。全面推进乡村振兴、实现农业农村现代化，离不开金融的支持。党的十九届五中全会提出"健全农村金融服务体系"，为金融更好地服务乡村振兴战略、促进农业农村现代化指明了方向。要深入贯彻落实党的十九届五中全会决策部署，着力健全农村金融服务体系，必须打通金融服务乡村振兴的"最后一公里"。

（一）建立健全乡村振兴金融服务组织体系

加快完善农村金融服务组织体系，积极引导涉农金融机构回归本源，提高金融服务乡村振兴的效率和水平。鼓励开发性、政策性金融机构在业务范围内为乡村振兴提供中长期信贷支持，增强农村经济增长动力。加大商业银行对乡村振兴的支持力度，着力提高金融服务覆盖面和信贷渗透率，做好小微普惠领域的金融服务。积极创新金融产品和服务方式，打造综合化、特色化乡村振兴金融服务体系。强化农村中小金融机构支农作用，引导农村信用社、农村商业银行、农村合作银行坚持服务县域、支农支小的市场定位。

（二）完善农村金融服务政策体系与机制

在更大范围、更深层次上为乡村振兴提供金融支持，需要完善农村金融政策体系和机制，完善货币政策、财政政策、差异化监管等政策保障体系，提高金融机构服务乡村振兴的积极性和可持续性。开展金融机构服务乡村振兴考核评估，从定性指标和定量指标两个方面对金融机构进行评估，强化对金融机构的激励约束，促进更多金融资源配置到农村。充分发挥股票、债券、期货、保险市场等金融市场功能，建立健全多渠道资金供给体系，拓宽乡村振兴资金来源。引导金融机构配合农村土地制度改革和农村集体产权制度改革部署，促进农村土地资产和金融资源有机结合，盘活农村要素资源。

（三）加强农村金融基础设施建设

中国农村金融基础设施还比较薄弱，金融服务渠道及硬件设施、金融服务网络及平台等软件设施、农村信用体系等方面还存在较为明显的短板。要加快运用现代金融科技，结合数字乡村、信用乡村建设，探索将金融服务嵌入智慧政务系统，为广大农村经营主体提供"线上线下一体化"服务；支持农村"三资"管理、产业大数据平台建设，搭建全面覆盖农村政府、企业、村民的金融服务平台，促进形成农村金融完整生态；全面开展信用乡镇、信用村创建活动，强化部门间信息互联互通，推动完善农村信用体系。

（四）优化农村金融服务和产品供给

围绕乡村振兴总要求优化农村金融服务和产品供给，有效解决乡村振兴面临的资金短缺问题。围绕支持产业兴旺，加快完善农村融资基础设施建设，促进资金融通，夯实乡村振兴的产业基础；围绕生态宜居，加强金融对农村基础设施建设、污染防治、人居环境改善的支持，改善农村生态环境；围绕乡风文明，加强金融知识、信用观念的普及，为农村金融发展营造良好社会环境；围绕治理有效，着力补齐农村金融服务和产品供给短板，提升农村治理现代化水平；围绕生活富裕，为农村居民提供投资理财等金融服务。

（五）加快推进农村产权改革与要素交易平台建设

尽快完成农村产权确权赋能，积极向上争取农村集体建设用地入市政策突破，对集体经营性资产，加快推进股份合作制改革，按照"静态管理"原则将其折股量化到本集体经济组织成员，以多种形式的股份合作制改革为基础，赋予农民对集体资产股份占有、收益、有偿退出和抵押、担保、继承权，为产权入市交易提供良好基础。建立农村土地价值评估体系，加快构建产权交易体系和配套机制，积极推动农村土地流转服务站、服务中心等流转平台建设。

（六）加大财税政策支持力度，建立健全风险补偿和担保机制

财税部门对农村金融机构发放涉农贷款的利息收入实行所得税和增值税优惠，并给予一定的财政贴息。加大财政、扶贫、农业开发、教育等涉农资金的整合力度。同时，要推动政府牵头设立支持乡村振兴专项基金，由市县两级财政出资，设立贷款风险补偿基金，对以农村产权直接抵（质）押和保险公司信用保证保险等方式发放的融资贷款发生的损失进行风险补偿。加快推动市县两级政府性融资担保公司组建，通过财政担保费率补助和以奖代补等方式，确保农业主体获得低费率的融资担保服务。

（七）建立多类型金融协同发展的数字普惠金融服务体系

鼓励开发性、政策性金融机构为农村"新基建"提供中长期、低利息信贷支持。大中型商业银行将成熟的数字普惠应用场景加快向县域、农村地区下沉延伸，着力提高农村金融服务覆盖面和信贷渗透率。规范农村中小金融机构公司治理，强化支农主力军作用，鼓励农村中小金融机构与互联网银行、金融科技企业加强合作，采取产品采购、联合贷款、技术输出、业务培训等方式，实现数据分享、渠道共用，共同推进"三农"数字金融产品和服务创新。保险、证券、担保、小贷等各类机构应基于各自优势竞合发展，提供更加多元化、多层次、综合性的金融服务。

（八）发布《金融机构服务乡村振兴考核评估办法》

2021 年 6 月，为全面贯彻落实中共中央、国务院关于实施乡村振兴战略的决策部署，引导更多金融资源配置到农村经济社会发展的重点领域和

薄弱环节，进一步加强和改进农村金融服务，中国人民银行、银保监会联合发布《金融机构服务乡村振兴考核评估办法》（以下简称《评估办法》）。

《评估办法》体现了金融服务乡村振兴的新实践新要求。一是突出了金融对乡村振兴重点领域和薄弱环节的支持。《评估办法》明确了评估对象、评估指标和方法、评估程序、评估结果和运用等具体内容，强调了对新型农业经营主体、小农户等的支持。二是进一步强化了考核评估工作的激励约束作用。金融管理部门将把评估结果作为履行货币政策工具运用、市场准入管理、金融监管评级、机构审批设立、业务范围调整等宏观调控和金融监管职能的重要参考，督促引导金融机构加大对乡村振兴支持力度。三是中国人民银行将与银保监会等部门密切协作，坚持客观、公正、公平的原则，尊重金融机构依法合规自主经营，扎实做好金融机构服务乡村振兴考核评估工作，更好满足乡村振兴多样化金融需求。

第三节　小额信贷机构数字化转型的痛点难点及对策

随着经济增长放缓、人口红利消失、竞争加剧、监管趋严、风险增加等一系列因素的影响，银行业已经从"坐商"步入"行商"时代，急需从"规模化、标准化、以产品为中心"的传统经营模式向"个性化、服务化、以客户为中心"的数据化模式转型。近年来，数字化转型已成为中国银行业包括小额信贷机构的重要议题，而新冠疫情就像一剂催化剂，加速了客户行为线上化进程，倒逼银行业包括小额信贷机构加快数字化转型步伐。

一、小额信贷与科技的融合发展

在金融与科技不断融合发展的时代背景下，呈现了一系列发展趋势：

一是科技驱动更加明显；二是需求引领更加突出；三是风险治理更加重要；四是行业生态更加开放；五是数据资源更加重要；六是基础设施更加关键。在这样的发展趋势下，作为为低收入家庭和微型企业（个体工商户）等社会金字塔底层群体提供的金融（信贷）服务的小额信贷机构在与科技融合发展的过程中必须充分认识到，数字化转型是适应现代生产力发展客观规律的必然要求，是推动新旧动能转换的重要内容，也是提升小额信贷服务质量和效率、补齐传统业务结构中短板的迫切需要。同时，也要充分认识到，小额信贷与科技的融合发展仍然面临很多挑战，依旧是一个开放性前沿性议题。

随着全球金融科技融资的持续升温，金融科技产业规模迅速扩大。金融科技发展前景广阔，但高速扩张下的金融安全和行业规范问题需要更加重视，各国及各地区在积极推动金融业转型升级的同时，也在金融创新与风险控制之间寻找平衡点。中国金融科技行业发展依然国际领先，人工智能、大数据、互联技术、区块链技术和安全技术等底层关键技术在金融领域的应用日益深化。银行、保险等传统金融业依靠新技术推动自身转型发展，技术创新催生了智能投顾、供应链金融、消费金融、第三方支付、监管科技等新兴领域。科技对金融的促进不再局限于渠道等浅层次方面，而是开启了"金融+科技"的深层次融合。数字普惠金融是金融科技与普惠金融深度融合的产物，也是科技创新金融的突出表现，能够将大数据、人工智能等前沿科技运用于普惠金融领域，缔造出全新的普惠金融发展模式。未来，金融科技和数字普惠金融将会进一步发挥自身优势，为解决金融发展不平衡不充分问题提供更多新手段。

金融科技已成为国家金融安全体系的重要组成部分，成为实施创新驱动战略、建设现代经济体系的战略支撑。依托新技术支持，原有金融服务难点更易得到缓解，金融改革更加"脱虚向实"，能够全面提升数字普惠金融的服务能力。发展金融科技和数字普惠金融已经成为广泛共识。从国际金融科技发展情况来看，金融科技行业持续受资本青睐，投资量和交易规模逐步提升。从中国金融科技发展情况来看，金融科技市场表现活跃，优秀金融科技公司数量、金融科技融资额位于世界前列，行业融资规模快速增长。政府及监管层高度重视金融科技发展，针对主要业态发布了一系列监管措施，推动行业良性发展。

从金融科技在银行业的创新和发展情况来看，数字化进程带来三项改变即用户对产品和服务的即时性和便捷性要求越来越高、有关用户的行为信息和触达点都从线下转移到了线上、用户的忠诚度更多地取决于产品和服务是否满足其需求。同时，金融科技企业发展带来一系列冲击，如新工具和服务改变客户关系，新支付方式打破金融交易数据垄断，新借贷方式改变用户服务方式和体验。科技赋能金融服务提供者内部创新发展，外部实现银行与金融科技公司跨界合作的嵌入发展。

二、小额信贷机构的数字化转型

金融业的变革和发展，从来都是与时代大潮同行，与技术创新同进。当今世界数字化潮流势不可当，赋予了金融业新的时代使命和发展空间。在经历了电子银行、网络银行、移动银行后，中国金融业已步入数字化时代。

（一）小额信贷行业发展的机遇和挑战

应当看到，随着国家和地方一系列相关政策法规的陆续出台，中国小额信贷行业发展既迎来了难得的发展机遇，也面临着严峻的挑战。

最大变化来自客户群。小额信贷机构服务的主流客群，集中在习惯于线下服务的"50后""60后"以及部分"70后"身上。然而，随着人口不断迭代，与互联网一起成长起来的"80后"和"90后"如今已成为中国社会的主力人群，"00后"更是深度融入了移动互联生活。这些人群，一方面接受的教育程度较高，喜欢追求更高生活品质；另一方面习惯在手机上处理包括转账、支付、购买理财产品、贷款等诸多金融业务，极少去银行物理网点。他们是离开银行卡可以生活、离开手机不能生活的一代人。当"50后""60后"和"70后"慢慢老去，变成非主流人群时，如果小额信贷机构依然不能主动拥抱金融科技，拓展线上客群，留给小额信贷机构的，只能是客户在某一天的"断崖式消失"。而没了客群，小额信贷机构也就没有了可以继续生存的依托。

同时，数字乡村的建设，也将彻底改变农村基础设施条件，极大提高农村居民运用现代信息的技能。在中共中央办公厅和国务院办公厅印发的《数字乡村发展战略纲要》中，人们可以看到一幅数字乡村发展的宏伟蓝图，即"到 2020 年，全国行政村 4G 覆盖率超过 98%，农村互联网普及率明显提升""到 2035 年，数字乡村建设取得长足进展"。

数字乡村的发展，无疑会推动网络化、信息化、数字化在农业农村经济社会中的应用，让金融科技在农村有了用武之地。这将对小额信贷机构的生存发展构成极大威胁。2019 年 5 月印发的《工业和信息化部 国资委关于开展深入推进宽带网络提速降费支撑经济高质量发展 2019 专项行动的通知》，明确将开展"双 G 双提"，推动固定宽带和移动宽带双双迈入千兆（G 比特）时代，100M 及以上宽带用户比例提升至 80%，4G 用户渗透率力争提升至 80%。开展"同网同速"，推动中国行政村 4G 和光纤覆盖率双双超过 98%，实现农村宽带网络接入能力和速率基本达到城市同等水平。农村地区网络覆盖率提高以及网速的提升，加上智能手机不断降价，这些都促使智能手机在农村牧区普及，都将为金融科技在农村地区的快速发展创造基础条件。

随着经济增长放缓、人口红利消失、竞争加剧、监管趋严、风险增加等一系列因素的影响，越来越多的商业银行制定了金融科技的总体战略规划，对数字化转型的认识越来越清晰，不仅从全行战略角度去推进数字化转型进程，并且更为具体地规划了转型目标，构建了差异化的战略方向。

数字化转型以提升基本服务水平为基础。目前，以网上银行、手机银行 App 等为代表的商业银行线上服务体系已经基本建立，能够覆盖大多数基础类金融服务需求。同时，借助于自助服务设备的大规模应用以及服务功能的不断完善，一些复杂度较高、需要到营业网点现场办理的业务同样不再需要银行人员的深度介入。同时，数字化转型以应用产品创新为目标。在基础服务数字化的基础上，很多银行机构积极探索推出契合当前技术发展方向的数字化服务产品，创新优化现有服务，整合自身产品和渠道，形成产品组合，打造渠道平台，加入智能化、移动化等元素，进一步提升服务品质。由此可见，在金融基础服务领域，中国金融业数字化已达到一个较高的水平。

大数据、人工智能、5G 等新兴技术的应用，对小额信贷机构零售业务的改变最大，零售金融的数字化转型也将走在最前列。有了这些技术，未来小额信贷机构的零售金融产品就可以更加多样化、人性化，就更能够细分客户，提供符合客户个性化需求的定制产品和服务。未来小额信贷机构零售业务在数字化转型上的突破，主要体现在以下几个方面：

一是创新"有智慧"的数字化产品。未来小额信贷机构将围绕客户账户体系，对现有产品进行数字化组合创新，持续迭代升级智能投顾、线上贷款、聚合支付、云收单等数字化产品，打通各条线、各类产品的服务和数据交互界面，构建客户线上综合交易平台，为客户提供全方位服务。

二是打造"有温度"的数字化服务。利用人脸识别、大数据风控、电子印签、智能客服等技术，通过视频"面对面"对客户提供一对一、有温度的"零接触"服务。未来小额信贷机构的网点也将进一步轻型化、智能化、生活化和个性化，通过智能化设备和移动 PAD，延伸服务时间和空间。

三是推进"有精度"的数字化营销。未来小额信贷机构将通过对客户大数据的深度挖掘分析，实现客户分层服务，洞察客户需求，开展贯穿客户全生命周期的智能化精准营销，实现在适合的时机，以合适的渠道，对适合的客户，推介适当的产品。构建零售业务数字化经营决策"大脑"，打造立体矩阵式多维指标评价体系、实时动态管理分析模型和智能的经营决策引擎，实现跨条线协同、总分支贯通的"扁平化、透视化"的管理。

四是构建"有广度"的数字化渠道生态。未来小额信贷机构将持续完善数字化渠道建设，持续升级手机银行、微信银行等线上渠道，丰富内容、简化操作；对接各类场景，构建智慧生活金融服务生态圈；打造

"网点+App+场景"全渠道融合生态,有机组合立体化网点、智能设备、手机渠道和跨界平台,通过全渠道运营实现"按需服务",客户在任何需要的时间、需要的地点都能够触达所需的信贷服务。

五是完善"有深度"的大数据风控。未来大数据分析、人工智能在身份识别、电子印签、信用评估、反欺诈、反洗钱等领域的运用将大大加强,小额信贷机构线上业务、账户交易、信用评价、信贷流程等领域的智能风控及反欺诈体系将逐步完善,小额信贷机构将要实现以客户为核心的全渠道、全产品、全流程、全生命周期的事前、事中、事后一体化风控。

六是培养有效率的"客户经理团队"。目前扩展小额信贷业务的长尾客户最有效的手段依然是线下通过信贷工厂模式推进作业,建立一批自营的客户经理团队,但普遍存在的问题是数字化赋能不到位,例如,移动展业方法、平台业绩管理、定位跟踪、产品营销话术指引、客户拜访及客户信息录入功能缺失或缺少标准化等以及电子合同嵌套打印能力缺失,降低了客户经理的营销效率,手工作业的任务繁重且存在操作风险,难以释放单个客户经理的产能,再比如缺少营销线索指引和闭环跟踪数字化能力,对客户经理拓展潜在客户缺少指引和名单化支撑等问题。

(二)小额信贷机构数字化转型发展策略

小额信贷机构是多层次、广覆盖、有差异金融机构体系的重要组成部分,对促进经济结构调整、服务普惠小微领域、助力区域经济发展等意义重大。在金融服务进入全面数字化新阶段的大背景下,金融科技成为拉动实体经济发展的重要引擎,科技引领也成为银行战略转型的驱动力,小额信贷机构需要开展以下五方面工作,准确把握"十四五"时期数字经济发展新机遇,积极调整金融科技战略部署,主动求变,在差异化定位基础上培育核心竞争力。

1. 确立差异化战略定位,夯实标准化数据治理基础

小额信贷机构要立足服务"三农"和小微、助推地方经济发展的战略定位。小额信贷机构要应用金融科技助推零售转型和普惠金融业务,以线上自主经营主动适应客户需求,以多平台布局拓展获客渠道,以场景化

营销提升客户体验，实现做小、做细、做实的"小而美"。同时，小额信贷机构要以标准化数据治理夯实发展基础。小额信贷机构要不断完善数字治理体系，通过打造数字化前台、中台、后台，打通个人金融、财务、风控等相关部门，提高数据使用效率。小额信贷机构要通过建立信息安全保障框架体系，加快完善个人金融信息管理，保障数据库安全稳定运行。对于在规模、资金、人力、技术等方面并没有优势的小额信贷机构来说，积极融入开放银行生态体系，有助于其拓宽获客渠道、延展服务边界、创新业务模式、共享数据资源。

2. 加强培育金融科技人才，适应机构数字化转型要求

强化人才培养。当前发展背景下，信息科技人才的重要性已无须赘述，目前小额信贷机构主要招聘对象为国内外高校的应届毕业生，要增强与高校、金融科技公司的合作，从而为机构培养数字人才。要通过选送技术骨干去业内领先的金融科技公司、高校进行学习培训，不断提升人才队伍的金融科技能力和核心软件开发的自主可控能力。近些年来小额信贷机构储备的人员数量有所增加，人员素质普遍较高，为进一步加强自身人才储备和队伍建设，各小额信贷机构应进一步强化对现有高素质人才的培养，通过持续的培训学习及实践应用，不断提升现有信息科技水平。同时进一步优化人才引进流程，要通过提升薪酬水平、强化奖励力度等方式加大对金融科技人才的引进，不断提升对信息科技领军型人才的吸引力，为自身数字化转型发展提供坚实的人才保障。

3. 加强资金支持，深化互助合作

小额信贷机构信息化发展水平与资金投入存在较强的正相关，部分创新型项目或产品的开发因受制于资金限制，未能完全实现其设计初衷，导致其应用效果受到较大影响。小额信贷机构应在自身能力范围内，进一步加大资金支持力度，创新资金运用方式，更加高效地助力于自身数字化转型发展。同时，大型信息科技公司由于其自身发展需求，必须始终站在科技发展最前沿，而小额信贷机构由于种种原因，相关技术应用往往相对滞后，通过与大型科技公司的深入合作，能够有效弥补此类问题，在降低自

身研发创新难度的同时，也能在一定程度上拓展其数据维度，更加精准地分析客户行为，进而提供贴合实际的金融服务和金融产品。

4. 注重客户体验，持续优化运营管理

以客户为一切活动的中心，牢牢抓住客户的需求是小额信贷机构数字化转型的一项重要的发展策略选择。要利用认知技术提供的人机交互方式，精准识别客户需求、分析潜在风险，为客户创造最佳体验。要通过收集和分析客户日常金融行为数据，发现客户金融服务需求，快速设计金融产品，实施定向推广。要通过对交易数据、舆情、交互信息等进行大数据分析，打造客户全景视图，结合客户特点进行营销和贴身定制。要让客户体验到无处不在的金融服务。要利用认知计算对数据进行分析、推理和学习，为客户提供更加快速、准确和有趣的智能服务。要通过大数据及认知计算能力，对小额信贷机构海量非结构化数据进行分析和处理，找出共性问题后反馈后台处理，帮助小额信贷机构提高运营效率。要运用大数据分析和物联网技术，丰富风险控制和尽职调查手段，利用物联网实时监控担保物状态，通过与电商企业合作，实现根据交易流水快速审批放贷。

5. 破除场景焦虑，实现"四个转变"

一是从传统分业经营向跨界混业经营转变。小额信贷机构要融入各类场景，可以与掌握场景的各类机构开展跨界合作，也可以自建场景，构建自有的生态圈。与掌握场景资源的互联网平台或地方政府平台建立更紧密的资本关系，实现传统金融业态和非金融业态的有机整合。二是要从以风险管理为核心的人工业务流程向以客户为中心的线上化自动化业务流程转变。随着小额信贷行业逐步向4.0版升级迈进，业务逻辑正发生巨大变化，传统小额信贷机构的规章制度流程也要适应新形势的需要，不断推进业务流程的线上化自动化，及时响应客户在各类场景中的各种金融服务需求。三是从泾渭分明的公私营销向公私一体化营销转变。小额信贷机构要适应场景金融服务中公私业务相互交叉、相互融合这种新常态，在计划、考核、激励等方面围绕场景金融统筹安排，实现场景金融服务的有效突破。四是科技部门从后台保障部门向前台部门转变。传统小额信贷机构的科技部门通常作为后台部门，为小额信贷机构经营提供技术支持，不接触客户。但在数字化转型新形势下，科技部门前台化特征日益明显，甚至在业务拓展、客户营销中都比客户部门要更先行一步。小额信贷机构如何通过更加灵活、更加市场化的体制推进科技部门转型，关键是要从根本上提升科技部门的技术服务和支撑能力，为自身的场景金融服务拓展提供坚强保障。

随着数字化转型战略推广范围不断扩大，其对小额信贷机构整体发展的引领与支撑作用也将越发凸显。可以预见的是，未来一段时间，融合了大数据、人工智能等前沿技术的金融产品必将层出不穷，金融产品的前瞻性将成为小额信贷机构信息科技能力的集中体现，数字化水平将成为其核心竞争力的代名词。小额信贷机构必须牢牢把握住这一具有颠覆性的发展机遇，统筹规划、决策，探索转型时期新的管理模式，建立与之相适应的管理机制，以数据分析整合和技术创新为驱动力，构建数字银行生态系统，不断提高自身服务水平，持续提升客户忠诚度。

第四节 小额信贷开展绿色金融的痛点难点及对策

2020年的公共卫生事件不仅暴露出全球卫生和社会体系的脆弱性，也再度敲响了全球经济脆弱性的警钟。在之后的经济复苏过程中，增强经济韧性成为各国决策者关注的焦点。一方面，各国需要确保有更充分的准备来抵御未来类似的大流行病；另一方面，全球也要努力应对人类的另一个重大威胁——气候变化。绿色发展是人类进步的必然选择，作为现代经济的核心和"血脉"，金融在"双碳"目标上升为国家长期战略的背景下，如何有效发挥作用，促进绿色发展，不仅是实现高质量发展的实践要求，也是构建中国特色金融理论体系的重要组成。新时代社会主义市场经济的建设要求我们重新认识金融的功能，系统性地理解金融与绿色发展的关系，树立新的金融社会责任观。

一、绿色金融的定义

绿色金融最初是联合国环境署为全球可持续发展筹集资金而引导的金融可持续化行动，但随着生态环境变化对金融机构核心业务影响的日益增加，金融机构本身成为全球绿色金融发展的主要推动者。全球经济复苏必须要向低碳清洁绿色可持续的模式转变，在此背景下，绿色金融也正加速"主流化"。近年来，越来越多的发达经济体及新兴经济体通过推动绿色金融市场建设，构建绿色金融发展体系，为绿色企业及项目拓宽融资渠道，以实现可持续发展的目标。

（一）什么是绿色金融

绿色金融一般泛指与环境保护和可持续发展相关的金融产品、金融市场与金融政策，囊括了传统意义上的环境金融、气候金融、碳金融等内容，同时还包括可持续金融和环境责任投资的部分内容。

2016 年 8 月 31 日，中国人民银行等七部委发布了《关于构建绿色金融体系的指导意见》，把绿色金融定义为支持环境改善、应对气候变化和资源节约高效利用的经济活动，即对环保、节能、清洁能源、绿色交通、绿色建筑等领域的项目投融资、项目运营、风险管理等所提供的金融服务。

绿色金融的定义包括以下三层意思：一是绿色金融的目的是支持有环境效益的项目，而环境效益包括支持环境改善、应对气候变化和资源高效利用；二是绿色金融包括支持绿色项目投融资、项目运营和风险管理的金融服务，说明绿色金融不仅包括各种绿色金融产品（包括绿色信贷、绿色债券、绿色股票指数等）等融资活动，也包括绿色保险等风险管理活动，还包括有多种功能的碳金融业务；三是金融业要保持可持续发展，避免注重短期利益的过度投机行为。

与传统金融相比，绿色金融最突出的特点就是它更强调人类社会的生存环境利益，它将对环境保护和对资源的有效利用程度作为计量其活动成效的标准之一，通过自身活动引导各经济主体注重自然生态平衡。它讲求金融活动与环境保护、生态平衡的协调发展，最终实现经济社会的可持续发展。

绿色金融与传统金融中的政策性金融有共同点，即它的实施需要有政府政策的推动。传统金融业在现行政策和"经济人"思想引导下，或者以经济效益为目标，或者以完成政策任务为职责，后者就是政策推动型金融。环境资源是公共物品，除非有政策规定，金融机构不可能主动考虑借款人的生产或服务是否具有生态效率。

（二）绿色金融是经济发展高级阶段的必然产物和必要保障

20 世纪 70 年代末，在美国著名的爱河化学污染泄漏事件后，美国国会通过《综合环境响应、补偿与责任法》（CERCLA），使得持有受污染资产抵押权的贷款人可能成为索赔的追索对象，从而在一定程度上确立了金融机构的环境责任。此后，金融机构因环境风险事件遭受损失的案例逐渐增多，环境风险管理受到越来越多的重视。到 20 世纪 90 年代，随着可持续发展理论的提出，环境金融和可持续金融的概念被正式确立下来。为了满足市场需求、控制环境风险，金融行业开始自发形成自律组织、发展绿色金融业务。2003 年，全球多家跨国金融机构联合发起"赤道原则"，作为金融机构在为项目融资时识别、评估和管理环境和社会风险的通用基准和风险管理框架。2006 年，"负责任投资原则"（PRI）在联合国支持下发起。在最近十余年中，全球的绿色金融发展进程突飞猛进，绿色金融议题受到越来越多的关注。目前并没有全球性统一的绿色金融统计核算标准，学术界和监管部门一般采用绿色环保企业的融资规模和占比进行衡量。

不论从绝对规模还是相对占比来看，全球绿色环保企业受到的金融支持都在快速上升。关注生态环境、承担环境责任，已经成为现代金融机构和投资者的"必修课"。而横向对比各个国家，越是经济规模大的国家，经济发展程度与绿色金融发展程度的相关性越强。这是因为公共部门提供的环境保护投资可以被全社会分享，是一种公共物品，随着经济规模的扩大，全社会对环境保护投资的需求也会扩大，经典经济学中公共物品提供不足的问题显现。而针对具体项目和企业的绿色金融服务具有"私人物品"的经济属性，能够弥补公共财政投资的不足。这意味着绿色金融兼具市场属性和政策属性，能够帮助经济体在环境和发展中取得更好的平衡，绿色金融在经济发展的高级阶段具有必然性和不可替代性。

绿色金融是绿色发展的必要保障。一方面，绿色发展需要金融资金，必须获得绿色金融支持。仅仅依靠财政资金支持，很难满足绿色发展的资金需求。生态文明建设和绿色发展在实际落实过程中，会转化为绿色技术、绿色项目、绿色产业。这些绿色的新技术、新项目、新产业，因为带有公共物品的特性，是由以前的财政供给转化而来，具有收益较低、投资回报期较长的特点，而且金融机构刚进入这些原来由财政供给转型为金融供给的绿色项目领域，对其中的风险还不太了解，容易导致传统金融不愿意支持这些对他们来说相对陌生的绿色项目领域。进而代表着绿色发展和绿色经济转型新动力的绿色技术、绿色项目、绿色产业就会在市场竞争中因为融资瓶颈而被淘汰。因此，必须通过实施绿色金融政策，为绿色技术、绿色项目和绿色产业提供市场化的资金保障。

另一方面，金融监管部门、金融机构涉及的利益相关者是最广泛的。在现代社会，几乎没有人不需要到金融机构存钱或者理财，也几乎没有产业的发展不需要金融的支持。通过推行绿色金融制度建设，明确金融监管部门和金融机构的生态环境责任，一旦金融机构所投资的项目产生了环境风险和事故，金融机构就必须承担法律责任和经济赔偿责任，在这种压力之下，金融机构就会转化为生态环境治理的社会监管部门，对其所投资的项目进行环境审核和审查，确保污染项目不会进入他们的投资名单。通过绿色金融制度建设给予绿色银行以正向激励，培育和激励金融机构的生态环保责任和忧患意识，金融机构就可以通过开发各种绿色金融产品，吸引和推动客户的绿色储蓄和绿色消费。例如，建立专门的生态环保账户、绿色信用卡，为绿色产业专门推出居民理财产品和账户以及为绿色消费专门推出居民消费型绿色信贷等，进而推动和培养全民的绿色消费、绿色投资理念。

（三）实施绿色金融的国际经验

德国是国际绿色金融的主要发源地之一，经过数十年的发展，其相关政策已经较为成熟，体系也比较完善。分析来看，德国实施绿色金融的经验主要有三个方面：

首先，国家参与。这是德国发展绿色金融过程中最重要特征。举例来说，德国出台政策，对环保、节能项目给予一定额度的贷款贴息，对环保节能绩效好的项目，可以给予持续 10 年、贷款利率不到 1% 的优惠信贷政策，利率差额由中央政府予以贴息补贴。国家利用贴息的形式支持环保节能项目的做法取得了很好的效果，利用较少的资金调动一大批环保节能项目的建设和改造，"杠杆效应"非常显著。

其次，发挥政策性银行的作用。德国复兴银行在整个绿色金融体系中始终发挥着重要的作用，不断开发出绿色金融产品。值得一提的是，复兴银行的节能环保的金融产品从最初的融资到后期金融产品的销售都没有政府的干预，各项活动都通过公开透明的招标形式进行，保证了招标过程中的公正、透明，政府的主要作用就是提供贴息及制定相关的管理办法，这样保障了资金高效公平的使用。

最后，环保部门的认可。这是德国发展绿色金融取得成功的关键。在德国绿色金融政策实施过程中，环保部门发挥着重要的审核作用，以确保贴息政策能够准确地支持节能环保项目。每个节能环保项目要想得到贴息贷款，必须得到当地或上级环保部门的认可后才能申请。

二、中国绿色金融的政策推动

与西方的发展路径不同，中国的绿色金融发展更多受到政策的推动。从国家战略方针层面来看，绿色金融也不断出现在重要国家战略的正式表述中：2017 年，党的十九大报告将发展绿色金融明确列为推进绿色发展的重要路径；2021 年，"十四五"规划纲要再次将绿色金融列为加快推动绿色低碳发展的重要方面。在"碳达峰、碳中和"的目标下，严格落实绿色低碳发展，不仅是中国高质量发展的内在要求，也是全球战略新格局对中国的考验。发展绿色金融已经成为中国一项重要的国家战略和金融业发展的必然趋势。

（一）从法规层面来看

2007 年，国家环保总局、中国人民银行和原中国银监会联合发布了《关于落实环保政策法规防范信贷风险的意见》，从政策层面提出绿色信贷理念，从资金源头遏制高污染高耗能产业的扩张，指导商业银行的资金向低碳减排产业投放。2012 年，原中国银监会发布的《绿色信贷指引》对商业银行服务绿色、低碳和循环的实体经济具有重要的战略指导意义，从制度上规范了银行的信贷决策与企业的环境绩效，尤其对商业银行的公司治理与信贷风险管理流程提出了更高的要求。

2016 年 8 月，中国人民银行、财政部、国家发展改革委、环境保护部、原中国银监会、中国证监会、原中国保监会七部委出台《关于构建绿色金融体系的指导意见》，提出"发展绿色金融，支持生态文明建设"。2020 年底，财政部发布《商业银行绩效评价办法》，使用绿色信贷余额占各项贷款余额的比例衡量绿色金融发展水平，将银行服务于生态文明战略的情况纳入评价指标。2021 年，中国人民银行先后印发《绿色债券支持项目目录（2021 年版）》和《银行业金融机构绿色金融评价方案》，标志着中国绿色金融评价体系的进一步完善。2022 年 6 月 1 日，银保监会印发了《银行业保险业绿色金融指引》，进一步促进银行业发展绿色金融，积极服务兼具环境和社会效益的各类经济活动，更好地助力污染防治攻坚，有序推进碳达峰、碳中和工作。

商业银行的绿色信贷规模从 2013 年政策实施之初的 5.2 万亿元增至 2020 年的 11.95 万亿元，"双碳"目标推行后，截至 2021 年 12 月，绿色信贷规模攀升到 15.9 万亿元，速度与幅度双升。而后政府又颁布了一系列相关政策，均从不同维度支持了绿色信贷业务的深入发展。

（二）从环境信息披露的制度安排来看

外部环境因素是绿色信贷业务开展的前提。就银行业而言，早在 2013 年，原中国银监会发布的《绿色信贷统计制度》中就明确要求 21 家主要银行机构统计环境安全的重大风险企业、节能环保项目以及信贷服务情况，并每半年报送原中国银监会，定期进行信息披露。2018 年，银保监会披露了 2013~2017 年，国内 21 家主要银行机构的节能环保项目和服务贷款余额、资产质量以及贷款支持所形成的环境效益等情况，为便于社会公众更清楚地了解相关指标内涵，还发布了《绿色信贷统计信息披露说明》。2020 年，银保监会制定了《绿色融资统计制度》，扩大了商业银行绿色业务的统计范围，细化了绿色融资项目分类，增加了节能减排指标。2021 年，中国人民银行专门针对银行等金融机构下发了《金融机构环境信息披露指南》，提供了金融机构在环境信息披露过程中遵循的原则、披露形式、内容要求等。

（三）从评价与激励机制建设情况来看

建立绿色信贷的评价体系，可以定性和定量地考核商业银行的绿色信贷政策执行情况。2014 年，原中国银监会颁布的《绿色信贷实施情况关键评价指标》中，基于绿色低碳经济、环境与社会风险管理和自身环境与表现三个方面，为绿色信贷设定了关键绩效指标（KPI），从组织管理、政策制度、流程管理、内控制度与信息披露以及监督检查等多维度设立了 82 个定性指标、17 个定量指标，共计 99 个总体指标。而后，2018 年、2020 年和 2021 年有关绿色银行和绿色信贷的评价方法与方案的政策相继颁布，重构了定性指标、升级了定量指标、拓展了考核评价的范围，提升了评价的效能，表明金融监管当局对商业银行开展绿色信贷业务的要求进一步提升。

此外，除了对商业银行的评价方案外，银行也对实施绿色信贷的对象，即目标企业进行绿色评估。例如，在对贷款客户风险调查及评级授信审查的基础上，增加绿色效益的量化评价，在贷前、贷中及贷后各阶段，对目标企业及项目的绿色发展战略契合度、绿色科技创新程度、企业环境处罚及环境不良信用记录、项目污染物排放量、环境风险等级、污染物减排量等多个维度设置绿色信贷评价模型进行量化评分。

同时，评价的目的是更好地制定激励绿色信贷发展的制度。激励是多方位的，环保部门可以对环境达标企业进行激励；商业银行可以建立绿色企业白名单；财税部门可以对环保企业给予一定的税收减免；中国人民银行可以对绿色信贷评价优秀的商业银行给予一定的奖励，从政府、银行和企业全方位促进绿色经济高质量发展，共同奔赴"双碳"目标。

（四）从绿色声誉与社会责任角度来看

相较于传统信贷业务，绿色信贷业务与外部环境的关系更为密切。良好的绿色声誉与社会责任是减少环境负外部性以及防范信贷风险的重要考量。然而，绿色声誉与社会责任是"双刃剑"。商业银行在开展绿色信贷业务时，会侧重绿色声誉良好并积极践行社会环境责任的企业。因为这类企业不仅自身具有竞争力，还会为商业银行创造外部品牌效应和产品差异化，提高成本效率。从绿色声誉角度看，大数据技术的广泛应用极大地扩大了公众关注的影响力，由于网络具有覆盖面广、传播速度快等特点，公众在短时间内对商业银行和企业的关注骤然上升，导致事件瞬间发酵，形成声誉的"马太效应"。

因此，基于公众的持续关注，绿色声誉作为一种无形资产，将在长期发挥作用，最终影响商业银行成本效率。从社会责任角度来看，绿色信贷本身就体现了商业银行承担的社会责任，通过引导资金的合理配置，促进企业节能减排，保护生态平衡。而商业银行在承担社会责任时，由于成本效应机制，会在短期内增加银行成本。因为相对于一般贷款，商业银行在绿色信贷投放中的成本更大，如增加环境风险审核成本、环境与金融交叉的人员培养成本、将部分贷款转移至绿色产业的机会成本等。通常，绿色项目融资成本高于一般项目，在占用商业银行信贷额度的同时又不能给其带来正常收益。在此情形下，商业银行扩大绿色信贷规模，无疑会削弱自身利润。

三、中国推行绿色金融所取得的实践成效

中国作为最大的发展中国家，绿色金融发展水平已位居国际第一方阵。中国绿色金融市场规模持续扩大，绿色信贷、绿色债券位居世界前列，绿色基金、绿色保险、绿色信托等新产品不断创新，拓宽了绿色项目的融资渠道。目前，中国是全球绿色金融的引领者，自上而下的政策推动和自下而上的实践创新密切结合，形成了具有中国特色的绿色金融发展路径，为保障中国的绿色发展发挥着巨大作用。

例如，中国人民银行将绿色金融指标纳入宏观审慎评估指标体系、将绿色金融债单独审批单独定价、采取再贷款等政策工具予以支持，对金融机构产生了相当大的激励作用。截至 2019 年末，中国绿色金融融资余额超过了 10 万亿元，处于国际领先地位。而且，绿色金融政策的实施调动了 800 万金融从业者参与到绿色发展和生态环境治理体系中，他们在银行信贷审核中通过尽职调查识别污染项目，切断污染项目的资金供给；识别绿色项目，给予绿色项目更低利率更快捷的资金支持。

通过绿色信用卡、绿色储蓄、绿色消费信贷等绿色金融产品调动更多居民、企业、机构参与到绿色发展和生态环境治理体系中。这些政策引导，进一步激发了金融机构投资绿色产业的积极性，为绿色金融供给端注入了新动能。

从地方贯彻落实绿色金融发展政策来看，云南省农村信用社（以下简称云南农信社）就是突出的案例。近年来，云南省农信社认真贯彻落实国家节能环保政策和监管要求，深入践行绿色发展理念，以绿色金融为抓手，充分发挥金融效能，为全省绿色经济发展持续提供动能，倾力守护云南绿水青山。截至 2020 年末，云南农信社绿色贷款余额 69.72 亿元。

水力、风力、太阳能等清洁能源是云南省发展绿色经济得天独厚的优势。多年来，云南农信社积极作为，持续为清洁能源、可再生能源开发项目提供强有力的金融支撑。自 2013 年起，云南农信社持续为昆明滇池投资有限责任公司的第九、第十、第十一污水处理厂及东北片区、西北片

区、东南片区调蓄池项目建设提供强有力的金融支持，截至 2021 年 2 月末，累计发放贷款 18.79 亿元，有效推动了昆明主城的污水处理能力不断提升，助力昆明市污水输送系统发挥最大效能。

云南农信社以农业龙头企业、专业合作社、农户等为主要支持载体，结合全省"三农"经济特点，优化服务模式，大力推进"三农"领域金融产品和服务方式创新。通过优化信贷资源配置，不断加大特色农业信贷投放力度，为全省高原特色农业企业、涉农企业、农户等量身定制了周期灵活、成本低的特色金融产品，精准助力该省高原特色农产品"走出去"。同时，云南农信还不断加大对"云花""云菜""云果""云咖""云药"等生物优势产业的金融支持力度，促进生物多样性保护与地方经济建设和谐发展。截至 2020 年末，云南农信社发放给农业龙头企业的贷款余额 69.75 亿元，支持绿色食品发展贷款 79.24 亿元，支持健康生活目的地建设贷款 50.97 亿元。

云南农信社紧跟"无接触"服务需求理念的发展趋势，不断加大金融科技建设，持续深化金融服务线上线下一体化融合进程，通过手机银行、网上银行等线上金融服务平台，构建起开放多元的场景服务生态，提供转账、理财、自助缴费、社保、跨境汇款、电子商城等一系列服务场景。通过业务全流程的订单管理，推动金融服务方式、服务效率和服务内容不断向低成本、低消耗过渡。截至 2020 年末，云南农信社电子交易笔数替代率达 60.51%，有效推动了金融服务绿色转型。

四、绿色发展的痛点难点及对策

虽然，中国作为全球绿色金融的引领者，自上而下的政策推动和自下而上的实践创新密切结合，已形成了具有中国特色的绿色金融发展路径，为保障中国的绿色发展发挥着巨大作用。但是，当前中国绿色金融体系建设在货币政策与审慎管理支持绿色低碳发展方面，碳市场在资源配置中充分发挥作用方面，气候和环境信息披露框架方面等亟待完善。有诸多痛点难点问题亟待研究解决。

（一）亟须制定统一的绿色金融标准

我们必须认识到，绿色金融是实现绿色发展的工具，而不是目标本身。中国目前推行绿色金融存在的最大问题，就是如何将绿色金融真正与绿色发展和生态环境保护相挂钩。要将绿色金融纳入绿色发展内部，使其成为绿色发展的内生驱动力，核心抓手就是建立可以真实反映绿色发展需求的绿色金融标准体系。标准体系必须公开透明清晰，接受公众监督，详细可执行，使企业可以比较清晰地分辨出哪些是绿色金融支持的绿色项目和绿色技术。如果不能公开或清晰地识别资金流向的标准，就难以将中国的绿色金融引导到高质量发展的轨道上。中国是在生态环境资源定价还不太明晰的情况下推行绿色金融的，实质上是通过央行等部门的绿色金融政策对绿色技术、绿色项目进行一定的市场补偿和定价。如果绿色金融标准是模糊的，就会导致绿色金融无法很好地服务绿色发展和生态环境治理。

绿色金融和非绿色金融最重要的区别是投资对象是否具有生态环保效益。绿色金融资金是否能够真正投入到绿色发展和生态环境治理中，不仅是维护绿色金融纯洁性和可持续性的需求，也是国家绿色发展和生态环境保护及治理的急迫需求。目前，中国的绿色技术、绿色项目、绿色产业已经因为资金严重不足而陷入困境，生态环境治理资金缺口巨大，急需大量资金投入，如果没有公开透明清晰的绿色金融标准，就很难引导央行运用政策工具撬动的金融机构资金真正投入到生态环境保护和治理中。

（二）亟须加强绿色项目设计包装环节

绿色金融是金融而不是财政，所以项目的还款来源必须稳定清晰。很多绿色项目之所以找不到资金，一是因为信息不对称；二是因为绿色项目没有设计包装。很多绿色项目原来是由财政供给，因此只有设计合理的收费机制，才能由财政供给转向金融供给。从财政支持转化为金融供给最核心的要素是付费机制的转化，以前是通过国家税收收费，如何通过绿色项目设计转化为市场收费是关键。例如，污水处理费就是通过包含在水费中一起征收，然后再转给污水处理公司，来解决公共物品的付费问题。付费机制的设计原则是根据物质平衡原理，居民购买了多少水使用，就会等量排放多少废水。当绿色项目设计包装好，收益可以达到金融机构的最低门槛，绿色金融政策就可以推动金融机构为这些生态环保项目融资。

目前，从全球来看，有越来越多的绿色项目正从财政供给转化为金融供给，其中最关键的转化环节就是收费机制的设计和市场化运作机制的包装。例如，生物多样性，以前一直是财政供给，从 2019 年也开始尝试向金融供给和市场化运作的转型。世界各国都创新出各种收费机制和市场化运作模式，并互相进行交流和讨论。而生态环境治理中市场化最成熟的板块是城市污水治理，最初也还是财政供给，是经过了十多年的付费机制设计和市场化运作尝试，其市场化运作和金融供给模式才逐渐稳定和成熟。目前城市生活污水处理板块收益率可以达 9% 左右，工业污水处理板块可以达到 15% 以上。因为市场化运作，刺激了承担运营的企业努力提高污水处理效率，降低污水处理成本，因地制宜地开发出各种降低成本的项目设计和运营模式。例如，在一些土地特别紧张的城市，推出了地下污水处理厂和地上绿地公园的联动设计等，以降低土地占用成本。

（三）亟须建立专门负责设计、评估绿色项目的绿色金融技术部门

绿色金融目前出现了严重的信息不对称问题，一方面，绿色资金找不到合适的绿色项目；另一方面，大量的绿色项目严重缺乏绿色资金的支持。这是因为很多绿色项目还没有经过设计包装，收费机制和市场化运作模式还有待完善，所以无法满足金融机构的融资条件。原则上，所有财政支持的绿色项目都是可以通过付费机制的重新设计转化为金融支持的项目。因为财政供给和金融支持，其本质区别就是付费机制的差异。但付费机制的设计不仅是绿色金融技术问题，还是各方利益协调问题，因此，必须在政府层面设立绿色金融的专门机构，根据国家和区域的绿色发展需求，协调各方利益，设计出合适的绿色项目市场化付费机制以及各种资源的资本化方案，并定期向金融机构发布和对接。

（四）亟须制定更多激励绿色股权融资的政策

在中国绿色金融发展中，存在股权融资和债权融资不匹配的问题。目前中国绿色融资余额已经超过了 10 万亿元，但其中的 95% 来自绿色信贷，

2%来自绿色债券，这两项绿色债权融资占整个绿色融资余额的97%。来自绿色证券和绿色基金的绿色股权融资占比仅为3%。而且绿色债权融资和绿色股权融资资金增长的激励也来自不同层级的政府。绿色债权融资占比最大的是绿色信贷，占绿色融资余额的95%以上，主要是来自央行三大政策工具的激励，包括将绿色金融指标纳入宏观审慎评估体系、绿色金融债的单独审批制度、将绿色金融也纳入再贷款支持等，来自中央政府层面自上而下的政策推动。而绿色股权市场，中央政府层面的政策激励效果还没有显著显现出来，主要来地方政府的绿色政府引导基金的推动。建议出台更多激励绿色股权融资的政策，使绿色债权融资与绿色股权融资相匹配。

上述问题需要我们进一步加快绿色金融改革步伐加以解决，从以下四方面予以应对解决：

第一，稳步扩大绿色信贷投放规模、加大产品创新力度。

一方面，将信贷投放聚焦绿色低碳转型、节能降碳增效、城乡碳达峰等行业与领域，将绿色信贷与国家战略发展紧密结合，持续对保健养老、休闲娱乐等服务领域投放，以融资促进并形成绿色产业链。针对绿色信贷区域发展不平衡，加大对绿色欠发达地区的信贷支持力度，将率先发展、取得一定成效的试点地区的经验做法适时引入，推进传统产业的绿色改造。另一方面，提升绿色信贷创新力度，鼓励各类金融服务提供者创新发展排污权、碳排放权、用能权等绿色权益抵质押贷款业务，为碳排放交易参与主体等提供专业化融资服务。积极探索低碳设备融资租赁业务、碳收益支持票据、新能源汽车贷款、小额环保升级改造项目等一系列绿色信贷产品创新。逐步推进绿色信贷资产证券化，以提高绿色信贷的流动性和收益性。

第二，建立统一的绿色信贷政策标准体系。

首先，由于涉及的部门较多，要想建立统一的标准需要多方协作，可以组织金融服务提供者、行业组织、标准化技术组织、认证机构、研究机构和企业等市场主体，开展前期的调研工作，探索与各类金融服务提供者的广泛合作，加快相关统一标准体系的建立。其次，建立系统化的标准体系。对现有绿色债券和信贷标准进行整合，出台权威统一的界定标准；按照统一管理、分工负责的原则，加快推进绿色证券、保险、环境权益等各类绿色金融产品标准的制定；完善包括认证、评级、标识、信息披露在内的绿色金融标准体系框架，培育并规范绿色认证评级机构。再次，推动国际合作和互认。推进绿色信贷标准的国际合作，积极参与国际标准和评定规则的制定，增强中国在国际绿色金融领域的影响力与话语权。最后，充分利用大数据技术的优势，加强信息平台共享。统一发布绿色产业、企业、项目的标准清单和认证目录等，便于各类金融服务提供者与之实施有效精准对接。

第三，建立针对各类金融服务提供者完善的激励机制。

为了避免将绿色贷款当成"情怀融资"，监管部门应自上而下建立一套完善的激励机制。一方面，应建立绿色信贷政策支持体系，引导各类金融服务提供者积极发展绿色信贷业务。探索运用再贷款、财政贴息、担保机制、风险补偿等政策手段，增强金融服务提供者发展绿色信贷的积极性。激励措施还包括放宽绿色信贷资本管理要求的试点、减少绿色贷款的拨备计提、下调拨备覆盖率要求，以增强金融服务提供者的绿色信贷投放能力等。另一方面，财政、税务等相关政府部门可以制定绿色信贷风险补偿机制，符合标准的金融服务提供者可以享受税收优惠、财政补贴等优惠政策，引导金融服务提供者增加绿色信贷资源配置。此外，还可以考虑将金融服务提供者利息收入免征增值税的范围扩大到绿色信贷领域。

第四，完善绿色信贷信息披露制度，缩减各类金融服务提供者成本。

信息披露不仅是绿色信贷投放的主要依据，也是监管的重要基础。政府应充当企业和金融服务提供者之间的纽带，发挥中介作用，推动建立完善的绿色信息披露机制，督促企业披露相关信息，为金融服务提供者提供及时掌握必要信息的便利。因此，应加强相关企业、具体绿色项目信息披露，丰富金融服务提供者可搜寻信息库；应加强信息的流动性和可获取性，需要金融监管部门和环保部门联合推动，加强信息沟通机制建设，建立完善地区之间、环保部门与金融服务提供者的监管和授信部门之间的信息沟通机制，使金融服务提供者更快更充分地了解企业环境风险和项目，从而降低信息获取成本；金融服务提供者应在内部建立企业环境信息披露的统一信息管理平台并联动各企业之间信息网络，尽可能地获取企业的信息，减少环境风险；应鼓励公众对借款企业进行监督，对于不符合绿色信贷标准的项目予以举报。

五、绿色金融与普惠金融的融合发展

绿色金融和普惠金融是当前全球经济发展的共同主题。过去十多年，世界各国尤其是中国在发展绿色金融和普惠金融方面取得了显著成效，也为全球金融发展提出了一个新的命题：如何让绿色金融更加普惠、让普惠金融更加绿色？怎样才能走出一条绿色金融和普惠金融融合发展路径？

（一）绿色金融和普惠金融的内在一致性分析

普惠金融和绿色金融是金融业践行新发展理念的重要内容，是金融供给侧结构性改革的重要方向，两者在发展理念、服务对象、实现路径等方面具有一致性，具备融合发展的条件①。

第一，普惠金融与绿色金融的发展理念一致。共享是发展的目标，绿色是发展的底色。发展普惠金融和绿色金融都是金融"人民性"的具体体现，是金融部门践行"金融为民"和"金融向善"需要追求的重要价值取向。具体而言，普惠金融重点关注不同群体间的发展不公平性，主要解决包括弱势群体在内的各类主体如何平等获得金融服务问题，旨在助力经济社会协调发展。绿色金融重点关注代际间发展的可持续性，主要解决金融资源绿色化配置问题，旨在助力经济社会可持续发展。

第二，普惠金融与绿色金融的服务对象交织。普惠金融以小微企业、"三农"、城镇低收入群体、残疾人、老年人等弱势群体为服务对象，这些群体在追求美好生活过程中也有绿色生产、绿色消费的需要，也是绿色

---

① 张奎. 普惠金融与绿色金融融合发展的浙江实践［J］. 中国金融，2022（21）：54-55.

金融服务的重要对象。具体来看，小微企业受制于资金实力、技术水平，其绿色转型的内部动力和外部投入不足，这就需要绿色金融创新支持小微企业绿色转型的机制做法。"三农"群体易受气候和环境变化影响，迫切需要绿色金融在促进生态农业发展、美丽乡村建设和生物多样性保护等方面给予支持。

第三，普惠金融与绿色金融的实现路径相似。普惠金融和绿色金融都具有显著的正外部性，两者都面临市场失灵、供给不足等问题，需要政策纠偏，增加金融供给。我国高度重视普惠金融和绿色金融发展，形成了"顶层设计+基层探索"的推进机制。2016年，我国就先后发布了《推进普惠金融发展规划（2016—2020年）》《关于构建绿色金融体系的指导意见》等政策文件，并先后批复设立七省十地普惠金融改革试验区和七省（自治区、直辖市）十地绿色金融改革创新试验区。

（二）绿色金融和普惠金融融合发展面临的困难

从现实情况来看，中国绿色金融和普惠金融的融合发展还面临诸多方面的困难。一是融合发展的政策制度尚不完善。目前，针对普惠金融与绿色金融融合的制度设计、政策框架仍处于起步探索阶段。例如，绿色普惠金融相关融资主体（项目）认定、产品设计等标准体系仍未健全，难以有效引导金融机构开展绿色普惠金融业务。又如，绿色金融与普惠金融的政策协同有待提升，在金融监管、财政税收等方面也缺乏有利于融合发展的专项激励政策。

二是融合发展的内生动力依然不足。对金融机构而言，绿色普惠金融业务"性价比"不高，缺乏竞争优势。例如，小微绿色信贷风控要求较高、绿色认定难，金融机构在尚未形成标准化、批量化业务模式的情况下，难以产生规模效应。又如，碳汇、生态产品等绿色资产仍存在估值难、流转难、变现难等制约因素，影响相关抵质押业务的拓展。

三是融合发展的信息基础有待夯实。一方面，相较于大企业（项目）信息，小微企业、农业主体、个人等群体的绿色信息采集、管理、发布等仍缺乏规范有效的机制和渠道，与金融部门的信息共享也未畅通。

另一方面，绿色普惠金融数据信息涉及面广、敏感性强，更容易引发数据泄露、侵犯隐私、金融诈骗等安全问题，相关信息保护和数据规范应用的机制建设有待加强。

（三）绿色金融和普惠金融融合发展的建议

绿色金融和普惠金融融合发展的建议：一是加快探索制定绿色普惠金融标准。开展绿色普惠金融相关融资主体和项目界定、产品创新、信息披露等地方规范的研究和编制；用好金融学会团体标准这一载体，推动绿色普惠金融相关地方规范升级和推广。同时，推动绿色金融标准应用逐步延伸，探索开展小微企业、农业经济活动、消费领域的"标绿""识绿"工作。

二是持续优化绿色普惠金融服务体系。一方面，推动商业银行普惠金融事业部和绿色金融事业部合作，探索绿色普惠项目（企业）专业化、标准化的金融服务模式。另一方面，鼓励金融机构围绕小微企业绿色转型、乡村振兴、绿色消费等重点领域，持续深化绿色普惠金融产品创新，不断提升金融服务的覆盖广度、服务精度和支持力度。

三是深化绿色普惠数字平台建设。以碳账户金融试点建设为抓手，推动小微、"三农"等市场主体碳信息归集和共享，强化数字技术在绿色普惠识别、风险管控、业务模式创新、信息安全与保护等方面的探索和应用。同时，鼓励各地积极探索在普惠（小微）信用信息服务平台上加载"绿色信息"，促进普惠与绿色领域信息融合应用。

四是强化绿色普惠金融政策支撑。打通普惠金融与绿色金融的配套支持政策，加大财政贴息、税收优惠、风险补偿的支持力度，推动设立绿色普惠专项基金。将绿色金融标准、绿色金融评价规则嵌入普惠金融全过程，建立与绿色普惠金融业务相匹配的考核体系和评价标准，切实提升金融机构践行绿色普惠的积极性。

（四）浙江省湖州市绿色金融和普惠金融融合发展的创新实践

浙江省湖州市绿色金融和普惠金融融合发展的改革创新，从实践层面给出了县域绿色金融和普惠金融融合发展的要点，这对其他地区构建绿色金融工作机制、政策体系等，有较好的借鉴意义。

首先，区域内绿色金融发展需要自上而下各部门导向统一、协同配合。据介绍，在获批绿色金融改革创新试验区后，湖州市成立了由几十个部门参与的领导小组，并将其办公室设在市金融办，各部门在市政府统一安排下进行标准制定、机制构建的工作，并在职责范围内从各方面给予最大程度的政策支持，以此形成了较强的地方统筹力量。事实上，尽管绿色金融以金融资源作为切入点，但由于各领域绿色认定专业性极强，相关认定标准制定离不开工信部、发展改革委、住建部、环保部、农业农村部等的支持。特别是每一领域绿色标准认定都有一定的国家标准或要求做支撑，如果不严谨，就可能形成政策套利，也会进而影响金融资源的精准投放。目前很多项目的绿色认定还涉及后评估，相应的金融服务模式也多处于探索过程中。例如，绿色建筑贷款投放是在项目开始之前，但建设中各环节的绿色认定仍需要住建、环保部门监管职能的配合。金融资源需要有专业化标准引路，配置过程本身也需要财政等其他部门的补贴、奖惩机制进一步放大作用效果。对于地方政府，真正实现绿色发展也无法避免会牺牲部分短期效益，唯有本级行政部门之间形成合力、相互配合，政策体系才能发挥更强有力的作用。

其次，在发展绿色金融过程中，要注重普惠金融的推进作用，将其作为发展县域绿色金融的基础。湖州市在政府数字化转型方面形成了阶段性成效。在数据开放平台建设方面，湖州市优先开放了普惠金融、交通出行、医疗健康、市场监管、社会保障、文化旅游六大领域，做到了数据强化；仅湖州市，已有1840余项事项实现网上办公、掌上办公，51个高频事项实现跨省通办；与此同时，当地深入推进"掌上办公之城"建设，机关内部95%以上非涉密事项已经接入系统，上线事项100%实现网上办公；"村社通"等42个应用也已开发上架，移动办公更加便捷高效。在此基础上，为推进绿色金融改革，湖州市专门搭建了"绿信通""绿贷通"等用于业务对接、信息共享的平台，金融监管层面也有绿色金融管理信息系统等"保驾护航"，以提供尽可能便捷且风险可控的绿色金融服务。据了解，随着碳排放配额的确定以及绿色金融改革的持续深入，与之相关的排污权交易和抵押融资、节能减排指标测算、环境信息披露等，也都需要政府、机构更强的数字治理和服务能力。

第五节　小额信贷机构实现可持续发展的痛点难点及对策

近年来，世界百年变局和世纪疫情相互交织，各种安全挑战层出不穷，国际经济深度衰退，产业链供应链循环受阻，整个经济社会不稳定性不确定性明显增强，给经济社会运行带来严重冲击，极大地影响了普惠金融目标群体的正常生产生活，复杂的经济环境给小额信贷行业的发展带来了诸多痛点难点和新的挑战。面对这一形势，小额信贷机构如何走上转型实现高质量可持续发展，从而在市场上站稳脚跟，更好地服务实体经济？下文将结合小额信贷行业近年来的发展现状，分几个层面就小额信贷机构可持续发展的痛点难点问题及对策建议进行简要的分析。

一、小额信贷机构可持续发展的痛点难点和挑战

如前所述，在中国，公益性小额信贷机构、小额贷款公司（含外资小额贷款公司）、村镇银行、国有大中型商业银行、地方商业银行、农村信用社系统、互联网金融机构、农村资金互助社等各类型机构都在开展小额信贷业务。而在当前国际国内社会经济形势和政策框架下，不同类别的金融服务提供者要开展小额信贷业务，实现可持续发展面临不同的痛点难点问题，真是"小有小的痛点，大有大的难处"，都需要引起社会各界的关注。在此，根据国内一些行业协会组织的关注调研反映，着重就小额贷款公司、村镇银行、农村商业银行及国有商业银行开展小额信贷业务，实现可持续发展面临不同的痛点难点问题进行简要的梳理。

（一）小额贷款公司面临的痛点难点问题

十多年来，特别是近几年来，在上述诸多原因的影响下，经济面临下行压力，小额贷款公司行业发展也经受着诸多痛点难点，带来了不小的压力和挑战，集中反映在以下三个方面：

1. 身份合法性约束，缺乏强有力的法治保障

法治保障是小额贷款公司行业发展的期盼和希望。目前为止，小额信贷机构的身份还不是金融机构，虽然能从事金融业务活动，却无法从国内金融市场有效融资，规模无法扩大，财务可持续性难以保证。一方面，小额贷款公司虽实际经营信贷业务，但税务上不能完全参照金融企业享受相关税收优惠，司法上则面临诉讼时间长、成本高、债权轮候等困难；另一方面，小额贷款公司虽被认定为"一般工商企业"，但因经营信贷业务又无法享受各项针对小微企业推出的减税降费及纾困政策，"两头不靠"严重影响行业维护自身合法债权及实现机构可持续。

没有强有力的法治保障，民营企业就是一个"易碎品"。小额贷款公司行业经过十多年的发展历程，获得了令人瞩目的成绩，成为中国普惠金融体系中的重要组成部分。但是，在小额贷款公司的行业发展中，实践机构更期盼公平和强有力的法治保障。没有强有力的法治保障，小额贷款公司就无法跨过各种隐性壁垒，就无法突破政策上的各种"玻璃门""弹簧门"和"旋转门"。小额贷款公司行业期盼通过全面深化改革和法治建设，实现小额贷款公司与其他从事小额信贷业务的金融机构的权利平等、机会平等、规则平等，让投资于小额贷款公司行业的民间资本活力充分迸发，让创造社会财富的源泉充分涌流，使小额贷款公司行业得到法治保障。

2. 外部发展环境不利于行业实现健康发展

长期以来，小额贷款公司行业"污名化"严重，社会公众很难区分经审批设立的正规小额贷款公司与其他无资质公司，加上近年来各类游离于金融监管之外的"财富管理公司""信息咨询公司""科技信息公司"等机构纷纷变相开展"助贷"业务，大量抢占小微信贷市场份额、扰乱

信贷市场秩序，叠加疫情影响及银行业金融机构客户下沉等因素，进一步挤压了正规小额贷款公司生存空间。同时，由于小额贷款公司"只贷不存"，公司资金来源主要依赖于股东自有资本金，受经济下行因素影响，小额贷款公司股东自身流动性也出现压力，且由于行业整体难以实现盈利，现阶段股东普遍无意愿增资小额贷款公司。此外，由于种种因素，公司很难从其他渠道获得资金支持；而公司放贷速度快于资金回流速度，在缺乏外部杠杆、资本金高成本运营的情况下，流动性风险难以避免，很难形成持续盈利的商业模式。这主要是由于长期以来小额贷款公司行业定位不明，导致存量不良贷款化解核销工作耗时较长、难度较大、存量不良贷款长期挂账，严重影响公司资产流动性和盈利性。虽然财政部发文明确要求小额贷款公司执行《金融企业财务规则》《金融企业呆账核销管理办法》《银行抵债资产管理办法》等相关金融财务管理制度，但实际执行中税务、司法部门并不认可，导致公司在财务处理、后续债权追索中往往处于不利地位，加上缺乏后续资金和外部杠杆支持，导致资金流转不畅，化解不良贷款难度大，进一步影响公司正常经营。在宏观经济下行压力增大的情况下，落后产能企业经营困难程度会持续提升，相关贷款的违约行为会有所增加，小额贷款公司债权追索仍然面临较大困难，信贷规模逐步收紧，信贷资产质量下行压力仍将持续存在。

3. 小微客户群体抗风险能力弱导致信用风险较高

小额贷款公司主要面向"三农三牧"、个体工商户及小微企业发放贷款，这些客户规模较小、缺乏风险抵押和标准化财务资料，传统的贷款分析技术起不到良好的效果，因此确定贷款对象的成本高、难度大，导致小额贷款公司往往需要承担较高的交易成本和风险成本，特别是专注涉农贷款的小额贷款公司尤为明显。根据《中国银保监会办公厅关于加强小额贷款公司监督管理的通知》（银保监办发〔2020〕86号）文件要求，小额贷款公司原则上在公司住所所属县级行政区域内开展业务，这导致在同一区域内客户行业同质性明显，风险的协变性、集中度较大，加上小额贷款公司业务种类单一，缺乏其他有效的风险缓释手段，进一步加大了信用风险。而小额贷款公司主要面对的客户群体为"三农三牧"、小微企业及个体工商户等"长尾客户",特别是面向"三农三牧"发放贷款的小额贷款公司,由于农牧业自身的抗风险弱质性决定了其生产经营对自然条件及生产环境具有较强的依赖性,在很大程度上受自然条件及市场波动影响,农村种养殖业面临较大风险,而农牧户面临的经营风险也不可避免地传导至小额贷款公司,进而形成客户违约风险,最终影响公司信贷资金安全性。

(二)村镇银行面临的痛点难点问题

村镇银行是中国规模最小的县域法人银行,作为农村金融的新生力量,既要把握发展机遇,发挥比较优势,实现错位竞争;又要强化风控意识,完善风控措施,科学应对风险,兼顾稳增长和防风险,才能实现高质量发展。村镇银行面临的痛点难点问题集中反映在以下四个方面:

1. 偏离"支农支小"功能定位,产品和服务方式单一

村镇银行基于经营目标和运营管理成本的考虑,分支网点基本设立在经济相对发达的主城区,农村区域网点铺设少,呈现出"冠名村镇、实际不在村镇"的特点,甚至个别出现跨区域经营问题。由于涉农贷款额度小、风险较高、放贷管理成本高,不少村镇银行更倾向于对贷款额度较大、信息对称、放贷成本较低的企业发放贷款,"垒大户"、单一客户贷款集中度超比例授信等问题突出。同时,一些村镇银行产品和服务方式单一,其金融产品以传统的存贷款业务为主,社会认知度和信赖度不高,吸储难度大,信贷产品和金融服务缺乏竞争力,其网银业务、手机银行等新型服务方式的客户使用率低。大部分村镇银行依托发起行业务系统支持,缺乏符合自身实际特点的独立核心业务系统,金融科技对产品服务、经营效率及风险管控的支撑作用滞后。随着金融科技快速融合和大型银行不断下沉服务重心,村镇银行在科技创新上的劣势愈加明显,科技创新能力不足导致村镇银行市场竞争存在明显短板。

2. 法人治理有待健全,公司治理效果弱化

据调查,村镇银行公司治理组织架构日趋完善,均已设置了"三会

一层"且运作逐步规范，但部分银行主发起行占股未超过50%，其他民营股东占比较高，容易利用股权与主发起行形成掣肘，个别银行民营股东甚至违规干预经营，影响其市场定位和稳健经营。此外，村镇银行董事会履职"形式化"现象较为普遍，董事履职不充分现象明显，管控风险能力不足。同时，由于村镇银行高管人员大多是由主发起行任命，董事会制定战略决策的独立性不强，监事会监督职能逐渐弱化，股东大会议事规则不能有效执行，高管层经营管理受到干预。加之股东的逐利性导致村镇银行经营存在短期行为，投资者对于利润的追逐与村镇银行的普惠定位存在一定的矛盾，造成村镇银行经营压力过大，不利于长远发展。

3. 管理机制有待完善，内控制度执行不力

一方面，监管政策细化落地不够，比如主要监管文件仅有《村镇银行管理暂行规定》等原则性意见，相关细化规则还不健全，顶层制度难以有效落地；另一方面，主发起行管理能力不足，由于地域距离等原因，主发起行主要依靠套用已有制度或比照其下级支行管理村镇银行，经营策略难以结合实际。再加之村镇银行内部管理偏弱，部分存在制度执行意识不强现象，内控管理难以全面执行。受内控制度建设滞后、流程控制不足、责任追究不到位、合规意识淡薄等因素影响，存在信贷"三查"制度、会计对账制度等内控制度执行有效性不足的问题。

4. 风控体系不太健全，信贷管理手段落后

村镇银行的服务对象主要是基层农户、小微企业和个体商户，风控体系存在明显短板。从市场细分角度来看，村镇银行的客户属于"长尾客户"，信用信息尚不健全，村镇银行缺少有效措施识别和防范风险。从数据治理角度来看，村镇银行以贷款业务为主，难以收集和完善客户信息体系，客户"信息孤岛"现象较为突出。从风险防控能力来看，村镇银行自身风险防控能力不足，相比大型银行面临更大风险压力，特别是村镇银行投放无抵押信用及保证类贷款时面临较大风险隐患。在村镇银行面临信贷资产质量下滑的压力下，信用风险管控和处置能力存在薄弱之处。不少村镇银行主要依赖人工经验判断企业的还款意愿、偿债能力等，大数据应

用、定量分析及前瞻性风险识别能力比较薄弱，客户经理采取逐户管理方式，信贷管理成本高、效率低。信贷管理手段落后也间接致使村镇银行对贷款资金实际流向、贷款主体财务状况及偿债能力变化监测不到位。同时，一些村镇银行内部清收难度大，主要依赖司法处置，但司法处置存在时间长、成本高、处置难问题，制约了村镇银行不良贷款化解效率。

（三）农村商业银行面临的痛点难点问题

农村商业银行是由辖内农民、农村工商户、企业法人和其他经济组织共同入股组成的股份制的地方性金融机构。近年来，农村商业银行出现的问题越来越引起监管和社会各界的广泛关注，不仅是因为农村商业银行是支持农村和农业发展的最大金融机构，更重要的是农村商业银行处于转型、规范和严格监管的关键时期。如何突破和解决农村商业银行的发展体制"天花板"是目前必须解决的难题和问题，只有解决了上述问题才能真正确保农村商业银行走上健康发展的轨道。农村商业银行面临的痛点难点问题集中反映在以下四个方面：

1. 多级银行体制表现为小而散、多而乱

农村商业银行是最具"小而散"特征的一类银行业金融机构，这种特征决定了农村商业银行出现多而乱、小而散的特征。从数量上来看，农村商业银行数量众多，在 2018 年 4588 家银行业金融机构中，农村商业银行约有 1450 家，吸纳就业人数超过 60 万，与国有大行、股份行、城商行分别吸纳 165 万、50 万和 45 万就业人数相比，仅次于国有大行，甚至多于 12 家全国性股份制银行。2019 年 6 月末，银行业金融机构法人有4597 家，而农村商业银行有 1423 家，农村信用社有 782 家，两项合计2205 家，接近整个银行类金融法人机构的近一半。但在这人数众多的背后，却是农村商业银行三级管理体制的弊端，即目前的农村商业银行是省级、市级和县级农村商业银行并存。而三级农村商业银行都是独立法人机构，互不隶属，虽然都叫农村商业银行，但法人体制上却难以形成经营管理和业务发展的合力。

2. 管理体制出现多位和错位，农村商业银行没有从根本上解决向谁负责的问题

中国的农村商业银行一直在以地方为主导、省级信用联社行业主管和法人体制股东管理的三重管理体制中摇摆，从而形成了农村商业银行引人关注的管理体制的深层次问题：行业主管和法人治理到底谁应该优先？农村商业银行的经营管理到底对谁负责？从历史沿革来看，农村商业银行高层管理人员一直是省联社调配，特别是省联社的体制改革弱化经营以后，省联社的主要职责就是管干部、控风险。而农村商业银行改制以后成为法人治理结构完善的商业银行，农村商业银行的法人治理就与省联社的行业管理产生了不可调和的矛盾，股东利益就与行业主管部门的利益产生了冲突，省联社与改制后的农村商业银行特别是有了一定规模和相对成熟的农村商业银行在财务、人事等利益方面之间的博弈就不可避免。更重要的是，农村商业银行管理体制上不仅有的与地方政府的关系错综复杂，而且股东特别是控股股东的成分复杂，农村商业银行的民营背景强于国有商业银行、股份制银行和城市商业银行，与民营企业的好坏关系十分紧密，形成一荣俱荣、一损俱损的格局。

3. 农村商业银行遇到监管从严"天花板"，从而失去了发展的方向感

2017年，自从严监管以来，农村商业银行也感受到了越来越大的压力，截至2018年12月29日，银保监会2018年已开具3718张罚单，其中农村商业银行共收到740张罚单，涉及200家银行，如果加上农村信用社收到的罚单320张，合计1060张罚单，占全部罚单数量的28.28%。2019年8月在银保监会发文强调高压监管的第二天，农村商业银行系统在一天密集收到14张罚单，7家农村商业银行及相关责任人被罚，罚没总额超过600万元，部分银行已是数次受罚。处罚的主要原因是违规放贷。在这种强监管下，以前农村商业银行发展的三靠模式即靠地方政府、靠股东、靠同业合作的现状难以为继，支持农村经济的要求、当地经济的自然状况与农村商业银行的发展要求出现一定的偏差。这导致农村商业银行业务违规成为常态、违规放贷成为规范中必须解决的问题。

4. 农村商业银行高管的频繁变动导致员工的不正常扩张和流动性

银行的业务快速扩张时期必然伴随人员的快速扩张，机构的快速扩张也必然会导致人员的快速扩张，从而支持银行短期内的业务快速发展。农村商业银行则不同，人员的快速扩张是由于高管变动的频繁，由于高管变动的频繁和不确定性导致人员的快速扩张。所谓一朝天子一朝臣，农村商业银行的高管主要来源于省信用联社、地方政府和股东单位。无论怎样都具有空降的性质，不但每一任高管的任期具有不确定性，而且任期的目标和发展战略也具有较强的不确定性。每一个空降的高管都带来一个新的业务设想和思路，虽然我们毫不怀疑这些业务的设想和发展思路完全是出于公心、出于对银行发展的考虑，但这种战略的调整和思路的调整对一家银行却都是一种震荡。更为重要的是，每一任农村商业银行的主要高管的思路调整和业务框架调整却都需要相关的人员和能理解的人员去完成，客观上每一次高管的调整都会带来大量的中层和员工的增加，甚至还会导致大量的高管调整，这几乎成为一个银行定律。但随着每一个高管的离职却可能导致两大结果：一是大量的精英和中层的流失，从而引发银行经营管理的动荡；二是大量地沉淀一些一般员工，精英员工可能会流失但一般员工就没有那么容易，特别是市县两级农村商业银行员工的流失能力有限，从而导致人员的大量进入和沉淀。

（四）国有商业银行开展小微企业金融服务的疑虑、焦虑和风险管理压力

做好小微企业金融服务，既是国有银行承担社会责任的具体体现，也是自身高质量发展的客观要求。近年来，国有商业银行发挥自身优势，在小微金融服务领域进行了积极探索。但对于持续加大小微贷款投放力度，银行内部也有不同的声音，反映出客观存在的疑虑、焦虑和风险管理压力。其疑虑、焦虑和风险管理压力主要来自有效市场需求空间问题，风险管理能力能否支持跨越经济周期的问题，低收益能否覆盖风险、实现保本微利的问题等。因此，小微贷款业务的长期可持续发展，需进一步解决好国有商业银行内部的思想认识统一问题、风控能力问题，并保持稳定的政

策环境。国有商业银行开展小微企业金融服务的困难问题集中反映在以下四个方面：

1. 小微贷款业务的风险问题

经济进入新常态后，小微企业经营风险在逐步暴露。自 2020 年以来，制造业、批发零售业、住宿餐饮业成为受公共卫生事件影响的最大行业，也是小微企业集聚的行业，阶段性贷款延期还本还息政策退出后，国有商业银行小微贷款业务质量将承受较大的压力。

2. 对于小微贷款业务认识需要统一的问题

在战略定位层面，中国建设银行在 2018 年 5 月启动"普惠金融战略"，明确提出"小行业、小企业"的"双小"战略。截至目前，尚没有其他国有银行跟进。在业务经营层面，银行内部资源分配上仍存在博弈，在竞争有限的信贷规模配置、人力费用和机构编制下，小微贷款业务面临较大的增速发展和质量管控压力。在条线协同层面，银行前台、中台、后台之间仍需进一步理顺机制，形成合力，打好资产质量管理的持久战。

3. 业务管理能力有待进一步提升的问题

在客户经营方面，小微客户数量大、发展阶段不一、抗风险能力差，天然决定了国有商业银行在这个领域的获客成本高、风控难度大，存在即期收益与远期风险平衡的难题。在担保方式方面，由于缺乏有效的风控手段，强调抵押首先是解决借款人"诚信问题"，是保障其"还款意愿"的重要手段，而不仅看重其第二还款来源。在利率定价方面，历史原因造成民间融资成本高"普而不惠"与国有商业银行收益低、风险高"惠而不普"之间的矛盾，需要在政策层面继续探索创新解决。

4. 社会信用环境有待进一步改善的问题

移动互联网、交易线上化、金融非接触式服务等技术的快速创新发展，也滋生了客户信息非法采集交易、恶意刷单、"羊毛党"等黑色产业，部分自然人信用保护意识不强，因小利出借个人身份证、银行卡情况屡见不鲜，个别不法分子利用上述客观条件，通过造假数据、攻击流程漏洞等方式，进行欺诈骗贷。个别小微企业主、个体工商户信用意识淡薄，因司法诉讼效率低、执行难等实际操作问题导致违约成本低，社会信用环境有待进一步改善。

二、小额信贷机构可持续发展的前景

据专家预测，"十四五"时期，全球经济金融贸易和科技发展将持续演进"百年未有之大变局"。在新的发展环境下，包括银行业、小额信贷行业等在内的中国金融业将告别过去十几年"高歌猛进"的"黄金时代"，进入以追求高质量、数字化为导向的转型发展"跋涉期"。

（一）金融业发展格局将发生重大转变

"十四五"时期，中国的金融业发展格局将发生重大转变。金融业发展格局的重大转变主要体现在市场环境将发生巨变、金融业将逐步走出"舒适区"、战略管理重要性更加凸显三个方面。

1. 市场环境将发生巨变

未来，全球财富和经济权或将重新分配，资本资源流向格局将发生调整。在经济"双循环"运行机制下，企业战略将实现从全球到大区域、从大区域到地方的重心转移，资源厚重的一级核心地区市场和城市将成为各类企业的首选目标。中国将开启包括5G、大数据中心、物联网等领域的"新基建"。西方国家将推进高端制造业回归、基础设施再造和现代医疗卫生设施的重建。绿色经济将加速发展，数字革命将引发社会价值观变化。新技术革命成为经济权力格局演变的锐利"催化剂"，消费者权力将日趋强大，"常青树"企业必须以竞争对手难以企及的速度、质量和价值满足客户需求。数字革命引发的超级竞争和破坏性创新将使数字化转型迟缓的企业迅捷走入历史。

2. 金融业将逐步走出"舒适区"

中国的金融业曾经历了过去十几年的"黄金时代"，效益、质量、规模和市值走在了全球银行业竞争前列。近年来，随着经营环境巨变、竞争白热化、监管日趋严格，银行业资产质量下降和利润增长大幅放缓，除个别银行外，银行板块整体市值的长期徘徊，表明银行业可能难以回到过去的辉煌。面对空前大变局，包括银行业、小额信贷行业在内的金融业既要避免盲目地拥抱变化，走错战略方向，又要踏准新趋势的红利，走出迷茫的"舒适区"，加快战略转型，再造核心竞争力。

3. 战略管理重要性更加凸显

包括银行业、小额信贷行业在内的金融业应认真贯彻落实中共中央、国务院关于经济工作的"六稳""六保"要求，全力助推国家"十四五"规划的有效贯彻和 2035 年远景目标的实施，落实国务院金融委员会关于"稳预期、扩总量、分类抓、重展期、创工具"的部署，支持实体经济特别是支持小微企业和个体工商户的长期发展，促进中国经济、民生和就业的健康可持续复苏。未来，包括银行业、小额信贷行业在内的金融业应以更低的资本投入实现更高的、过滤掉风险的"真实效益"，保持与资本市场的良性互动，以真实健康的企业价值为各种类型的客户和投资人创造更多的合法利益，提升金融市场抵御风险的能力，促进中国金融市场的长期繁荣。

（二）金融业经营模式将更加多元化

"十四五"时期，包括银行业、小额信贷行业在内的金融业经营模式将更加多元化。经营模式的多元化将主要体现在发展金融控股集团、轻资本经营将成为战略首选、优化调整网点和人力资源助推轻资本经营三个方面。

1. 发展金融控股集团

遵纪守法、公司治理良好的金融控股集团在规模经济、范围经济、协同效应及降低单一金融业务所产生的行业风险等方面，具有其他类型金融企业模式无可比拟的优势。建设具有国际竞争力的金融控股集团，展现中国金融业的强大力量、中国金融人的开拓创新精神以及情怀和效率，支持国家应对大国战略博弈，深化产业整合和重构，以强大的金融科技为支撑，建立以主流商业银行为母体，涵盖银行、保险、证券等业务领域的金融控股集团将成为"十四五"期间银行业经营模式改革创新的重大探索之一。

2. 轻资本经营将成为银行战略首选

近年来，信用风险的大面积积聚与爆发，从表面来看是国民经济周期的阶段性表现特征，但更深层次的原因则是"间接融资主导型"金融体系和银行业"高资本消耗"经营模式综合作用的结果。"十四五"期间，强化轻资本、轻资产、轻成本、高资本周转的财务运作模式是盈利能力排在第一梯队的商业银行的普遍选择。金融业只有全面推进"轻资本"转型，才能在更加复杂的经济增长环境下，有效管控各类信用风险，摆脱信用风险周期性暴露的恶性循环，确保金融业的发展行稳致远。

3. 优化调整网点和人力资源助推轻资本经营

随着包括银行业、小额信贷行业在内的金融业数字化水平的提升、客户金融消费和投资的"脱实向虚"，金融业的传统分支行物理渠道将进行大规模的供给侧结构性改革和调整优化。预计"十四五"期间，中国包括银行业、小额信贷行业在内的金融网点的优化调整将集中在提升网点客户体验、推进客户的电子化进程、优化网点人员组合、优化网点选址和设计、强化网点金融科技应用、提升中后台运营效率、重构网点主攻客群和服务内容、加快传统柜员转型、提升员工能力和素质等方面。

（三）金融业将向精细化、敏捷化管理转变

"十四五"时期，中国金融业将向精细化、敏捷化管理转变。这种管理转变将主要体现在通过精细化管理实现价值经营、通过打造"敏捷科技生态"构建金融业的新核心竞争力、通过金融科技驱动敏捷化和精细化几个方面。

1. 通过精细化管理实现价值经营

包括银行业、小额信贷行业在内的金融业实现战略转型成功的关键是全面提升资本、定价、风控、成本、流程、客户、人力等方面的管理能力，开展以精细化管理为核心的"新银行经营管理革命"。金融业应以提高经营管理效率为核心，统筹考虑战略管理中的关键性执行点、业务流程，引入高效的战略管理工具，促进组织管理体系的各单元能够精确、高效、协同和持续运行。

2. 通过打造"敏捷科技生态"构建金融业的新核心竞争力

敏捷企业一般具有移动化和互联网化、注重客户体验、数据驱动、构建开放生态平台、科技创新等特征，敏捷金融行业从业机构就是要借助数字化、智能化等手段，为客户提供定制化服务。虽然敏捷化转型面临着技术创新、数字化关键绩效指标法（KPI）、保护数据安全和客户隐私以及文化转型等挑战，但敏捷化转型是未来包括银行业、小额信贷行业在内的金融业的发展大方向。

3. 通过金融科技驱动敏捷化和精细化

包括银行业、小额信贷行业在内的金融业要通过不断升级的金融科技手段，强化个性化营销和服务，优化客户体验，实施全渠道战略，推进前台移动智能化转型；通过金融产品设计组件化，风险控制、运营、合规审查等重要环节的数字化和智能化以及深入的大数据分析等，促进业务中台转型；充分运用云计算技术和区块链技术，实施核心系统和开放平台双"IT"战略，向分布式后台转型；更加重视数字化顶层设计。重点是聚焦业务价值创造、推动智能化网点转型、建立面向未来的创新体制机制、构建直销子公司等新型组织体系，打造金融科技创新中心，壮大金融科技子公司，围绕"智能制造的产业链"和"智能生活的生态链"，提供"一站式"金融服务。

（四）小额信贷机构将向"缩量提质"的方向发展

以小额贷款公司为例，小额贷款公司作为新型的金融组织已经成为中国金融体系的一个重要补充，是中国普惠金融体系的一支重要"生力军"。小额贷款公司的诞生开辟了中国民间资本进入金融领域的先河，客观上起到了平抑正常民间借贷价格的作用。通过长期的实践证明，小额贷款公司只有在坚持小额、分散的原则下，立足县域和本地域，扎根基层，着力服务"三农"、小微企业，才能真正发挥其特点和优势，并走向长期的可持续健康发展的道路。

多年来，中国走出了一批优秀的小额贷款公司。一些小额贷款公司积极学习和借鉴了国外的小额贷款技术，积极创新发展，形成了各具特色和风格的经营模式。中国人民银行公布的 2022 年 6 月小额贷款公司分地区情况统计表数据显示，截至 2022 年 6 月末，全国共有小额贷款公司 6150 家，实收资本 7693 亿元，从业人数 59733 人，贷款余额 9258 亿元。与 2021 年的数据相比，小额贷款公司虽然各项数据都有所减少，机构数量从 6453 家下降到 6150 家，但是实收资本和贷款余额并没有成比例下降，由此可以看出，小额贷款公司正在朝着"缩量提质"的方向发展。

回顾小额贷款公司的发展历程，其初衷是为传统金融机构无法覆盖的群体，包括农民、个体工商户以及小微企业等提供的金融服务，具有典型的普惠金融特色。"小额、分散"是小额贷款的基本原则。经过这么多年的发展，小额贷款公司行业经历了机构过万家的迅猛增长，也经历了热度退去后的机构数量下降。

尽管经历了不少的挑战，但是那些规规矩矩经营的小额贷款公司，依然在市场上站稳了脚跟，有的专注于贫困妇女这一弱势群体；有的专注于农户，甚至细分到养猪户；有的依托小商品市场专注于个体工商户群体；有的专注于供应链上下游的客户等。正是基于细分市场、错位竞争，独具特色的机构成分推动了小额信贷行业的长远发展。

三、小额信贷机构可持续发展的策略

"十四五"时期，面对世界百年未有之大变局，小额信贷机构成功的关键在于科学谋划和发展策略。小额信贷行业要可持续地推动普惠金融目标的实现，就必须解决小额信贷机构自身的财务可持续问题。只有在向社会提供的金融服务所获得的收入可以覆盖其经营成本和资金成本的前提下，小额信贷机构才能实现其独立生存并不断发展的目标，才能使广大低收入群体、小微企业持续地、平等地享受金融服务，分享国家经济发展成果。在此，分别就小额贷款公司、村镇银行、农村商业银行以及国有商业银行开展小额信贷业务，实现可持续发展策略问题进行以下分析探讨。

（一）小额贷款公司如何实现可持续发展

作为普惠金融的组成部分和有效补充，小额贷款公司如何实现可持续发展，做到以下六点至关重要：

1. 坚持"小额、分散"原则，服务于银行难以覆盖到的群体，是小额贷款公司获得长足发展的着力点

小额贷款公司要立足普惠金融，细分市场，与商业银行等金融机构展开错位竞争。深挖"三农"、小微、个体工商户等群体，提供差异化、专业化、特色化的服务，更好地满足客户群体"短、频、急"的融资需求。实际上，对于大型金融机构难以覆盖到的群体而言，很多还款能力强的客户面临的是贷不到款的问题，他们能够接受短期、稍高贷款成本。正是这些市场的需求，是小额贷款公司发展的立身之本。

2. 合规经营是小额贷款公司必须要坚持的原则

可以说，合规是小额贷款公司发展的生命线。近年来，金融管理部门加强了对小额贷款行业的监管力度。2021 年末，中国人民银行就《地方金融监督管理条例（草案征求意见稿）》（以下简称《意见稿》）向社会公开征求意见。该《意见稿》明确地方金融监管职责，健全地方金融监管体制，提升地方金融监管效能。《意见稿》明确地方金融组织包括小额贷款公司。在严监管的环境下，小额贷款公司必须要不断强化内控合规，积极拥抱监管，守住监管红线和法律底线，才能获得长久的发展。

3. 小额贷款公司要把握数字化发展新机遇，拓展发展新空间

"十四五"时期，中国数字经济转向深化应用、规范发展、普惠共享的新阶段。小额贷款公司要把握数字化发展新机遇，拓展发展新空间。在贷前、贷中、贷后的环节中，借助金融科技的手段，提升运营和风控效率。同时，也要避免因信用、信息滥用所产生的衍生风险。

4. 质量发展是小额贷款公司走出困境的根本出路

这首先要求监管方面要营造一个适合小额贷款公司行业高质量发展的政策法律和市场环境，必须坚持小额分散和服务小微"三农"的正确方向。小额贷款公司必须建立科学合理的公司法人治理结构，用合适的商业

模式和相匹配的风险防范机制，在必胜的团队信念下，配合强力的科技支撑和良好的企业文化及品牌，走出一条适合中国国情的小额贷款公司的发展道路。

5. 资金来源多元化解决小额贷款公司财务可持续发展问题

多元化的资金来源是小额贷款公司可持续发展的主要条件，国际援助、社会捐赠资金具有不稳定性，且通常不能根据实际需要调节数量。中国现有的小额贷款公司作为主要资金来源的注册资本数量有限，对小额贷款公司的业务需求往往是杯水车薪。为此，在坚持"只贷不存"原则的基础上，应进一步拓宽小额贷款公司的资金来源渠道，如加大国有商业银行、股份制商业银行对小额贷款公司的贷款力度，设立小额信贷投资基金，对小额贷款公司进行债权股本投资，以及通过引进外资并从境外融资渠道来解决小额贷款公司后续资金不足问题。

6. 风险控制和补偿机制是小额贷款公司可持续发展的重要保障

由于小额贷款公司的贷款对象涉及贫困农牧户，他们从事的农牧业活动周期长，存在与市场的信息不对称，受自然条件和市场条件的双重影响，易产生道德风险、操作风险、管理风险及市场风险。这些潜在的风险一旦发生，就会降低信贷资产质量，造成小额贷款公司的呆坏账。因此，要控制贷款风险，降低呆坏账比例，就要求小额贷款公司不仅要有完备的内控机制、足够的风险评估技术和人才，而且还要有相应的风险补偿机制。

（二）村镇银行如何实现可持续发展

面对新形势下的机遇与挑战，"找准市场定位、实现转型发展"是村镇银行在市场竞争中立于不败之地的关键。村镇银行的可持续发展，一是不断创新，二是坚守初心，三是稳健前行，四是政策支持。

1. 坚持科技支撑战略，推动金融业务转型升级

在互联网时代，金融服务的创新不能也不应脱离互联网。目前，乡村牧区互联网普及率非常高，互联网已成为"新农民""新牧民"创新创业的基础设施。即便是贫困地区，互联网基础设施也日益完善，为村镇银行

创新提供了突破口。一方面，村镇银行可以借助互联网，将金融服务互联网化，改变传统银行总分支行层层审批方式，快捷高效地发放贷款，实现改善体验、降低成本、便利获客的目标。另一方面，采取合作和联合方式，与互联网金融企业、金融科技企业联姻，借助它们在大数据、云计算和人工智能方面的优势，创新出更适应新农村的新金融服务方式。同时，从产业链金融角度切入，构筑产业链闭环，形成产融"命运共同体"。农村金融服务因服务对象不同，需采取分层服务方式。对于产业链完整、上下游企业众多的产业，则可依托互联网交易平台和产业链服务，建立金融电商平台，将金融嵌入电商流程，实现支付清算、授信放贷与产业链上物流和现金流的融合，使产业链因金融赋能，降低财务成本，提升盈利能力和竞争能力，进而形成以核心企业为基础的生态圈和产业链金融生态圈。

2. 专注支农支小方向，准确定位目标市场

村镇银行要坚持支农支小的战略定位，在市场细分的基础上抓住重点服务对象，要面向城区和县域小微企业。强化主动营销意识，培养专业的市场营销团队，将服务群体向社区周边的小微企业和个体工商户延伸，大力拓展客户来源；强化产品驱动，针对不同发展阶段的小微企业制定差异化的融资方案，着力破解成长期企业抵押担保不足的问题，不断提升小微金融服务的技术水平。要面向农村优质产业，在支持"三农"方面，村镇银行要在支持农村优质产业上寻找突破点。深入调研农村市场，筛选和确立当地具有资源优势和发展前景的优质产业，合理选择切入点和支持对象，重点支持产业化水平较高的新型农业经营主体，在风险可控的原则下灵活制定贷款额度、期限和抵押担保方式。

3. 不断探索经营要领，坚持持续稳健发展

一家村镇银行如何能够获得良好的经营效益，并持续稳健发展。村镇银行隶属于主发起行的业务辐射范围，地域经济、文化特征相通。村镇银行在县域金融是"后来者"，业务选项是有限的，一般发展好的村镇银行都会秉承做别的银行不愿意做或做不了的业务，在县域就是"扶农支小"，这也是原中国银监会推动这个新型农村金融机构发展的初衷。村镇

银行作为独立的法人银行，有其规范的公司治理结构要求，这些要求并不是单单写在章程里，而是需要落实在实际工作之中。村镇银行一定是"做小做散"，相比农信社、农村商业银行，村镇银行的客户要更小、更专。

如何吸引人才、留住人才，这是村镇银行面临的挑战，但团队的稳定性比高精尖的人才显得更为重要。银行需要的是扎扎实实的工作精神，需要的是轮辐向心的凝聚力，村镇银行更需要亲情式的文化。村镇银行的存贷比普遍高于其他银行机构，其风控能力要求也是很高的。这既需要内部流程的规范，也需要风控技术的优化。村镇银行的使命就是服务"三农"、小微企业，因此，其理念需要持续强化。理念与定位尚有不同，理念更见诸于精神层面，所谓不为诱惑所动，坚守初心，不忘责任。村镇银行牢固地把握好自身的"聚焦点"，"不贪大，只求精"才是村镇银行应坚守的理念。

4. 加快完善货币政策和财税政策相关扶持"组合拳"，进一步支持村镇银行持续健康发展

建议调整支农支小再贷款政策，加大货币政策支持力度。要解决支农再贷款与村镇银行支农贷款期限不匹配问题。例如，结合农牧业生产周期，或者针对贫困地区等特定地区的村镇银行，延长支农再贷款期限，合理满足小微企业和"三农"资金需求。要提高村镇银行使用支农再贷款的额度，简化再次申请办理时的手续；改变支农再贷款的额度管理方式，从按资本金比例进行额度管理改为按涉农（牧）贷款规模比例进行额度管理。要差异化提高支农再贷款利率上浮空间。根据村镇银行的经营成本、业绩及所处区域特点等指标，确定适用于不同村镇银行的具体利率加点幅度。要参考支农再贷款，放宽支小再贷款的申请条件。要运用财税政策"组合拳"，强化财税政策支持力度。要适当延长村镇银行定向费用补贴和奖励政策期限。通过放宽增量奖励条件、改进财政奖补资金的拨付方法、加强现有财税政策执行情况的监督等手段，促使财政奖补能够及时足额拨付至村镇银行。要加强地方财政对村镇银行财政贴息资金到位情况的

监督，确保各项补贴资金及时足额拨付到位。

（三）农村商业银行如何实现可持续发展

农村商业银行作为地方性法人银行由于长期受"官办"思想和国有商业银行管理模式的影响，农村商业银行在管理上形成了"铁工资""铁饭碗""铁交椅"的痼疾，难以实行有效的正向激励制度，相当一部分农村商业银行仍处于粗放经营状态，员工素质普遍偏低，与其他银行业金融机构相比存在着较大的差距，在同业竞争中处于劣势。在内控管理上存在制度不健全、制度执行力差、风险控制力弱等问题。因此，切实转变观念，实现经营战略转型。广大农村商业银行在长期的实践中总结出三个"增强"、五个"坚持"的可持续发展策略，非常值得学习借鉴。

1. 农村商业银行三个"增强"

（1）增强战略管理意识。战略管理不再是对变化的管理，而是通过变化来进行管理。就一个企业而言，要追求长远的可持续发展态势，建立一系列科学而有效的长期战略规划实为重中之重。那么，省级农村商业银行的战略规划或者说指导方向应该是尽快做成一个省级甚至全国农村商业银行的服务平台，以解决农村商业银行没有全国总行导致的劣势。从宏观上构建起农村商业银行未来改革发展之路。在此基础上，积极启动和介入资本市场的运作，吸收大量的股份，通过资本市场把农村商业银行的无形资产给发掘出来，使显性的不良贷款、资不抵债通过无形资产变成实际增值，进而为大农信格局的缔造夯实强有力的人力资源、管理架构以及资本积累的依托。

（2）增强风险管控意识。全面风险管理在新的银行风险管理中是一个比较时尚的概念。只有管住了风险，农村商业银行的可持续发展态势才能得以延续和升华。在这方面，应更多地关注其他商业银行一些有效的风险管控模式，特别是信贷风险的管控，只要有利于化解农村商业银行历史包袱、有利于农村商业银行的未来改革发展之路，都应辩证地"拿来"。关键在于如何对风险进行有效识别，以及如何变被动地防范风险为主动地管理风险，把一些潜在风险通过某种技术含量提前预揭出来，那风险就成了所能掌控的一种苛求完美的积极力量。

（3）增强服务创新意识。现代金融的竞争说到底即为金融服务的竞争，而服务竞争的最终落点在对客户需求的满足与对接。在这方面，农村商业银行与其他商业银行还有很大的差距，很多员工都缺乏关注细节的认知能力，没有从心灵深处去感动和激活客户。虽然很多农村商业银行都在开展诸如"服务能手竞赛"等活动，也取得了一定的成效，但这只是一个方面，更重要的是要从观念上去引领，要让每一个员工都意识到"行兴我荣、行衰我耻"的简单道理，每一个员工的个体利益都与农村商业银行的兴衰紧密联系在一起，为客户服务就是为农村商业银行发展服务，就是为自己服务。

2. 农村商业银行五个"坚持"

（1）坚持科学的战略与理念。全面推行科学管理，实施"五大工程"，形成了适合自身的业务发展模式和盈利模式的产品创新战略、服务创新战略和手段创新战略，构建了科学的工作决策和实施机制，是符合现代金融发展规律的，指明了农村商业银行今后发展的方向与目标。作为战略与理念的执行者，不断加强自身学习，准确把握其实质，不折不扣地执行。尤其是在国内经济发展发生深刻变化的特殊时期，面对全国商业银行不良贷款持续上升的态势，要时刻保持清醒的头脑，看到工作中存在的问题，未雨绸缪，进一步增强科学发展的忧患意识、责任意识。

（2）坚持科学的市场定位。农村商业银行"立足社区，服务'三农'"的市场定位既适应了国家经济发展战略的需要，又是长期以来优势所在，是农村商业银行生存和发展的基础。多年来的实践也证明，农村商业银行的市场定位有着广阔的发展前景。农村商业银行要改名不改姓，改制不改向，更好地发挥支农主力军作用。坚持服务方向不改变、信贷资金不外流、支农力度不减弱，发挥好为农民服务的主力军作用。要结合新一轮"新农村建设"和农业改革，城乡经济结构的调整，努力提高农村金融服务水平。

（3）坚持科学的风险防控机制。要始终把有效防范风险作为农村商业银行管理的重中之重，坚持依法合规经营，将风险防范的预警机制和控制机制有机地结合起来，不折不扣地执行国家的经济、金融方针政策，经营决策层不能只顾眼前利益，不能盲目通过信贷扩张，放水"养鱼"，换取报表利润。要关注行业前景和抵押物的变现能力，确保新增贷款质量。坚持质量第一，认真做好企业及个人资信等级评估，建立优良客户群，保证客户质量，控制风险源。处置"僵尸企业"，该"断奶"的要"断奶"，坚决拔掉"输液管"和"呼吸机"。要大力推动农业产业化进程，结合地方县域经济情况，积极支持生猪、肉牛、家禽等养殖，水稻、大棚蔬菜等种植，形成农业产业化龙头企业、农产品基地。大力支持农副产品的收购、加工、流通，形成有区域特点和区域优势的大米、水产品、家禽等产品交易市场；要支持农村社会服务和保障体系的建立，支持农村当地学校、医院等民生工程，图书馆、小影院等农村文化设施的建设。

（4）坚持推行规范化管理。要健全稽核、审计、财会、信贷相互监督、相互约束制度。为进一步规范信贷管理，要将贷款责任人明确为贷款发放责任人和贷款管理责任人。对单笔贷款从发放至贷款本息收回或信用结束全过程的信贷管理行为进行规范。对贷款风险的责任认定进一步予以明确，对因贷款管理人员催收不力形成的不良贷款，追究管理人员的责任。同时，要在互联网金融产品的研发上下功夫、找出路。摒弃过去"赢在大堂"的思维定式，积极倡导"赢在线上"的思维模式。要树立不论客户身处何处都是农村商业银行的客户，打破城乡、地域的限制。通过搭载好的金融产品"赢"得客户，要学习和借鉴支付宝、微信支付等互联网金融思维模式，拓展传统金融业务。使客户不论身在何处，随时随地都可以通过网上、手机或自助设备等办理农村商业银行的业务，做到安全、方便、快捷。

（5）坚持产品与服务创新。特别是县级农村商业银行，既要依托省联社创建的平台对现有产品进行升级换代，还要根据不同的服务对象、不同的经营环境、不同的需求，积极进行一些业务手段和信贷产品创新的有益尝试。要顺时应变，不断创新品种和服务，扩大代理支付业务范围，加快农村电子银行产品和服务的创新，逐步使转账电话、POS 机、自动取款机遍布每个乡镇。要积极探索农村新的抵质押方式和品种，针对农村抵质押物缺失的问题，扩大有效担保品范围，对符合法律规定的各类动产、不动产，可因地制宜用于贷款抵押，满足新的需求。要努力提升服务水平，切实转变工作作风，主动出击，寻找优质客户。通过公开招聘，选拔一批素质高、道德好、业务熟、经验多、风险管控能力强且爱岗敬业的客户经理担任银行部、个私部客户经理，提高办事效率和工作质量，巩固已有的市场，拓展新的市场。

（四）国有商业银行如何推动普惠金融发展

国有商业银行大力推动中国普惠金融事业发展，做好小微企业金融服务，是一项长期的任务。在这个过程中既需要保持现有激励政策的延续性，也需要加大政策创新力度，更需要推动小微企业支持机制的创新。具体路径选择需解决好以下五个方面的问题：

1. 统一认识，从战略高度推进普惠金融

一是服务实体经济的新要求。小微企业得到更多的金融资源扶持，是现有金融资源分配格局的再调整、再优化，可以创造更多的就业机会，更惠及大众，更好地实现"六保""六稳"。推进普惠型小微贷款业务发展的战略性重视，体现了国有银行的社会责任担当。二是经营转型的新方向。截至 2020 年末，全国金融机构普惠型小微贷款余额 15 万亿元，仅占人民币各项贷款余额的 8.7%；而小微企业在国内生产总值（GDP）中占比 60% 以上、税收占比 50% 以上，仍有较大的提升空间。同时，发展小微贷款业务也是国有银行适应当前社会数字化转型、金融服务场景化以及企业筹资脱媒挑战的必然要求。三是价值创造的"新蓝海"。小微贷款业务不仅能够实现保本微利，而且是综合性价值贡献，是商业银行经营个人和中小企业客户实现获客的重要手段。

2. 数据赋能，抢占数字金融创新制高点

国有银行最大的优势是庞大的存量客群，最宝贵的资产是其互联网技术（IT）系统大集中后，十余年来积累的海量交易数据。以线上电商交易迅猛发展、产业链供应链现代化水平提升为典型场景，中国经济的数字化转型如火如荼，为银行掌握企业真实经营动态提供了基础支撑，是探索形成中国特色"小微融资难题"破解模式的客观条件。近年来，重庆、贵州、上海、北京、浙江陆续成立大数据局或大数据中心，推动政务数据开放共享，与政府担保基金等手段配合，支持中小企业获得银行融资，破解银企信息不对称难题，提振当地经济发展。

3. 智能风控，夯实业务可持续发展基础

小微客群具有高度分散、快速变化、生命周期短暂的特点。从业务持续发展来看，需要保持一定的换手率，行内自有客群难以长期支撑，要求实现开放化获客，与经济发展变迁带来的行业变化、客群变化，保持同频同振。该模式实现依赖于系统的支撑，通过应用程序接口（API）部署等多种方式，构建银行与社会经济活动枢纽节点的信息互通桥梁。小微贷款业务发展的前提是能够做到总体风险可控。由于小微业务需要管理客户数量是传统法人信贷业务的 10 倍甚至 100 倍，零售化特征突出。因此，需要依赖"数据+模型+系统"，把好入口关，重点反欺诈，并能够精准测算违约概率，持续跟踪分析，动态调整策略，防止"病从口入"。小微风险管理的难点在于，要基于有限的资源投入、实现大量客户的风险管控。传统信贷模式靠客户经理下户到企业现场、人工查询跟踪各类企业相关信息的方式难以为继。须依赖"数据+系统"，实现智能化风控，构建起全流程数字化风险管理体系，支撑实时动态的存续期管理，最终解决小微风险"看不清""管不住"的难题。

4. 线上经营，实现业务发展模式新突破

要依托线上非接触服务、跨平台交易数据共享、大数据分析建模、API 互联互通等关键技术，实现对个体工商户、电商商家、产业链农户、货车/网约车司机、外卖骑手等传统信贷服务模式难以涉及的客户群体覆盖，构建业务管理闭环，持续跟踪经营动态，实现普惠金融服务扩面。线上抵押类产品、数字供应链、核心企业信用多级流转等线上产品创新，从根本上重新定义了小微融资服务的内涵、外延和管理模式。信用有价、服务渠道线上化、业务模式闭环化，既给小微企业经营者提供了更多、更高效的融资渠道，也全面提升了小微贷款的资产质量。新型数字普惠业务发展，将更好地支持企业和经营者不动产、动产价值的快捷变现；随借随还的交易模式，重塑银企关系，切实降低企业融资成本，有利于全社会生产效率的提升。银行相应也将赢得客户，把握潮流，引领时代。

5. 法制护航，积极应用制度创新成果

要积极应用在线公证等司法创新手段。线上化是小微融资发展方向。但其"分散、小额、高频"特征也导致不良资产起诉案件数量众多；传统方式立案、判决和执行的成本巨大。近期，司法部开展"网上办理赋予债权文书强制执行效力公证"试点，对保障民商事活动依法有序进行，预防和减少诉讼具有重大意义，将为银行线上小微业务发展提供有力支持。要研究跟进"个人破产法"法律实践。2020年8月深圳市人大表决通过的《深圳经济特区个人破产条例》，是中国首部个人破产法规，倡导的基本价值导向是诚实守信的债务人不幸陷入债务危机时，能够获得个人破产制度的保护。通过破产以债务人全部财产进行清偿，也是债权人在现实条件下能够得到的最大保护。要大力推动客户失信行为信息共享。通过行业协会信息共享共用、资金用途违规使用等客户行为加入征信等创新手段，构建高效的行业管控机制，在兼顾好企业、个人隐私保护的基础上，使恶意骗贷、逃废债、贷款资金违规使用等行为受到惩罚，快速实现对失信人的约束，增强威慑力，切实提高失信成本。

基础设施篇

第六章　小额信贷行业自律组织

　　普惠金融体系的中观层面涵盖了金融基础设施，即所有为零售金融服务提供者提供支持的机构，如行业协会、评级机构、投资机构、征信机构、审计机构、交易平台、支付系统、信息技术和培训咨询机构等，这些机构致力于帮助零售金融服务提供者在为贫困和低收入客户提供服务时降低交易成本、扩大客户覆盖面、提升机构能力、强化机构透明度等。

　　行业协会是中观层面的重要机构之一。世界上许多国家经济发展的经验证明，当一个经济群体高速发展并且面临许多共性问题和困难时，就有必要成立一个由该群体成员组成的协会。协会的主要职能就是帮助会员解决普遍面临的热点、难点问题，协助政府制定和实施有关的政策，维护会员的合法权益，为会员提供各类社会化服务，规范会员的市场行为。为此，中国小额信贷行业协会组织和其他任何协会组织一样，牢固树立"协会是会员之家"的理念，不断增强服务意识、大局意识，想会员所想，急会员所急，努力扩大服务领域和服务工作范围，提高服务水平和质量。

第一节 国内外小额信贷行业组织的发展概况

20世纪90年代，世界上小额信贷发展迅速的地区开始陆续出现小额信贷行业协会组织，这一方面反映了小额信贷蓬勃发展的现实情况，另一方面则体现出这些行业协会组织更好地促进了各国小额信贷事业的发展。

一、国际小额信贷行业协会组织的产生与发展

从国际小额信贷行业协会组织的产生背景来看，大致存在两种情况，第一种是自下而上由小额信贷机构或小额信贷行业协会组织自发组建的国家级或地区级行业协会组织，如孟加拉信贷发展论坛（CDF）、印度社区发展金融机构协会（Sa-Dhan）、美国小企业教育与促进网络（SEEP）、波兰微型金融中心（MFC）；第二种是自上而下由监管部门、国际组织等外部机构推动成立的国家级或地区级行业协会组织，如印度小额信贷机构网络（MFIN）、菲律宾小额信贷委员会（MCPI）、澳大利亚穷人银行网络（BWTP）。目前，全球有100多家国家级或地区级小额信贷行业协会组织，遍布亚洲、非洲、拉丁美洲以及欧洲东部地区，以发展中国家为主，这些行业协会组织都通过开展一系列政策倡导、培训考察、信息交流等活动，加强行业透明度，提升机构能力，改善经营环境，有力地推动了这些国家和地区小额信贷行业的蓬勃发展。

（一）孟加拉信贷发展论坛（CDF）

CDF成立于1992年，是孟加拉国的全国性小额信贷行业协会组织，旨在实现小额信贷在本国的发展与推广，通过小额信贷行业的高效发展实现可持续扶贫。在CDF的不懈努力与多方游说下，孟加拉国政府于2006年7月颁布了《小额信贷监管法案》，该法案通过设立小额信贷监管局（MRA），代表政府监管非政府组织小额信贷机构的信贷业务活动，确

保透明度与问责制，为孟加拉国小额信贷的可持续发展打下了良好的基础。

（二）印度社区发展金融机构协会（Sa-Dhan）与印度小额信贷机构网络（MFIN）

印度是试点与推广小额信贷较早的国家，而且小额信贷机构在印度实现了从依赖外部捐赠到开展商业运作的快速转变。在小额信贷进入印度的30多年中先后出现了两个小额信贷领域的全国性行业协会组织，即 Sa-Dhan 和 MFIN。Sa-Dhan 成立于 1998 年，其宗旨是在印度推动社区发展金融的建设，帮助会员机构更好地服务农村与城市地区的低收入家庭，特别是妇女，为她们创造稳定的生计来源、改善家庭的生活质量。MFIN 成立于 2009 年，其宗旨是通过促进负责任放贷、客户保护、良好治理以及有利的监管环境来实现小额信贷行业的繁荣发展。

由于印度小额信贷机构的快速扩张以及过度商业化导致恶性竞争局面的出现，2010 年 10 月在印度安德拉邦发生的小额信贷客户自杀事件引爆了印度全境的小额信贷危机，把印度的小额信贷机构推向了风口浪尖，成为各方舆论关注的焦点。为了避免和缓解小额信贷机构在业务操作中出现违规行为，印度央行授权 Sa-Dhan 和 MFIN 配合政府开展行业自律，对会员机构行使监督权，确保会员机构遵守行业的行为准则以及银行的监管要求，还制定了相应的投诉与纠纷解决机制。印度监管当局与印度小额信贷行业协会组织的及时沟通与密切配合，让印度的小额信贷机构逐渐地回归到正常的经营轨道，从很大程度上缓解了小额信贷危机给印度小额信贷行业带来的巨大冲击。

（三）美国的小企业教育与促进网络（SEEP）

SEEP 位于美国华盛顿特区，于 1985 年由一些美国非政府组织创建，他们希望通过企业发展与小额信贷为全世界的贫困人口创造经济机会。SEEP 发展到今天，在几十家地区级和国家级小额信贷行业协会组织的倡议与推动下，已经逐步成为全球小额信贷行业协会组织的行业协会，其会员机构遍布 160 多个国家。30 多年来，SEEP 一直倡导通过变革性的解决方案来缓解贫困，引领会员机构将其关注点从最初的为目标群体提供金融服务转向推动整个金融体系的变革，为贫困和低收入群体创造新的机遇，从而使权力的分配变得更加公平公正。

（四）波兰的微型金融中心（MFC）

MFC 位于波兰华沙，于 1997 年由欧洲与中亚地区的国家级小额信贷行业协会组织发起成立，是该地区最具影响力的地区级小额信贷行业协会组织，其宗旨是通过为广大贫困家庭和微型企业提供充分的金融与非金融服务来促进具有社会使命的小额信贷行业的可持续发展，从而为消除人类贫困以及开发人类潜能做出贡献。MFC 在社会绩效的标准制定方面颇有建树，呼吁小额信贷实践机构注重财务绩效与社会绩效的平衡，加强信息的公开性与透明度，实现机构与客户的良性互动与共同成长，MFC 已经成为在全球宣传推广社会绩效的主力军与领头羊。

（五）菲律宾小额信贷委员会（MCPI）

MCPI 成立于 1999 年，其定位是在菲律宾推广孟加拉格莱珉银行模式的全国性小额信贷行业协会组织。MCPI 的宗旨是通过促进合乎道德的、包容性的金融与非金融服务达到消除贫困与社会保护的目的；提升会员机构服务贫困客户的能力，在机构治理与面向员工、客户以及社区的服务等方面达到国际先进水平。菲律宾的非政府组织小额信贷机构从复制孟加拉格莱珉银行小额信贷模式到实现本土化创新发展，得到了菲律宾政府的大力支持，这与 MCPI 在政策倡导方面所做出的努力是分不开的。2015 年 11 月，菲律宾政府批准了《非政府组织小额信贷法案》，旨在加强非政府组织小额信贷的扶贫功效，支持非政府组织小额信贷机构参与社区发展，改善贫困人群以及其他被边缘化地区人们的社会与经济福利。

（六）澳大利亚的穷人银行网络（BWTP）

BWTP 位于澳大利亚布里斯班，始于 1990 年澳大利亚发展合作基金会（FDC）启动的一个项目，最初的使命是在商业银行与从事小额信贷的非政府组织和互助小组之间搭建一座沟通的"桥梁"，从而使金融服务以可持续的方式惠及广大的贫困人口。之后，BWTP 逐渐发展成为亚洲地区最大的地区级小额信贷行业协会组织，侧重于针对会员机构以及小额信贷行业迫切关注的问题展开研究，发布了一系列研究报告，如穷人银行的最佳实践、商业银行在小额信贷中所扮演的角色、亚洲地区小额信贷的政策与监管等。

二、行业协会组织的共性服务职能和自主发展领域

正如其他传统金融行业协会组织一样，小额信贷行业协会组织也主要致力于提升小额信贷行业透明度，代表会员机构发声，提升会员机构的生存与发展能力。小额信贷行业协会组织向会员机构提供的服务可以反映出当地小额信贷行业的发展情况。在小额信贷处于早期阶段的国家，行业协会组织一般侧重于政策倡导与能力建设，而在小额信贷行业相对成熟的国家，行业协会组织则更注重发挥市场促进的作用，为会员机构提供更多增值服务，如市场调研与中介服务等。

国际小额信贷行业协会组织提供的服务涉及的范围较为广泛，包括政策倡导、意识构建、能力开发、信息交流、金融中介、专家推介、影响分析、行业学习、创新推动、机构发展、知识创造、媒体宣传、监控评估、调查研究、技术支持和培训组织。国际小额信贷行业协会组织根据当地小额信贷发展阶段确定业务范围，并适时予以调整，从而充分发挥其作用。

国际经验表明，要使协会真正成为会员拥护、信赖的协会，成功的关键概括起来是八个字：愿景、能力、资源、联系。愿景，就是能够清晰表述其宗旨、目标和战略，并对此负责；能力，就是将思考转化为行动；资源，就是能够为协会各项活动的开展调动可用的各类资源；联系，就是能为各种组织建立有效的沟通联系渠道。

从国际经验来看，小额信贷行业协会具有共性的服务职能主要包括促进最佳实践、会员能力建设、信息交换和传播、行业考察学习、行业自律与绩效监控、政策倡导和技术支持七个方面。小额信贷行业协会实现自主发展的领域主要包括治理结构、运营管理、财务可持续、人力资源、外部关系和服务提供六个方面。

三、中国小额信贷行业组织的产生和发展概况

众所周知，当代国际规范小额信贷于 1993 年被引入中国，中国社会科学院农村发展研究所（以下简称社科院农发所）在河北易县成立第一家试点孟加拉格莱珉银行模式的小额信贷机构。此后，联合国开发计划署（UNDP）、联合国儿童基金会、世界银行等国际机构纷纷资助在中国的贫困地区开展小额信贷项目试点。经过几年的实践，形成了最早一批以非政府组织形式存在的小额信贷机构，这些机构分散在全国各地，而且隶属于不同的行政部门，在全国范围内没有一个统一的组织作为其代表向政府部门表达合理的诉求以及争取优惠的政策。

随着中国小额信贷行业的迅猛发展，以小额信贷业务为主营业务的机构类型多种多样，包括非政府组织小额信贷机构、小额贷款公司、农村资金互助社等，进入 20 世纪以来，与之相适应的各类小额信贷行业协会组织也应运而生。目前为止，国内小额信贷行业协会组织主要由三个层级组成：一是全国性小额信贷行业协会组织，其中较有代表性的行业协会组织有中国小额信贷联盟、中国小额信贷机构联席会、中国小额贷款公司协会等；二是省市级小额信贷行业协会组织；三是地市级小额信贷行业协会组织。鉴于省市级、地市级的小额信贷行业协会数量众多，在此仅就全国性小额信贷行业协会组织做一个简要介绍。

从目前情况来看，在全国有一定影响力并指导全国小额信贷行业发展，积极开展各类专题活动的全国性小额信贷协会组织主要有中国小额信贷联盟、中国小额信贷机构联席会和中国小额贷款公司协会三家。其中，中国小额信贷机构联席会从 2011 年 1 月成立到 2015 年基本停止活动，近五年期间开展了大量的活动，对推动全国小额信贷行业发展发挥了积极作用。

（一）中国小额信贷联盟

中国小额信贷联盟，简称联盟，英文名称为 China Association of Microfinance（CAM），其前身是"中国小额信贷发展促进网络"，是中国小

额信贷领域最早的全国性会员制协会组织，其法律实体为中国县镇经济交流促进会小额信贷发展研究分会，该分会是中国县镇经济交流促进会的二级分会。中国县镇经济交流促进会成立于 1992 年，是经中华人民共和国民政部批准并登记注册的全国性民间社团组织，具有独立的法人资格。该促进会由中国社会科学院主办，由中国社会科学院农村发展研究所负责日常管理。

2000 年初，在国内有关小额信贷的研讨会上，小额信贷的研究者和实践者们就提出成立行业协会的建议，尤其是在 2003 年 9 月于北京召开的小额信贷国际研讨会上此呼声更高，并得到了国内有关部门和有关国际机构的重视。在 UNDP 资助的中国人民银行完成的小额信贷政策研究报告中也提出了成立小额信贷行业协会的政策建议。报告中建议由小额信贷行业协会实行行业自律，政府提供一定的政策引导。

2003 年底，为适应小额信贷发展的需要，参考央行政策研究报告的建议，作为最早开展小额信贷实验示范及研究的中国社科院农发所和管理着国内规模最大的外援小额信贷项目的商务部国际经济技术交流中心（以下简称交流中心）决定发起成立中国小额信贷发展促进会，这个动议得到全国妇联妇女发展部的大力支持。该倡议当时也获得了商务部的批准，同意作为拟成立的中国小额信贷发展促进会的主管部门，并向民政部提出了申请。

2005 年 11 月 9 日，在首届中国小额信贷高峰论坛上，中国社科院农发所、交流中心和妇联妇女发展部联合发起成立了"中国小额信贷发展促进网络"，后更名为中国小额信贷联盟，这是国内成立的首家全国性小额信贷行业类协会组织。

在 2010 年 9 月 17 日召开的中国小额信贷发展促进网络的年会上，经出席会员代表大会的全体会员机构代表一致通过，将"中国小额信贷发展促进网络"正式更名为"中国小额信贷联盟"。

联盟的愿景是成为一个向会员机构和整个行业提供高质量服务的行业协会。

联盟的宗旨是通过为会员机构提供服务和支持，提高小额信贷机构的覆盖面和可持续性以及行业的整体能力和水平，为没有充分享受金融服务的群体（特别是贫困和低收入人群）提供满足其需求的金融服务，推动普惠金融体系的构建，促进和谐美好社会的建设。

联盟围绕以下六个方面为会员机构提供服务：

第一，政策倡导：通过政策建议、汇报沟通等形式，促进有利于小额信贷与普惠金融的金融政策和监管框架的改善。

第二，研究开发：通过行业研究、项目开发等方式，为行业政策的出台提供参考意见，引导行业实现健康可持续发展。

第三，行业自律：通过推广行业标准、开展评估评级实现行业自律，促进财务绩效指标和社会绩效指标的公开、透明和规范化。

第四，培训研究：为会员机构和整个行业提供以需求为导向的培训和考察项目，从而提高小额信贷从业机构的管理和运营能力。

第五，信息交流：建立中国小额信贷门户网站，出版刊物和文集，组织年会、研讨会、沙龙等活动，促进行业内外、国际国内的信息交流。

第六，咨询服务：根据会员机构的特定需求，提供量身定制的服务，帮助会员机构实现可持续发展。

联盟成立初期，会员主要由公益性质的扶贫小额信贷组织构成，随着中国小额信贷行业的发展，联盟逐渐吸收了从事小额信贷业务的商业银行和小额贷款公司等机构作为其会员。从成立至今，联盟的正式会员机构从最初的几十家发展到后来的 100 多家，尽管数量不多，但覆盖了国内最早也是真正从事小额信贷业务的机构类型以及支持小额信贷行业的各类组织，遍布全国 26 个省份。

联盟自成立以来，与中国人民银行和银保监会等政策和监管部门保持密切的联系与合作，在政策倡导、行业自律、培训与技术支持、信息交流和筹资服务等领域开展了大量工作，为会员提供了卓有成效的服务。联盟引进并推动的普惠金融理念已经写入党的十八届三中全会决议，并成为国务院在金融改革领域的重点工作。联盟坚持农村金融领域实践，支持公益小额信贷机构发展，得到各方面赞赏。在花旗网络能力建设项目的支持下，联盟自身的治理结构和服务水平也得到了改善和提高。

在全球化背景下，联盟参考国际小额信贷发展状况和规律，将小额信贷定义成为贫困、低收入人群和微型企业提供的信贷服务，并进而将小额信贷服务拓展到包括储蓄、汇款和保险在内的微型金融领域。在关注低端人群金融服务的同时，联盟也积极促进为所有阶层提供全方位金融服务的普惠金融体系的建设，并努力将微型金融纳入普惠金融体系。

（二）中国小额信贷机构联席会

中国小额信贷机构联席会，简称联席会，成立于 2011 年 1 月 6 日，是一个公益性的全国自律组织，是由中国具有代表性的小额信贷机构自愿发起建立的组织。联席会的指导和支持单位分别是中国人民银行研究生部、国培机构、省金融办（中小企业局）、地方小额信贷协会。联席会由团体会员和个人会员组成，主要包括：中国小额信贷机构联席会发起单位；全国各省金融办（中小企业局）及地方小额信贷协会等；小额贷款公司；小额信贷业务突出的商业银行；小额信贷项目；公益性小额信贷机构；专家、学者、研究人员等热心于小额信贷事业的社会人士；企业法人。

联席会的愿景是发展成为中国小额信贷机构的服务中心、信息中心、学习中心、交流中心和小额信贷机构之家。

联席会的宗旨是在国家法律、法规和相关政策指导下，为全国小额信贷机构搭建"课题研讨、业务交流、联谊协作、考察培训、创新发展、自律维权"服务平台，以打造和发展具有中国特色的小额信贷市场为己任，引导小额信贷行业健康、有序、可持续发展。

联席会的主要活动与服务内容包括以下六个方面：

第一，通过学术研究活动的开展，占领国际与国内微型金融领域前沿阵地，为呼吁促进小额信贷行业发展的国家政策奠定理论基础。

第二，建设全国性信息平台与信息沟通机制，收集与发布小额信贷机构需要的业务、技术等信息。

第三，推动贷款标准颁布、小额信贷机构评级、从业人员资格认证等事宜，引导小额贷款公司守法诚信，遵守国家法律法规，提升职业道德，加强自律管理，积极承担社会责任，并及时地向政府有关方面反映小额信贷机构的合理诉求。

第四，组织学习培训、考察交流，评选、表彰、宣传优秀小额信贷机构和从业人员，促进小额信贷行业的品牌建设与自主创新。

第五，做好各地小额信贷机构新闻信息的正面宣传工作，为各地小额信贷机构发展提供精神动力和舆论保障。

第六，定期举办小额信贷论坛和出版小额信贷蓝皮书、小额贷款公司竞争力报告、小额信贷通信等。

联席会每年召开一次全体会议，由各成员单位轮流承办，旨在建立全国各地小额信贷机构相互对话的平台，加强区域交流，促进共同进步，提高科学发展水平；就当前各地小额信贷机构在工作中的热点问题进行研讨，并提出研究报告，向政府相关部门提出有利于中国地方经济金融发展的建议。

应众多小额信贷机构倡议，在原中国人民银行研究生部的指导下，联席会每年还举办一次中国小额信贷创新高峰论坛，并按年度发布《中国小额信贷蓝皮书》《中国小额信贷机构竞争力发展报告》。

为了表彰小贷领域的优秀机构，中国小额信贷机构联席会成立以来，每年还广邀业界专家，开展了"中国小额信贷年度人物""中国小额信贷机构竞争力100强"评选活动，并评选出"中国小额信贷最具发展潜力奖""中国小额信贷最佳社会责任奖"和"中国小额信贷最佳创新贡献奖"。2011年，还特别推出了"中国小额信贷最佳行业服务奖"，对成绩突出的各省金融办和行业协会给予奖励。

由于国家有关部门对全国性行业自律组织审批登记方面规定的限制，联席会从2015年左右已基本停止了其业务活动。

（三）中国小额贷款公司协会

中国小额贷款公司协会（China Microcredit Companies Association,

CMCA），成立于 2015 年 4 月，是经原中国银监会批准成立，并在民政部登记注册的全国性、行业性、非营利性社会团体。中国小额贷款公司协会的业务主管部门是原中国银监会，同时接受中国人民银行和民政部的工作指导与监督管理。依法设立的小额贷款公司、小额贷款公司母公司，地方小额贷款公司自律组织以及为小额贷款公司提供服务的机构均可申请加入中国小额贷款公司协会成为会员。

中国小额贷款公司协会的宗旨是遵守国家宪法、法律、法规和经济金融方针政策，依法履行行业自律、维权、服务、协调职能；搭建沟通桥梁，为政府和会员服务；维护小额贷款公司合法权益，维护市场公平竞争；面向小额贷款公司，提供专业服务；参与法规建设，促进全国小额贷款公司健康发展。

中国小额贷款公司协会围绕自身职能开展以下四方面的工作：

1. 维权方面

组织会员制定维权公约；组织开展区域信用环境评级，发布诚实守信客户或违约客户名单，实施行业联合制裁等措施，制止各种侵权行为；参与有关小额贷款公司改革发展以及与行业权益相关的决策论证，提出有关小额贷款公司政策、立法和行业规划等方面的建议和意见；组织会员开展行业维权调查，促进会员加强债权维护和风险管理；接受会员委托向有关部门反映情况和诉求；组织制定行业标准和业务规范，统一规范小额贷款公司各项业务单证要素及格式；向公众宣传普及小额贷款知识、小额贷款理念，提升公众对于小额贷款产品和小额贷款公司的认识；建立会员间信息沟通机制，组织开展会员间的业务、技术、信息等方面的交流与合作，为会员提供信息服务；推动建立小额贷款公司资产转让、兼并重组等工作。

2. 自律方面

倡导和组织会员学习国家金融政策，执行金融监管规定，遵守法律、法规，督促会员依法诚信合规经营；组织制定同业公约和自律制度；组织执行自律性行业标准和业务规范，提高行业规范程度；组织小额贷款公司执行企业会计准则；组织制定从业人员道德和行为准则，对小额贷款从业人员进行自律管理；探索建立小额贷款机构和从业人员信用信息体系，加强监督，协助推进小额贷款行业自律管理体系建设；建立行业惩戒制度，监督检查会员行为，督促会员依法合规经营。

3. 服务方面

建立小贷行业联网运行的业务管理和信息数据系统；建立及维护行业基础信息库，组织小额贷款公司开展信息化建设工作；制定统一的统计报送规则，分析行业数据信息，定期向有关部门报送行业发展情况；编辑、出版、发行协会刊物；引进国外先进管理经验、风险控制机制、小额贷款经营模式和小额贷款品种；组织推动行业发展研究工作；制定并实施全国小额贷款公司人才培训规划；建立全国小额贷款公司从业人员培训体系；组织小额贷款公司从业人员境内外培训工作；建立培训人员管理数据库、档案管理系统、网络培训系统；承办有关小额贷款公司学术会议和展览活动；组织小额贷款公司出国业务考察交流活动，参加国际学术会议、研讨会、论坛等。

4. 协调方面

与小额贷款公司协会的主管部门保持沟通联络，做好上传下达和信息反馈工作；促进会员单位与监管部门及相关部门的沟通与联系，推广先进经验和创新成果；组织开展业务竞技活动，培育健康向上的行业文化；建设与管理协会网站，并加强与外部新闻媒体的联系沟通，制定协会宣传工作的计划及编辑协会宣传信息资料；发挥行业整体宣传功能，组织会员共同开展新业务、新政策的宣传和咨询活动，大力普及金融知识，增强公众的金融意识；加强与银行业、证券业、保险业、信托业等相关行业协会的沟通和协调；组织开展与境内外小额贷款公司以及行业协会间的交流与合作；组织协调小额贷款公司经营管理法律相关问题研究；按照《征信业管理条例》和信用评级监管部门的监管要求，组织推动小额贷款公司参加第三方开展的外部信用评级。

第二节　小额信贷行业协会组织建设

纵观国内外小额信贷行业组织的形成与发展，无疑是随着作为创新的贷款方式和有效的扶贫手段的小额信贷事业而形成与发展起来的。小额信贷行业协会组织成立，在帮助会员解决普遍面临的热点、难点问题，协助政府制定和实施有关的政策，维护会员的合法权益，为会员提供各类社会化服务，规范会员的市场行为等方面均发挥了十分重要的作用。但是，小额信贷行业协会作为"会员之家"，在服务领域和服务工作不断扩大、服务水平和质量不断提升的同时，也面临诸多困惑和自身的发展问题。小额信贷行业组织在推动行业持续、健康发展的同时，必须解决好以下几个方面的认识问题：

一、小额信贷行业协会组织的性质和职责定位

小额信贷行业组织从一定意义上讲既是"公益性组织"，又是"执行协调机构"，也是"自负盈亏的经济实体"。中国小额信贷行业协会组织的职能定位具有三重性。

作为"公益性组织"，要秉持公益为先，开展小额信贷和普惠金融的政策倡导工作，通过政策研究、宣传、对话等方式，促进有利于小额信贷与普惠金融发展的金融政策和监管框架的改善。通过推广行业标准、机构评估、评级开展行业自律，促进财务和社会绩效指标的公开、透明和规范化。而且不以营利为目的，只为推动中国小额信贷及普惠金融事业蓬勃发展。

作为"协作协调机构"，要通过会议、会谈和拜访等形式加强与政府有关部门的对话和协商，寻求政策和法律等方面的支持；根据国际标准，结合国内实践，制定相关操作指南和行业标准，汇总会员机构的财务和社

会绩效信息，并通过网站、年报和宣传册等向国家有关部门和公众披露会员机构的经营业绩和状况；通过网站、年报、出版物、宣传册、年会、研讨会、走访等为会员机构提供信息交流平台；要为会员机构和整个行业提供以需求为导向的培训和技术支持；为各种国内外机构提供行业咨询服务；建立小额信贷门户网站，出版刊物和文集，组织年会、研讨会、考察和访问等活动。

作为"自负盈亏的经济实体"，以中国小额信贷联盟为例，除会费收入及少量的国际机构及会员赞助外，没有任何用于弥补其运营亏损的其他资金来源。其运营性收入不仅要保证中国小额信贷联盟所有公益性活动的正常开支，也要确保所有员工的正常工资福利绩效及按规定的社会保障。为此，中国小额信贷联盟在确保完成上述工作任务的前提下，通过举（开）办各类培训班、组织境内外考察活动等实现一些合规性创收。

根据上述职责定位，小额信贷行业协会组织的经营目标就具有了三重性，即社会性、公益性和商业性。由此而决定的经营活动就必须既讲经济效益，也要讲社会效益；既要注重财务绩效，更要注重社会绩效。

为此，必须处理好几个关系，一是小额信贷行业组织与发起单位的关系；二是小额信贷行业组织与相关协会组织及所有会员单位的关系；三是小额信贷行业组织与其他合作单位的关系；四是小额信贷行业组织秘书处与理事会、常务委员会及专业委员会的关系；五是小额信贷行业组织秘书处内部部门之间及各位同仁之间的关系；六是财务绩效和社会绩效的关系。

二、小额信贷行业组织秘书处的内控制度建设

机关工作千头万绪，特别是小额信贷行业组织秘书处作为"公益性组织""执行协调机构"和"自负盈亏的经济实体"，面对广大会员单位和多层次社会群体，要承担行业组织领导部署的大量日常工作任务。在这种情况下，如何充分集中和发挥每位同仁的知识、智慧和技能优势，实现秘书处领导之间、部门之间、员工之间的高度互补与工作协调，更好地发挥秘书处的职能作用，不断提高秘书处整体工作水平，就需要建立一套严密科学、行之有效的内控工作机制，这是保证秘书处有效地行使管理职能，遏制各种管理漏洞，实现管理目标的一项治本之策。对于防范各种内部风险、履行部门职责、做好秘书处工作具有十分重要的意义。

内控工作机制建设是组织机构加强管理、防范风险、提高效率、实现工作目标的重要手段。内控工作机制作为行业组织秘书处以工作制度和岗位职责为基础，以业务环节相互制约为核心，以明确权限、责任、程序、时限、监督检查、纪律要求为主要内容的内部动态管理机制，其有效实施不仅要有科学的目标框架体系和评价方法，而且必须因地制宜地采取实施措施。

为此，小额信贷行业协会秘书处内控工作机制体系建设必须有明确的内部工作机制目标，要构建良好的内部工作机制环境，要有科学的风险评估机制，还要结合行业组织秘书处工作实际，突出专业特点。一是要有明确内控工作机制目标；二是要构建良好的内控环境；三是要建立科学的内控评价体系；四是要有内控工作体系实施的主要措施。

内控机制实质上是一个单位、一个部门内部管理系统的一种自控和自检机制。从这个意义上讲，一项科学的内控制度，特别是集自身管理和行业协调服务于一身的小额信贷行业协会组织，其内控制度不光要具有由管理内容、管理组织、管理流程组成的三维静态结构，还应具有由制度的初次制定、制定的执行、对执行情况进行测试和分析、根据偏差及上级下达的新任务和新要求进行不断的修改等过程组成的动态结构或体系。秘书处内控体系建设是一个长期、动态的过程，既不可能一蹴而就，也不可能一劳永逸。

第七章　小额信贷机构的评级管理

　　跟行业协会一样，评级机构也是中观层面的重要机构之一，它既能帮助监管机构实施监管，也能助力投资机构开展投资，更能提升微观层面小额信贷机构的可持续发展能力。一些大型金融投资集团设立了独立的小额信贷评价机构或是评价部门，专业的小额信贷评级公司也开始出现。这些评级机构从公司治理、财务绩效、风险管理等方面对小额信贷机构进行全面评估，使小额信贷行业的信息更加完善、透明。小额信贷行业也因此朝着更加健康、有序的方向发展，取得了一定的社会正面效应。国际上针对小额信贷行业评级体系有很多成熟的经验和做法值得我们去借鉴，汲取国际先进经验对推动中国小额信贷行业理性发展和良性竞争，引导和鼓励小额贷款公司依法经营、合规运作，促进小额贷款公司树立社会责任意识，实现可持续发展，同时带动全民信用体系和普惠金融体系的建立健全具有重要意义。

第一节　小额信贷机构评级管理的产生与发展

　　从国际经验来看，小额信贷行业在 20 世纪 90 年代呈现跨越式发展，小额信贷业务与机构经营水平也有了显著的提高。在此大背景下，社会对于小额信贷机构的信息透明度有了更高的要求，小额信贷机构的信用评级应运而生。

小额信贷机构评级有多方面的需求者，小额信贷机构本身需要评级，根据国外的经验，小额信贷机构进行评级的目的是筹措资金，通过评级的结果使投资者认可它本身的价值，从这个角度来讲小额信贷机构本身首当其冲需要这样一个评级。

近几十年来，国际小额信贷行业得到了快速发展，其中信用评级发挥着非常重要的作用。无论是从小额信贷机构接受捐助获得批发贷款，甚至是上市直接融资，评级都起到了非常关键的作用。因此，独立、透明、公开的小额信贷评级体系已经成为国际公认的、行之有效的监测和管理办法。

全世界范围内首次出现小额信贷的评级是在 1993 年，到了 2000 年以后，小额信贷的评级市场才有了迅猛发展。占有比较高市场份额的评级公司，有的属于专业机构，有的属于主流机构，提供的是不同的评级产品。从几个主要的评级机构来看，他们所采用的主要指标是不一样的，有的采用传统的骆驼模型，有的侧重于资产质量、运营管理和机构战略。从定性定量上来看，有的侧重于定量指标，有的侧重于定性指标，有的定性定量指标各占 50%。

在国际上从事小额信贷评级的机构，除了包括标准普尔、穆迪、惠誉这样传统的国际评级机构，也包括美国的小微评级公司（MicroRate）、法国的沛丰评级公司（PlanetRating）、意大利的微型金融评级公司（Microfinanza）以及印度的小额信贷评级公司（M-CRIL）等从事小额信贷评级的专业机构。由于小额信贷机构评级市场规模并不是很大，对传统评级机构的吸引力也是非常有限的。同时考虑到小额信贷评级机构有特殊性和专业性，所以专业机构可能更适合小额信贷行业发展的需要。

国际上小额信贷评级的过程大致都按评级准备、实地考查、报告起草和评级结果发布 4 个阶段来进行，评级时间一般在 2 个月左右。评级指标主要包括公司治理、财务状况、业务模式、社会责任和经营环境

5 个方面。

国际上对小额信贷机构的评级主要突出两个方面的特点：一是保持充分的客观性与独立性，能最大限度地避免与评级对象的利益冲突；二是采用更广泛、细致的评价方法，侧重关注小额信贷机构的长期可持续运营能力。

在中国，对于传统金融机构的评级体系已经非常成熟了，但小额信贷机构的评级存在很多的特殊性，这与小额信贷机构本身行业的特殊性是密切相关的。

一是服务定位不同。小额信贷机构的定位主要是小微企业和低收入人群。这个定位就决定了它和传统金融机构的评级不一样。小微企业、低收入人群一般没有特别多的抵押品，决定了小额信贷机构本身主要是进行信用贷款，不能依赖抵押品，只能通过为大量的优质客户放款，用大概率的事件来覆盖可能存在的局部风险，以此解决风险控制问题。因为它是小额贷款，因此在贷款风险评级方面也不一样，贷款不能逐笔进行评级，只能对贷款整体状况进行整体评级。

二是营销方式不同。小额信贷机构只能走出去对客户进行主动的营销，因为客户很多，因此涉及客户分层，针对不同的客户群体进行有针对性的营销，这是在经营模式与传统银行机构上的区别。

三是管理方式和经营目标不同。从管理方式来看，小额信贷机构客户很多，要求信贷员都具有相应的审批权限，与传统的金融机构不一样，这决定了信贷员是小额信贷机构的核心或者战略性资源。因此，在小额信贷机构的经营管理过程中，对信贷员的考核和激励非常的重要。从经营目标来看，传统的金融机构主要是追求经济利益的最大化，在这个前提下追求社会效益的最大化，小额信贷机构特殊的客户定位决定了它需要把履行社会责任、追求社会效益放在更突出的位置。

基于以上三方面，小额信贷机构的评级显现出了一定的特殊性。传统的金融机构评级更强调资产质量、盈利能力，而小额信贷机构因为缺乏资金、拥有特殊的客户、不同的经营目标，因此需要更加重视如何有效控制风险，更好地管理流动性，使放贷的资金与对外的负债在结构和期限上相吻合等。

一、中国小额信贷机构评级的形成和发展

随着中国小额信贷款行业规模的不断扩大、风险的逐渐暴露，小额信贷机构呈现出良莠不齐的局面，建立符合中国国情，被小额贷款行业市场参与方广泛认可，具有公信力的小额信贷机构评级体系，对于解决中国小额信贷行业规范发展至关重要，也迫在眉睫，受到了政府部门、监管机构以及社会多方的关注。

（一）评级问题的提出

随着中国小额信贷行业的兴起和发展，中国的小额信贷机构的发展面临几个方面的突出问题。一是治理结构有效性、经营理念、业务模式、内控机制、可持续发展能力等方面差异大；二是投资者、监管者、融资服务提供者、贷款服务的购买者，都面临选择困难；三是在风险管理方面缺乏技术人才。随着小额信贷行业的发展，竞争环境越来越激烈，尤其是与传统的金融机构相比处于不利地位，在这样的情形下，很有必要提出小额信贷行业的评级问题，小额信贷机构需要筹资离不开评级，对潜在投资者来讲需要解决信息不对称的问题，对监管层来讲需要获取小额信贷行业整体的经营情况，从而制定相关的政策，从这三个方面来讲需要提出小额信贷机构的评级问题。

由于专业评级机构对小额信贷机构信用风险进行科学评价的必要性日益凸显，信用评级作为信贷市场和社会信用体系不可或缺的重要组成部分，有助于政府监管部门、商业银行和其他利益相关方了解和把握小额信贷机构的财务实力和风险状况。从近年小额信贷机构信用评级业务的开展情况来看，主要还是以监管部门推动为主，包括中国人民银行、各省份政府金融办以及各地的小额信贷行业协会。

（二）中国人民银行推动评级试点

2013 年 2 月，中国人民银行总行下发了《中国人民银行办公厅关于开展小额贷款公司和融资性担保公司信用评级试点工作的通知》，决定率先在上海市、辽宁省、山东省、湖北省、四川省和浙江省开展两类机构信用评级试点工作，有近千家小额贷款公司参与信用评级试点。本次评级采用的是由中国人民银行统一制定的小额贷款公司信用评级主干指标体系，评级要素包括经营环境、管理素质、风险控制、资金来源、偿债能力与经营状况六个要素，强调对小额贷款公司偿债能力和偿债意愿的评价。

2013 年 7 月，第四届中国小额信贷创新论坛上发布了《中国小额贷款公司五星分类评级体系报告》。小额贷款公司五星分类评价体系是对小额贷款公司的一种综合评测和分析，该课题研究报告以合规性、目标导向、科学性、系统性、可操作性为分类评价体系设计原则，基本评价要素包括公司治理、财务绩效和社会绩效三个方面的内容。综合考评对象的经营环境、管理素质、风险控制、资金管理、运营效率与盈利能力、社会绩效等重要指标，将参评小额贷款公司分为 A、B、C 三大类，其评价指标体系由定性指标和定量指标共同构成。

除了评价体系依据的六大要素，《中国小额贷款公司五星分类评级体系》还制定了调整事项，设置加减分项和级别限制项目，其中非法集资和变相吸收公众存款、抽逃注册资本、非法手段暴力催债等，如果小额贷款公司存在任何一项则等级不得超过 B 级。因此在小额贷款公司分类评价体系中，各个级别映射的分数值从 0~105 分不等。

（三）部分省份开展的小额信贷机构分类评级尝试

20 多年来，国内不少省份先后开展了小额信贷机构分类评级的尝试。特别是 2017 年第五次全国金融工作会议赋予了地方"7+4"类机构的监管职责，并提出要强化金融监管，提高防范化解金融风险的能力。为此，分级分类监管成为地方金融监管的重要探索方向。

2011 年 1 月，山东省金融办发布了《山东省小额贷款公司分类评级办法（试行）》，要求在分类评级时坚持全面性原则、持续性原则、定量与定性相结合的原则，全面收集小额贷款公司相关信息，整体分析小额贷款公司经营及风险状况，并根据评级结果对其进行分类指导与管理。

2011 年 4 月，重庆市也在推进对小额贷款公司分类评级方面做了积极的尝试。重庆市人民政府办公厅在发布的《关于进一步推进小额贷款公司发展的意见》第六条明确提出，建立健全小额贷款公司分类评级管理制度，坚持适度监管原则，进一步加强重庆市小额贷款公司的各项管理。

2012 年 2 月，内蒙古自治区政府金融办为进一步加强对全区小额贷款公司的监管，规范其经营行为，适应区内小额贷款公司行业发展的要求，制定出台了《内蒙古自治区小额贷款公司年度考核评价办法（试行）》。

2012 年 4 月，福建省金融办出台了《福建省小额贷款公司年度考核评价办法（试行）》。

2013 年 4 月，安徽省金融办出台了《安徽省小额贷款公司评级管理暂行办法》。

2013 年 6 月，云南省金融办出台并开始实施《云南省小额贷款公司分类评级管理规则（试行）》，对不同类别的小额贷款公司实施有区别的监管和扶持政策。

2013 年 9 月，四川省金融办为加强小额贷款公司日常监管和分类指导，进一步提高监管水平和效率，根据《四川省小额贷款公司管理暂行办法》等有关要求，制定了《四川省小额贷款公司监管评级暂行办法》。

2013 年 12 月，辽宁省金融办出台了《辽宁省小额贷款公司分类监管措施》，基本项包括外部经营环境、基本素质与竞争实力、贷款业务风险管理、经营能力、贷款资产质量、财务分析，还有加分项、减分项和一票否决项。

2014 年 7 月，浙江省金融办出台了《浙江省小额贷款公司监管评级办法（试行）》，基本项包括支农支小、合规经营、风险防控和接受监管等方面，还设置了一票否决项。

2014 年 9 月，青海省金融办出台了《青海省小额贷款公司分类监管办法》，基本项主要从合规性方面对小额贷款公司进行综合考量，包括关联交易、信贷业务合规性、利率水平、资金管理、负债、管理信息系统使用情况和未经审批的许可事项等 11 个方面的内容和一票否决项。

2017 年 7 月，深圳市本着有利于监管机构全面掌握小额贷款公司的风险状况，提高监管效率，有针对性地采取监管措施，出台了《深圳市小额贷款公司年度监管评级办法（试行）》。

2018 年 1 月，江苏省出台了《江苏省小额贷款公司监管评级办法（修订）》，评级要素指标包括基本项（业务合规性、管理合规性和操作合规性）、加分项（社会贡献、三个 70% 执行情况、发展指标和创新业务）、扣分项（业务真实性和经营合规性）。

2018 年 5 月，山西省出台了《山西省小额贷款公司分类评级办法（修订）》，评级要素指标包括组织架构与内部管理、经营合规与效益以及接受监管情况。

2018 年 12 月，湖南省出台了《湖南省小额贷款公司分类监管评级办法》，从公司治理和管理情况、合规经营情况、接受监管情况、加分项、"一票否决"项设置了评级要素指标。

2019 年 11 月，贵州省出台了《贵州省小额贷款公司分类评级暂行办法》，评级要素指标包括公司治理情况、业务经营发展情况、盈利能力情况、合规经营及风险控制情况、履行社会责任情况、加分项、扣分项和一票否决项。

2019 年 12 月，江西省出台了《江西省小额贷款公司分类监管评级办法（试行）》，评级要素指标包括基本项（公司治理、合规经营、风险防范等）、加分项（社会贡献、业务发展、接受自律等）、扣分项（主要针对违规经营行为）、一票否决项（主要针对严重违法违规、拒不接受监管等行为）。

2020 年 3 月，广东省地方金融监管局印发了《广东省小额贷款公司 2019 年度 CAMEL+RR 监管评价指标体系（试行）》，正式在广东全省试行开展小贷公司监管评级工作。

2020 年 6 月，河南省出台了《河南省小额贷款公司监管评级工作指引》，评级要素指标包括公司治理与运营质量、公司经营与合规情况、公司信用与服从监管情况。

（四）中国小额信贷行业可持续发展评估手册的开发

20 世纪 90 年代末至今，联合国开发计划署在中国开展了一系列小额信贷扶贫和构建普惠金融体系等援华项目，致力于通过金融创新减少中国贫困人口数量，促进中国经济和社会的发展。2018 年开始，联合国开发计划署在中国开展了可持续发展目标影响力融资研究与促进项目，旨在搭建有利于实现联合国可持续发展目标的融资平台，开发评估标准和融资工具，推动中国可持续发展目标的实现。针对贫困群体和小微企业的融资服务，直接惠及中低收入群体和民营经济，尤其是农村地区的中低收入人口的小额信贷产品、服务模式和服务机构是完善的普惠金融体系的构成部分，小额信贷行业的健康发展无疑有利于联合国可持续发展目标的实现。

基于这样的背景，针对贫困群体和小微企业的融资服务是可持续发展融资的一个重要领域，联合国开发计划署可持续发展目标影响力融资研究与促进项目计划开展《中国小额信贷行业可持续发展评估手册开发》课题研究工作。

2020 年 9 月，联合国开发计划署可持续发展目标影响力融资研究与促进项目委托北京工商大学经济学院课题组开展《中国小额信贷行业可持续发展评估手册开发》课题研究工作，评估手册是该课题的直接成果。被评估对象为商业银行、农村信用社、村镇银行、小额贷款公司以及非政府组织等开展了小额信贷业务的主体，而评估手册的适用者包括相关的政策制定者，金融机构、投资机构、评估评级机构和研究机构等机构的人员。

这项研究选取近年来国内外有代表性的研究成果，对小额信贷可持续发展评估进行简要阐述和评析。目的是结合联合国可持续发展目标，得出能够体现和贯彻联合国可持续发展目标影响力融资理念的中国小额信贷行业可持续发展评估手册。

中国小额信贷行业可持续发展评估手册将环境（Environmental）、社会（Social）和公司治理（Governance）三个维度作为对中国小额信贷机构的评价标准和投资理念。ESG 是环境、社会和公司治理的英文缩写。含义可以从三个维度进行分析：一是环境方面，涵盖温室气体排放、环境政策、废物污染及管理政策、能源使用/消费、自然资源（特别是水资源）使用和管理政策、生物多样性、合规性、员工环境意识、绿色采购政策、节能减排措施、环境成本核算、绿色技术等；二是社会方面，涉及性别及性别平衡政策、人权政策及违反情况、社团（或社区）、健康安全、管理培训、劳动规范、产品责任、职业健康安全、产品质量、供应链责任管理、精准扶贫、公益慈善等；三是治理方面，包括公司治理、贪污受贿政策、反不公平竞争、风险管理、税收透明、公平的劳动实践、道德行为准则、合规性、董事会独立性及多样性、组织结构、投资者关系等。

二、小额信贷机构评级的意义及发展趋势

小额信贷机构的评级建设是符合其发展管理需要的政策手段，具有一定的必要性。建立小额信贷评级体系的重要意义主要体现在以下三个方面：

第一，对于小额信贷机构而言，评级有利于降低融资成本，获得长远发展所必要的后续资金来源。借助评级的力量和作用，能够在改善小额信贷机构的财务绩效以及提高社会绩效方面发挥重要作用。这将有利于提升小额信贷机构的资产管理能力和再融资能力，有利于加强小额信贷机构的组织管理、风控管理和经营管理，也有助于小额信贷机构自律、互律和他律建设。

第二，对于投资人来说，评级有利于降低投资人与小额信贷机构之间的信息不对称程度，降低交易成本。通过评级可以对小额信贷机构的发展状况和经营状况作出一个客观、公正的评判。通过对小额信贷机构的评级也便于资本市场快速筛选出优质的小额信贷机构，有针对性地进行资产、资金和资源的配置，提供个性化的增值服务。显然，评级有利于提高投资效率和效益。尽管中国有公益性的小额信贷机构，也有商业性的小额信贷

机构，不管是公益性还是商业性都追求回报，只是公益性的小额信贷机构追求的是社会效益更多，商业性的小额信贷机构追求财务方面的回报更多，实质都是要提高投资效益，只要有投资就涉及追求投资效益最大化的问题。

第三，对监管者来说，评级有利于监管者全面了解小额信贷机构的运营情况，实行差异化监管。同时，借助评级公司的力量和作用，能够帮助改善小额信贷机构的财务绩效和社会绩效，也有利于推动小额信贷机构的上市、发债与再融资。通过评级指标可以非常清晰地了解当地监管部门的指导倾向，即鼓励小额信贷机构服务小微企业，服务更多的客户，覆盖更为广泛的行业，同时把控风险，控制贷款的质量，有利于推动小额信贷行业的整体可持续发展。

从目前中国小额信贷机构评级体系建设情况来看，监管部门在体系的搭建中占据主导地位，其次是行业性组织和市场化评价机构。目前行业还没有统一的评级体系。此外，在现实情况下，小额信贷机构评级工作遇到了一些突出问题：一是评级结果的有用性不足。二是小额信贷机构参评的积极性、主动性和自发性不是特别高。三是信息获取渠道有限，不利于评级机构对小额信贷机构的风险进行全面、准确的判断。四是现有评级行业收费模式易导致评级购买行为的发生。

从发展趋势来看，要解决上述问题必须从以下几个方面入手：一是设立统一的小额信贷机构评级体系势在必行。统一的小额信贷机构评级体系，对经营规范、实力较强的小额信贷机构来说，可以更好地体现企业的公信力，提高品牌知名度；对经营尚需改进的小额信贷机构来说，可以促使其规范地管理，从而促进行业健康发展。二是要完善监管政策，规范市场竞争秩序，加大对评级结果的使用力度，提升外部评级作用。三是要建立小额信贷机构股东和客户征信机制，要向评级机构开放信息查询渠道，解决评级工作中的信息不对称问题。四是要改善现有的评级收费模式，促使评级机构能在未来的工作中不断完善评级机制，增强合规性，更好地为小额信贷机构服务。

第二节　分类评价体系设计原则和基本评级要素

综合分析梳理 20 多年来中国人民银行有关政策倡导、行业协会科研院校承接组织的课题研究以及国内众多省份先后开展的小额信贷机构分类评级的实践尝试，现就小额信贷机构分类评价体系设计原则以及从小额信贷机构商业和财务可持续、公司治理及内部控制、社会绩效（社会环境方面的责任）与信用状况等多个维度对小额信贷机构的基本评级要素做一个简要表述。

一、分类评价体系的设计原则

小额信贷机构分类评价体系设计应从定量和定性两个方面，对其主要经营管理要素进行评价，旨在系统分析、识别小额信贷机构存在的风险和潜在的问题，便于监管部门全面了解小额信贷机构的运营情况，及时作出预警提示，实行差异化监管，便于投资者对小额信贷机构的发展状况和经营状况作出一个客观、公正的评判，也便于小额信贷机构降低融资成本，获得长远发展所必要的后续资金来源。

在大多数情况下，小额信贷机构分类评级都要遵循以下五大原则：

（一）坚持对小额信贷机构自身与外部环境相结合进行评估

中国的小额信贷机构的业务活动主要局限于某一地区进行，它所处的外部环境状况对它自身的经营管理状况、发展潜力有较大影响，因此这方面应该重视。

（二）坚持定量和定性相结合

坚持定量因素和定性因素相结合，静态分析和动态分析相结合，总量分析和结构分析相结合。定性指标分值原则上不应高于定量指标分值。要以非现场监管数据为基础，结合现场检查取得的数据资料，综合定量因素和定性因素，对小额信贷机构进行客观公正的评价。

（三）坚持激励和约束相结合

以分类评级为指导，坚持政策激励和监管约束相结合，引导小额信贷机构做强做优，实现"分类监管、扶优限劣、正向激励、规范发展"。

（四）坚持财务绩效指标分值与社会绩效指标分值相兼顾

小额信贷行业本身既要追求经济效益也要兼顾社会效益，但是从可持续性发展的角度看，中国的小额信贷机构还是以商业性机构为主，因此在具体评级过程中应该以经济效益为主，兼顾社会效益。从外部环境、公司治理、经营分析、财务分析提出评级指标，并细化每个方面。

（五）坚持"实质重于形式"的原则

坚持规范操作流程、审慎打分，高质量完成评级工作。坚持严格遵守有关保密规定，防止评级结果的误用和滥用。

二、小额信贷机构商业和财务可持续方面的基本评级要素

小额信贷机构商业和财务可持续方面的指标主要分为两类，一类是定量指标，另一类是定性指标。

（一）定量指标

1. 对于资本充足率的考评

主要包括对外融资比例、负债与净资产比率、初始注册资本、成立后股东累计增资、融资杠杆率、近三年净资产增长率、当期留存收益占资本比例等。

2. 对于资产质量状况的考评

主要包括不良贷款率、非展期合同履约率、展期和重组贷款余额/期末贷款余额的比例、单一客户（集团客户/实际控制人/自然人）贷款集中度、关注类贷款/期末贷款余额的比例、净核销率。

3. 对于盈利及经营效率状况的考评

盈利性主要是分析小额信贷机构财务上的可持续性问题，即财务上是否能自负盈亏和获得盈利，涉及财务绩效、收入和费用等分类指标。小额信贷机构盈利性财务绩效主要管理指标包括三个方面：资产回报率、净资产回报率和经营自负盈亏率。

4. 对于风险与流动性状况的考评

风险与流动性主要是探讨小额信贷机构的贷款质量、损失风险及如何管理资产负债等问题。主要的管理指标包括：逾期90天以上贷款余额与不良资产金额的比例、表内贷款的逾期率、拨备覆盖率（拨备金/不良贷款余额）、贷款拨备率（拨备金/贷款余额）、流动性比例、90天流动性缺口率。

（二）定性指标

1. 对资本和资本充足率管理情况的考评

主要考察小额信贷机构资本的管理政策、董事会和高级管理层的资本管理意识、资本管理水平，重点分析小额信贷机构制定和实施资本规划的情况，包括规划制定的程序和依据、规划实施的有效性。此外，还要针对小额信贷机构就以下内容进行考评：有无资本管理制度、有无定期评估其资本充足率水平、有无资本约束机制、有无累积未分配利润为负数而进行利润分配的情况。

2. 对于资产质量状况的定性考评

主要包括信用管理的政策、程序及其有效性对资产质量状况的影响，主要评价信贷决策程序和制度的完善性、科学性、有效性，包括贷款"三查"制度、审贷分离的审核程序和信贷风险管理制度、分类后的持续管理等能否有效遏制不良贷款的发生。具体包括：①贷款"三查"制度是否得到严格执行（包括贷前调查是否尽职，贷中审查是否严格、规范，贷后管理是否到位）。②贷款人信息、资料是否完整规范（包括督促借款人提供真实准确的财务信息及其他相关资料，完善信贷档案管理制度，保证贷款档案的连续、规范和完整）。③是否建立贷款责任制并严格考核。④是否建立不良贷款处置的相关制度，例如，及时向借款人、担保人等还款义务人催收不良贷款本息，密切关注不良贷款诉讼时效、保证及抵（质）押担保期间、申请执行期限、资产查封与续封期限等，及时主张权利，确保主债权及担保权利受法律保护；积极采取有效措施进行清收，包括依法变卖抵（质）押物或债务人、保证人，第三人的合法财产，以现金形式收回贷款本息，符合条件的进行重组等。⑤信贷资产转让是否严格遵守真实性、整体性和洁净转让的原则，是否按规定程序做好相关工作。

3. 对于盈利定性因素的考评

一是盈利的质量，以及盈利对业务发展与资产减值准备提取的影响。主要分析应收未收利息、应付未付利息、未来的贷款损失准备和各项资产减值准备对公司盈利状况的影响。二是会计核算和财务预决算体系，财务管理的健全性和有效性，主要考核是否建立健全预算体系和必要的财务管理制度，是否使用财务核算、成本管理、业绩评价和资产负债比例管理等多种财务管理工具，是否定期对财务预决算管理进行持续评价。三是有无设立专门部门或指定专人负责创新工作，开展新产品的自主研发工作。四是有无制定专门的制度办法，优化服务流程，简化放贷手续，完善风险定价机制，建立支持实体经济的激励约束机制。

4. 对于风险与流动性状况定性因素的考评

一是流动性的管理情况，主要考察小额信贷机构是否建立稳定的流动性管理体系，较好地控制了流动性风险。是否设立流动性管理部门或专人，流动性管理部门人员配备是否充足，分工职责是否明确，管理流程是否严谨；是否对流动性状况进行监测并定期开展压力测试；是否根据流动性监测数据，制定相应的流动性管理方案，并针对流动性风险特征，制定多种流动性处置预案；是否定期对流动性管理进行检查和持续改进；综合评价公司各个期限（一个月、三个月、一年、一年以上）流动性缺口率情况。二是以主动负债形式满足流动性需求，主要考察公司在流动性不足时是否能通过同业拆入等方式获得资金满足流动性需求。三是资产负债管理情况，主要分析公司的流动性状况、资产与负债期限的匹配情况，以及资产负债管理政策的科学性、有效性。资产负债的期限匹配，是否存在短期资金长期使用的情况；是否制定了科学合理的总资产负债管理方案；是否有适当的债务组合及与主要资金提供者建立稳健持久的关系。

三、小额信贷机构公司治理及内控方面的基本评级要素

公司治理及内控体系建设是组织机构加强管理、防范风险、提高效率、实现工作目标的重要手段。小额信贷机构的公司治理及内控机制指标也分为定量和定性两类：

（一）定量指标

（1）股权结构主要考评，主发起人占股比例。

（2）人员流失率考评：人员流失率＝本年离职员工人数/年初员工人数。

（3）高管人员变动率考评：高管人员变动率＝本年度高管变动人数/本年初高管总人数。

（4）向关联方提供贷款和与关联方往来资金合计占净资产的比例。

（5）为关联方提供担保或以自有资产为关联方提供抵质押资金占净资产的比例。

（二）定性因素

（1）是否构建与业务规模和复杂程度相适应的公司治理架构，是否建立完善的法人治理制度。例如，会议与活动开展规范，是否发挥了积极的作用；公司治理架构是否适应小额信贷机构业务规模和复杂程度；是否存在活动不规范，决议违法违规，并产生消极后果的情况。

（2）各个治理主体的职责边界是否清晰，是否制定完备规范的议事规则。例如，职责边界是否清晰、议事规则是否完备并充分发挥职能作用的；审议与决议的事项是否存在失误，并造成重大损失。

（3）内部组织架构是否合理，业务流程是否科学，是否建立规范的经营管理制度、职能管理制度等。例如，业务流程是否做到"以客户为中心"，是否真正形成前台营销服务完善、中台风险控制严密、后台保障支持有力的业务运行架构。

（4）是否定期召开股东大会并发挥作用；是否设立监事会并有效监督董事会、高层管理层不断完善内部控制和风险管理机制；是否成立贷审

委员会；贷审委员会的工作职责及工作范围是否明确；贷审委员会在发放贷款中发挥的作用如何。

（5）是否明确了内部控制和相关职能部门的责任、权限和信息报告路线；是否专门设立了履行内部控制、风险管理和审计职能的部门或岗位，该部门是否能够对各级部门和各项业务实施有效的管理控制；是否存在良好的培训、宣传机制使得员工能够充分认识到内部控制的重要性并参与到控制活动之中；激励约束机制是否存在缺陷，特别是由于绩效考评政策不当鼓励或诱发不审慎的经营行为等。

（6）小额信贷机构的风险管理能否覆盖各主要风险，风险识别与评估制度、职责、岗位明确，风控手段和技术是否完善并且在实践中得到不断更新完善，取得很好效果；是否对信用风险、流动性风险和操作风险等各类风险进行持续的监控；风险识别与评估的手段与技术能否对各类风险进行准确的计量和管理以及风险控制制度、技术和方法是否及时更新；是否存在风险识别与评估职责、岗位、制度不落实，没有手段和技术，也不按照要求进行风险评估，没有效果的情况。

（7）是否建立了相应的授权和审批制度；重要岗位人员资格是否实行准入管理；各部门、各岗位、各级机构之间的职责是否分工合理明确，关键和特殊岗位是否遵循必要的分离原则。

（8）小额信贷机构是否建立客户档案，归档制度以及有效资料是否齐全；对个人信息的管理是否严格遵守依法获取、依法查询、依法使用、依法保管、依法披露的基本原则。

（9）小额信贷机构信息共享、信息交流与信息反馈机制是否健全，各个业务领域的业务操作和管理信息系统运转是否通畅，作用是否明显，信息是否真实可靠；是否存在信息共享、信息交流与信息反馈机制极不健全，各个业务领域的业务操作和管理信息系统运转不通畅，缺乏效果，信息失真且不可靠的情况。

（10）小额信贷机构的相关部门和人员是否及时对内控制度和风险管理制度的健全性、操作人员的合规性、管理人员的履职情况等进行评价；

内部审计部门或审计岗位是否具有独立性和权威性；是否聘请外部审计机构进行审计，审计结果是否及时报告监管部门以及高级管理层；是否建立记录内部控制弱点并及时采取相应纠正措施的制度；是否存在内部控制的评价和评价机制缺乏，内部控制的监督机制薄弱，内部控制的纠正机制没有建立的情况。

四、小额信贷机构社会绩效方面的基本评级要素

从中国现实情况出发，对于小额信贷机构社会绩效的考评也分为定量因素和定性因素，涉及以下内容：

（一）定量因素

（1）客户覆盖面考评：有效客户数。

（2）客户覆盖深度考评：平均贷款余额占当地人均 GNI 的百分比。

（3）客户满意度考评：客户满意度调查结果/客户退出率。

（4）客户性别考评：女性客户与男性客户比率。

（5）客户忠诚度考评：客户还款率。

（二）定性因素

（1）履行社会环境责任：小额信贷机构是否在制定发展战略时体现其社会、环境方面的责任。

（2）对行业协会的支持力度、配合度：小额信贷机构对行业协会组织的调研、座谈会、信息采集以及各项活动等工作的支持力度和对行业发展做出的贡献情况。有无拖欠会费，未按时回复相关发文等情况，有无受到行业协会业内通报批评的情况。

（3）员工行为规范：小额信贷机构是否制定了员工行为规范，明确具体激励、问责条款，并建立相应处理机制。在员工的价值投入上是否建立健全人才招聘、培养、评估、激励、使用和规划的科学机制。

（4）完成税收情况：小额信贷机构的纳税信用级别如何，是否受到税务处罚。

（5）投诉案件：小额信贷机构是否对客户投诉案件设有规章制度，

是否设专职人员负责此项工作；机构对客户投诉处理是否及时。

（6）借贷合同纠纷：小额信贷机构是否因借贷合同履行中出现法律纠纷问题作为被告的情况；是否存在法院判定的无效之债；是否有因合同履行问题被法院判定败诉的情况。

（7）获奖情况：小额信贷机构是否获得政府奖励；是否获得其他具备资质的社会组织奖励。

第三节　小额信贷机构评估流程和评估方法

小额信贷机构评估流程、评估方法以及评级结果的运用是整个评级工作的重要组成。完善的评估流程、科学的评估方法以及充分的评级结果的运用是整个评级工作成功的重要体现。本节着重就这三个方面的内容做出简要介绍。

一、评估流程

首先小额信贷机构提出评级的需求，委托某一个评级机构对其进行评估，然后评级机构接受委托成立相关的项目组，在评级机构的配合下开展访谈、收集资料等工作。之后根据这些资料完成评估报告。具体评估流程如下：

（一）组建评估小组

一是确定评估小组成员。评估小组应由3~5名专家组成，并确定其中一人为组长。评估小组成员应为来自小额信贷、环境、社会责任和公司治理等领域的实践专家或学术专家，应具备至少一次类似评估工作的经历。二是确定被评估机构负责人。被评估机构应指定一名至少副总级别的高管担任评估项目的负责人，并根据评估工作需要组建一个评估工作小组，负责统筹协调配合具体的评估工作。三是提出评估小组纪律要求，主要包括回避利益冲突，确保评估过程公平、公正、公开，严守保密纪律以及保持廉洁自律等内容。上述纪律要求应当在与专家签署的聘任协议中予以明确。

（二）明确评估目标和任务

明确评估目标就是要确认评估机构的可持续发展水平。评估小组在利用评估工具、遵守评估流程开展评估工作的基础上，应努力做出准确的评估，给出合理的评估结果。同时，要深入分析机构可持续发展的影响因素。在评估机构的可持续发展水平的前提下，应深入分析机构可持续发展的影响因素，给出提升机构可持续发展水平的建议。明确评估任务就是要提出评估工作要求。评估小组应与被评估机构就评估工作内容进行沟通，并向被评估机构就相关工作的时间、质量、真实性、可选择性等提出明确要求，确保评估工作的顺利开展。

（三）签订评估协议

一是明确评估小组的责任与义务。如严格遵守评估小组的各项纪律要求；及时回复被评估机构针对评估工作提出的各种问题及疑问；遵守评估协议约定的保密责任，确保独立公正的开展评估。二是明确被评估机构的责任与义务。如按时提供必要的数据资料，并保证所提供数据资料的真实性和完整性；根据评估方案和相关要求，配合评估小组完成评估所有环节的任务；对评估小组提供的评估资料（调查问卷等）承担保密责任，未经许可不得摘抄、引用或者对外披露。三是签订评估协议（含保密条款）。在实地评估前，评估双方应在协商一致的基础上签订评估协议（含保密条款）。评估协议除包含保密条款和数据资料真实性等约定外，还应当包含双方约定的评估结果的使用、评估报告的公开等事项。评估协议应在双方签字盖章后方能生效。

（四）确定评估方案

在这里主要是指确定现场评估方案。一是明确现场评估目标和任务。对被评估机构的相关信息进行现场核查并进一步获取评估信息。要按照事先确定的评估方案，遵循评估流程和评估纪律完成现场评估的任务，包括对照核查清单逐一检查核实被评估机构相关资料的准确性和相关性，必要时应及时查阅相关的文件、记录、纪要、制度。与高管座谈，访谈职能部门负责人、拜访典型客户、走访分支机构、拜访监管部门、反馈初评结果等。二是明确现场评估时间进度。应提前与被评估机构协商实地评估的时间及工作安排。按照时间的推进，评估小组应与被评估机构的高管说明评估的目的、意义、内容、纪律等，然后才能开展实地评估。在不影响被评估机构正常工作的前提下，有序地进行与被评估机构的高管座谈、访谈职能部门、走访分支机构、拜访客户、拜访被评估机构的监管部门等工作。最后，实地评估结束前，评估小组必须向被评估机构反馈初评结果，并对相关事项做出必要的沟通。三是明确评估小组成员的职责分工和具体要求。

（五）开展实地评估工作

实地评估工作主要包括收集信息资料和座谈走访两个部分。评估资料信息的收集和整理，是小额信贷机构评级的基础。被评估的小额信贷机构有义务向评估小组提供必要的信息支持。评估小组应力求全面、广泛、准确地掌握评级所需要的全部信息。

评估小组应充分收集的基本信息资料主要包括：小额信贷机构内外部审计报告、小额信贷机构提交的年度经营计划、经营状况报告、控股股东、客户群体和市场份额等情况；小额信贷机构及其关联方涉及国家机关行政调查、法律诉讼和法律制裁等情况以及来自其他相关的监管信息、行业协会的相关资讯、国内外评级机构的商业评级结果及各种媒体报道披露的信息等。

为确保评估工作中所收集基本信息资料的真实性、完整性、准确性，评估小组对所收集的基本信息资料要进行整理、筛选和分析，并在此基础上，确定小额信贷机构的关键问题和风险点以及需要进一步了解的评级信息。

在收集、整理、筛选基本信息资料的基础上，评估小组还要通过会谈、走访等方式与被评估机构的高级管理层、部门负责人、典型客户、分支机构及监管部门进行沟通，进一步收集与评估相关的信息。

（六）评估结果的反馈

在完成收集、整理、筛选基本信息资料，以及与高管座谈、访谈部门负责人、拜访典型客户、走访分支机构等实地评估工作后，评估小组要综合梳理总体评估情况，给出初评结果，反馈给被评估的小额信贷机构，并就相关事项进行沟通交流。

小额信贷机构在得到初评结果后，如果对初评结果有异议，应当在规定的工作日内向评估小组提出意见，并提供新的信息资料供评估小组参考；若无异议，应当在规定时间内向评估小组提供回应报告和确认书，确认评估结果并提出对评估过程中出现的相关问题和风险进行整改的措施。

评估小组对小额信贷机构提供的新的信息资料再次进行审定，除非确定有重大评估信息被遗漏，或者评估小组出现重大判断失误，原则上不对原始评估结果进行调整。

（七）撰写评估报告和最终评估结果的公布

在完成以上步骤后，评估小组可着手拟定评估报告的框架。一般来说，评估报告应包括：评估背景和目的；评估的工具、方法与流程；评估结果与分析。

评估报告的框架确定后，应结合评估信息和资料撰写评估报告。评估小组应进行分工，每人负责一部分，并由一名专家统筹；评估报告不宜太长，一般不超过10000字。一方面，评估小组成员之间应互相交流，互相检查修改；另一方面，应与被评估机构负责人及时交流写作过程中提出的新问题。此外，评估报告应提交给被评估机构和行业专家听取意见，并根据意见反馈修改评估报告。

在确定评估报告终稿后，须在规定的截止时间前正式将评估报告提交给被评估机构。待最终完成评估报告后，可根据具体情况决定对外发布评估报告。需要说明的是，有关评估报告是否对外发布、发布形式等细节，评估双方应在签订的评估协议中予以明确。

（八）评估档案整理

评估工作全部结束后，评估小组应当做好评估信息、评估工作底稿、评估结果、评估审核会议纪要、评估结果反馈会谈纪要及评估报告等文件、材料的归档工作。

二、评估方法

国内外小额信贷评级机构在长期的工作实践中形成了问卷调查、座谈交流、个别访谈及资料收集分析等多种评估方法，现将这些评估方法简要梳理如下：

（一）问卷调查

问卷调查是指通过制定详细周密的问卷，要求被调查者据此进行回答以收集资料的方法。所谓问卷，是一组与研究目标有关的问题，或者说是一份为进行调查而编制的问题表格，又称调查表，是社会调查研究活动收集资料的一种常用工具，其最大的优点是可以用尽量少的人力、财力、物力，通过对样本的调查以及对所获得的资料和信息的量化处理与统计分析，对所研究问题进行验证并作出科学、合理的解释与说明。在问卷调查的过程中，为了确保获取高质量的数据信息，需要注意以下三点：

一是问卷设计要科学合理，问题的排列应遵循一定的内在逻辑顺序。问卷设计应有说明性开头语，明确问卷调查的目的、填写问卷的注意事项、提交问卷的方式和时间、问卷填写联系人等；问卷中的问题表述应准确，概念要清晰，备选答案应尽可能完备，若涉及计算必要时应给出具体的计算公式；问题的排列应遵循一定的逻辑，符合所研究问题的内在逻辑顺序。

二是在问卷设计完成后，应试发调查问卷进行测试。在这个过程中应考虑问卷填写人的直观感受反馈，包括问卷问题的难易程度、填写时间、能否反映出调查问题、对问卷的整体感受等。通过问卷的完成情况判定哪些问题是有必要留在问卷中的，哪些是需要删除的，哪些是需要更改的；问卷能否反映出质量状况，通过预先设定问题的回答，能否反映该机构的可持续发展情况；等等。

三是在问卷回收后应对问卷的数据进行整理和分析。在这个过程中，要检查数据，若发现明显的数据错误应与被评估机构进行沟通交流，及时纠正；要采用合适的统计分析方法，对所得到的调查问卷进行整理统计；将调查问卷数据与同行业其他机构进行横向对比，发现该机构在行业所处水平。

问卷调查主要包括三个过程：

一是发放调查问卷。在调查问卷发放前，需要明确以下内容：要求被评估机构指定一名问卷填写负责人；问卷发放的安全渠道，例如，保密邮箱、保密信函等；问卷回收的具体时间。调查问卷发放后，评估小组应向问卷填写负责人讲解填写要求，尤其是一些重要指标的含义和统计口径。

二是回收调查问卷。评估小组应在调查问卷回收截止时间之前及时提醒被评估机构，并再次明确问卷回收渠道，确保问卷安全收回。需要注意的是，回收调查问卷后应及时检查问卷填写的完整性和正确性，并及时就遗漏或错误与被评估机构进行沟通。

三是分析调查问卷。回收调查问卷后，评估小组应基于问卷数据计算相应评估指标的得分，并根据打分标准对被评估机构的可持续发展水平进行初步测算。在此基础上，评估小组应及时召开内部会议，对被评估机构的得分进行分析，并据此拟定实地评估核查清单。

（二）座谈交流

座谈交流通常以口头形式进行，同时要有书面记录。座谈交流要根据被询问群体的答复搜集客观的、不带偏见的事实材料。但是，评估小组不应该只是消极地记录座谈对象对各种话题的反映，而是应当通过积极的引导来获取更加全面、真实的信息。根据小额信贷机构可持续发展评估的目标，需要与被评估机构的高管、职能部门以及分支机构负责人、员工等对象进行座谈。通过对被评估对象前期的观察和对调查问卷、相关资料的综合分析，确定座谈会的具体需求，尤其是座谈会需要讨论的话题和参与座谈会的对象。在座谈中，通过对这些话题的深度交流和重要信息的甄别，推进整个评估工作，进而对问卷信息进行补充并实现交叉检验。

此外，从实现评估目标来看，座谈时需注意如下四个问题：一是座谈会开始前评估小组应对可持续发展评估的背景、目的、意义及评估的主要内容进行简要介绍；二是座谈会开始前评估小组应对参加座谈的部门、人员进行挑选，确保其充分了解该部门相关工作；三是座谈会开始前评估小组应确定座谈会的主题、关注的重点并制定具体的提问清单；四是座谈过程中应保持友好的态度，及时回应被座谈对象的疑问，形成良性和睦的座谈氛围。

（三）个别访谈

个别访谈是指通过与受访人面对面交谈，来了解受访人的心理和行为的一种研究方法。因研究问题的性质、目的或对象不同，访谈的方法不同。例如，根据受访人的多少，可分为个人访谈和团体访谈。根据评估小额信贷机构可持续发展水平的目标，需要对被评估机构的高管、部门主管、员工（信贷员）、客户等对象逐一进行访谈，从而实现对被评估机构可持续发展重要信息的采集和交叉验证。个别访谈法可以对访谈对象的态度、动机和行为等信息有较深层次的了解，这是问卷调查和座谈交流所无法替代的。

在实际工作中，除了要对工作目标、工作内容和工作职责等基本信息进行访谈，对不同访谈对象的访谈内容有不同的侧重点。对高管进行访谈时应重点关注：工作职责、薪酬结构、聘任方式、文化水平、企业战略规划、负面消息等。对部门主管进行访谈时，不同的部门侧重点又不同，以人事部为例，应重点关注：招聘方式、薪酬水平及结构、离职情况、福利待遇、培训情况等。对员工进行访谈时，应重点关注：员工收入水平、员工变动尤其是离职情况、员工业务量、员工福利水平、员工满意度。对客户进行访谈时，应重点关注：贷款利率、金额、担保等基本信息、客户收入水平及改善情况、客户负债情况、客户消费习惯等。

在进行个人访谈时应注意以下问题：一是访谈人员对于重要问题应注意启发、引导，应尽量避免发表个人主观的观点和看法；二是对每个人的访谈应控制好时间，一般 1~2 小时/次，不要超过 3 小时；三是访谈人员应该事先准备一份完整的问题清单，并留出空白可供填写，重要的问题先问，次要的问题后问，敏感的问题则最好不要一见面就提问，应该让对方有充足的时间从容回答，最后还可请对方对问题表进行补充；四是为避免出现员工夸大工作业务量等问题，可以采用集体面谈或分别与几个员工面谈来解决；五是在面谈的过程中，访谈人员应态度诚恳，用语适当。

（四）资料收集分析

资料分析是指对现有资料进行分析利用以扩展研究深度和广度的一种研究方法，通常应与问卷调查、座谈交流和个别访谈等方法结合使用。在小额信贷机构可持续发展水平评估中，资料分析法主要是指通过查阅资料、收集资料进而统计资料获取信息、做出判断的过程。

获取相关资料的渠道主要有两种：一是与被评估机构联系要求其提供相关资料，如发放调查问卷或索取机构统计资料等；二是利用公开渠道获得与被评估机构相关的信息，如被评估机构网站、公众号、新闻报道、监管部门、行业协会等渠道发表的消息。

对不同的资料，应根据其特点进行不同的分析。例如，对规章制度等文件，一方面应分析该规章制度制定的依据，是根据上级的有关要求制定的，还是属于个性化的管理风格；另一方面应分析该制度的可行性和有效性，可行性强调的是管理能力，能否保证制度的正常实行，有效性是指制度若正常执行，能否实现其职能，体现的是治理效率。

三、评估工作需关注的事项

评估工作是一项专业复杂的系统工程。根据众多小额信贷评级机构的实际工作经验总结，小额信贷评估应对以下五方面问题予以关注：

（一）关注各类被评估机构的差异性

由于中国小额信贷机构种类多样，既包括农村商业银行、农村信用社、村镇银行等银行类金融机构，也包括小额贷款公司等准金融机构，还包括乡村妇女发展协会等非政府组织以及新兴的互联网贷款公司等类型，这些机构在发展模式、运行机制等方面存在较大差异，因此在实施评估时需要高度关注其差异性。例如，银行类金融机构往往对数据非常敏感，实地评估前做好沟通工作，提前签订评估协议，才能确保后续信息采集工作顺利开展。

（二）确保评估信息的真实性

要准确地评估小额信贷机构的可持续发展水平，必须确保评估信息的真实性。通常来说，被评估机构会高度重视评估工作，由此也带来故意地"粉饰"或"包装"问题，这就需要评估小组从制度和实施两个层面消除"噪声"，竭力获取真实的信息。一方面，在签订的评估协议中，明确提出被评估机构必须提供真实信息的责任，并通过保密条款打消其信息泄露的顾虑；另一方面，在实地评估中，要尽可能地通过座谈、访谈、走访、查看文件和纪要等形式对相关信息进行多方核实、交叉验证，尤其要对可能存在的负面消息进行反复核实。评估小组应对每项评估内容进行分析、判断、预测和评价，力求做到理由充分、分析深入、判断合理，能准确反映被评估机构的经营管理等各方面状况。

（三）明确评估双方责权利

评估工作是一项牵涉多方利益主体的复杂事务，对评估双方均提出了较高的要求。一方面，评估小组承担着具体实施评估的重要任务，不仅需要通过签订聘任协议来明确评估小组的职责和权利，还要通过明确的任务分工将评估任务和职责权利落到实处；另一方面，被评估机构需要在评估过程中接受"体检"，其对评估重要性、意义的认知和重视程度在很大程度上决定了一次评估的成败。因此，需要通过签订评估协议的形式，明确被评估机构在评估中的权利和义务，尤其是要积极配合评估小组完成必要的评估程序，提供真实的数据资料等。

（四）细化评估方案和流程

评估工作是一项需要细心和耐心的系统工程。因此，评估方案和流程的详细程度就显得尤为重要，正所谓"细节决定成败"。具体而言，需要提前与被评估机构进行沟通，因地制宜制定评估方案，尤其是评估内容的构成，应细化到哪些人参加座谈会、主题是什么、需要走访何种类型的客户等层面；评估流程则应尽可能地遵循前述顺序，任何顺序的改变都可能影响评估质量。

（五）做好评估信息的保密工作

评估是一次"体检"，评估过程中采集的信息和获取的资料都属于被评估机构的"私人信息"，需要通过评估协议中的"保密条款"来确保其机密性，从而最大限度保障被评估机构的权益，有助于被评估机构更加积极地配合完成评估工作。同时，被评估机构也要对评估小组提供的相关调查问卷、行程、人员构成等信息承诺保密责任。至于评估结果是否保密，则取决于评估的目的，应当在评估前予以明确。

四、评级结果的运用

评级结果能否得到广泛的应用与推广，关键在于参加评级工作后的小额信贷机构能否通过评级结果促进其在资本市场吸引更多投资人、在品牌市场收获更大的知名度、在监管政策得到更多的优惠以及在公众信赖方面取得一定的成绩。

为此，提出如下注意事项：①在评级启动前，应在行业内、金融圈中、媒体上进行正向宣传，让相关利益主体了解该项评级工作和评级体系，为后续要求参评提高接受度。②在评级过程中不仅要掌握大量的数据，还要切实有效地将优秀的评级结果与受评方在资本市场中获得更好的投资机会（如通过绿色金融等手段获取低息贷款等"奖励性"的补贴、贴息、费用减免等）成果相连，正向推动的结果使更多企业愿意主动参与小额信贷机构信息披露与评价工作。③在条件允许时，应该公开展示参评小额信贷机构的评级结果及其排名情况（可以考虑梯队排名），以便吸引更多的行业关注；可对排名前10或前20的优秀机构进行公开表彰或给予经济或政策上（与政府合作时）的奖励，作为吸引企业主动申报参加的条件。④发布平台可选择行业类较受关注的媒体，也可以考虑举办发布会。

五、评级的意义

小额信贷机构评级是一项公开透明的"阳光工程"，是一项多方参与的"系统工程"，也是一项需持之以恒的"希望工程"。在国家政策指引下，在各级政府及行业协会的持续探索和积极推动下，小额信贷机构评级工作对推进中国小额信贷行业评级体系建设具有重要的实践价值和理论启示。

（一）小额信贷机构评级是一项公开透明的"阳光工程"

评级是对小额信贷机构未来绩效的判断以及影响绩效的风险识别。评级的目标就是建立与投资人合作的沟通渠道。通过评级，能够了解小额信贷机构的优劣势，为投资人提供透明化信息，提升企业自我评估能力，将被评级机构与最佳实践小额信贷机构进行比较，从而吸引机构投资人。近年来，各省份在有关部门的指导下，为了加强小额信贷行业的透明度和可持续性，不断鼓励和完善评级体系。同时一些融资机构和第三方评级的机构，也在探讨不断地优化和本土化，他们对小额信贷机构评级流程和标准做出了不少努力。由于评级的方法多样性，根据评级目的的不同，评级的方法也有所不同，包括监管评级、融资评级和社会绩效评级。同时，我们必须充分发挥第三方的数据平台作用，把相关的数据，包括评级报告、审计报告公开化，给监管者和投资人提供方便。发展评级可以极大地推动中国小额信贷机构的公开透明化。

（二）小额信贷机构评级是一项处于基础性地位的"系统工程"

评级是小额信贷机构非现场监管的重要内容，是一项处于核心环节和基础性地位的"系统工程"。一是需要增强规范性和客观性。完善小额信贷机构监管评级程序，明确操作要求，增强小额信贷机构监管评级工作的严肃性、规范性。利用监管评级信息系统开展评级工作，加强评级流程的跟踪和管理，提升监管评级效率和准确性。二是完善评级内容和方法，提高灵活度和适应性。坚持"风险为本"的原则，优化监管评级要素体系，在传统骆驼评级体系基础上，突出公司治理、数据治理等的重要性，并专设机构差异化要素，充分反映监管重点和不同类型小额信贷机构的风险特征。建立评级结果级别限制和动态调整机制，确保对小额信贷机构风险具有重要影响的突发事件和不利因素得到及时、合理反映。三是加强评级结果的运用，切实提升监管效能。强调监管评级结果是综合衡量被评级机构的经营状况、风险程度和管理能力的主要依据，监管机构应当根据评级结果，科学制定监管规划，合理配置监管资源。明确监管机构可以根据监管评级结果，依法采取相应监管措施和行动，注重"早期介入"，努力实现风险早发现、早介入、早处置，防止风险苗头和隐患演变为严重问题。

（三）小额信贷机构评级是一项需持之以恒的"希望工程"

评级是一项符合其发展管理需要的政策手段，也是一项需持之以恒的"希望工程"。通过对小额信贷机构的评级，不仅有利于小额信贷机构对自身管理的提升，也便于资本市场和监管当局对小额信贷机构运营状况的全面了解。从小额信贷行业可持续健康发展的角度来看，保持监管评级办法的开放性和与其他政策的协同性十分重要。随着小额信贷业务实践的发展，小额信贷风险特征也在不断发生变化，不同评级要素的关联性也会出现变动，一些前期没有涵盖的要素可能会对小额信贷行业产生重要影响。在这种情况下，需要根据小额信贷行业的新变化对评级要素及权重进行及时调整，不断提高监管评级的准确性，更好地发挥监管评级对小额信贷机构的导向作用。

（四）小额信贷评级体系建设要从中国国情出发

小额信贷评级体系建设在借鉴国际小额信贷经验的同时，要重点从中国国情出发，把商业性的小额信贷与非商业性的小额信贷区别对待，这样才能有效地解决中国小额信贷的实际问题。评级的一个关键内涵是有参考标准，有标准才能得出结论。样本的选择一定要有代表性，客观地讲，随着中国小额信贷事业的蓬勃发展，中国的小额信贷从业机构呈现出多样性，小额信贷评级体系必须反映这一客观事实，将城商行、农村商业银行、农信社、村镇银行、小额贷款公司等从业机构一并加以考虑和研究。也只有这样，中国的小额信贷评级体系才能反映中国的现实状况。

　　此外，小额信贷评级体系离不开社会绩效，但中国小额信贷评级体系的社会绩效指标应重点考察小额信贷从业机构是否真正解决了其目标客户——小企业法人、小企业主个人、微型企业主、农户、其他自然人的实际需求。小额信贷的评级应与中国各类商业性小额信贷的业务实践相结合，不能生搬硬套国际上的做法。另外，随着中国的崛起，中国的小额信贷日益成为全球小额信贷的重要组成部分，中国的经验对于其他国家，特别是周边发展中国家都具有非常重要的指导和借鉴意义，中国小额信贷评级体系建设也必将成为中国对世界小额信贷所做出的积极贡献，而不是将世界经验简单地应用到中国。

第八章　小额信贷机构的融资渠道

为小额信贷机构提供资金的机构，也是构成普惠金融体系中观层面的重要机构之一，因此，小额信贷机构的融资渠道，也被纳入基础设施篇来讨论。

融资是一个企业的资金筹集的行为与过程，即资金的融入。从理论来讲，融资也就是公司根据自身的生产经营状况、资金拥有的状况，以及公司未来经营发展的需要，通过科学的预测和决策，采用某种方式，从不同渠道向公司的投资者或债权人筹集资金，组织资金的供应，以保证公司正常生产和经营管理活动需要的行为。十多年来，从事小额信贷业务的机构特别是公益性小额信贷机构、小额贷款公司、村镇银行在坚持"支农支小"的普惠金融战略，支撑城乡经济协调发展，为"三农"和小微企业、个体工商户提供多层次、多元化的小额信贷服务的同时，自身一直受到融资问题的困扰。而鉴于公益性小额信贷机构当前条件下在法律主体身份上存在的缺陷，无法通过商业渠道解决其融资问题，本章着重探讨小额贷款公司、村镇银行在国家政策指导下，在地方监管部门和行业协会的积极探索推动下形成的主要融资渠道。

第一节　小额信贷机构融资问题

新时期在中国有代表性的商业性小额信贷机构主要有两类，一类是小额贷款公司，另一类是村镇银行。从发展历史来看，小额贷款公司和村镇银行都是在 21 世纪初，随着市场中日益增加的中小企业、微型企业、农户、自营业者的金融需求，在国家政策指引下而产生的小额信贷领域一对"孪生兄弟"。然而，作为同一时期产生的小额信贷机构，由于受体制、政策、市场等综合因素的影响，两者的生存环境、政策支持力度、发展路径及面临的挑战却大有不同，在融资政策、融资管理及融资渠道等方面存在很大的差异性。

一、小额贷款公司融资问题

2008 年 5 月，原中国银监会、中国人民银行联合下发《关于小额贷款公司试点的指导意见》，明确提出小额贷款公司是由自然人、企业法人与其他社会组织投资设立，不吸收公众存款，经营小额贷款业务的有限责任公司或股份有限公司。"只贷不存"的制度设计，一方面会导致小额贷款公司在融资需求旺盛而已贷资金短期内没有收回的情况下面临后续资金短缺问题，影响小额贷款公司的可持续发展；另一方面为小额贷款公司在拓宽融资渠道方面提供了更大的空间，也为小额贷款公司多元化的融资创造了条件。

2014 年 5 月，原中国银监会会同中国人民银行起草《小额贷款公司管理办法（征求意见稿）》，扩大了小额贷款公司的经营范围，对小额贷款公司从银行融资的杠杆率未提出限制。

由于 2008 年出台的《关于小额贷款公司试点的指导意见》一直未能纳入专门性法规行政许可系列，而行业期待的《小额贷款公司管理办法》

又迟迟未能出台，这使小额贷款公司行业发展处于两难境地。在政策突破期待时期如何认识和看待国家正在进行的有关政策调整？这不仅是整个小额贷款公司行业发展面临的焦点问题，也是政策突破期待时期小额贷款公司行业协会需认真研究的重大课题。

2020年9月，为进一步加强监督管理、规范经营行为、防范化解风险，促进小额贷款公司行业规范健康发展，银保监会办公厅印发了《关于加强小额贷款公司监督管理的通知》（以下简称《通知》）。

《通知》明确规定，小额贷款公司通过银行借款、股东借款等非标准化融资形式融入资金的余额不得超过其净资产的1倍；通过发行债券、资产证券化产品等标准化债权类资产形式融入资金的余额不得超过其净资产的4倍。地方金融监管部门根据监管需要，可以下调前述对外融资余额与净资产比例的最高限额。其中，小额贷款公司可通过发债融资，在全国层面属于创新突破。

《通知》明确规定，小额贷款公司不得有下列行为：吸收或者变相吸收公众存款；通过互联网平台或者地方各类交易场所销售、转让本公司除不良信贷资产以外的其他信贷资产；发行或者代理销售理财、信托计划等资产管理产品；法律法规、银保监会和地方金融监管部门禁止的其他行为。

《通知》与原中国银监会印发的《关于小额贷款公司试点的指导意见》相比，对市场影响最大也最令小额贷款公司行业关注的，是放宽了小额贷款公司的融资杠杆。2008年5月，原中国银监会、中国人民银行联合发布《关于小额贷款公司试点的指导意见》，规定小额贷款公司可以从银行业金融机构获得融入资金的余额不得超过资本净额的50%。而《通知》对小额贷款公司融资杠杆比例的规定则为，通过银行的融资杠杆比例从0.5倍放宽到1倍，通过资产证券化等标准化融资手段的杠杆比例为其净资产的4倍。

从近两年的实施情况来看，《通知》有关融资杠杆放宽的政策出台，对小额贷款公司行业发展产生以下几方面的积极影响：首先，可以增强小额贷款公司服务实体经济的能力。此次《通知》在强调拓宽服务对象的同时，辅之以融资杠杆的放宽，可以让小额贷款公司在向银行借款的同时，还能通过发债、资产证券化等方式进行融资，从而极大增强了小额贷款公司的放贷能力和服务实体经济的能力。其次，可以降低小额贷款公司融资成本。小额贷款公司在银行面前没有议价能力。如果小额贷款公司不从银行贷款，股东借款成本也不低，都在10%左右。显然，《通知》让小额贷款公司发债、通过资产证券化融资，可以有效降低小额贷款公司的融资成本，从而以更优惠的资金价格支持小微经济主体。最后，可以让优质小额贷款公司做大做强。《通知》放宽融资杠杆并非惠及所有小额贷款公司。只有那些正规合法、服务实体经济能力强、成效显著且各项监管指标优良的小额贷款公司，才能获得更便利、更大杠杆率的融资支持，做大做强的步伐才会迈得更快。

二、村镇银行融资问题

2014年12月，原中国银监会下发《关于进一步促进村镇银行健康发展的指导意见》，就促进村镇银行发展有关融资、业务拓展及获取财政税收优惠事项提出了专门意见。在村镇银行的业务经营中，能够形成其资金来源的业务即负债业务从广义上讲包括资本、存款、非存款性负债。从这三类负债业务来看，村镇银行均存在资金来源不充足的问题，在发展初期尤为突出。

村镇银行出现十多年来，在运行过程中面临的最突出问题就是资金来源不足，这已成为影响村镇银行可持续发展的瓶颈。针对这一突出问题，需要村镇银行苦练内功，争取更多的客户资源；同时也需要地方政府、监管机构等营造良好的外部环境，给予政策支持。只有内外兼修，才能不断扩大村镇银行的资金来源，促进村镇银行的可持续发展和新型农村金融改革的稳步推进。

第二节　小额信贷机构的主要融资渠道

融资渠道，通常是指企业获得资金的来源和途径。本节着重就小额贷款公司和村镇银行的现有主要融资渠道及这两类机构引进外资和从境外融资的问题，结合国家及地方政府现行政策和行业发展实际探索进行一些讨论研究。

一、小额贷款公司的融资渠道

综合中国小额贷款公司行业探索和实践的总体情况，在国家及地方政府相关政策框架下已形成的融资渠道主要有债权融资、股权融资、信托计划融资和投资基金融资四种方式。

（一）债权融资

债权融资取得的资金形成小额贷款公司的负债，因而在形式上采取的是有借有还的方式。

1. 小额贷款公司向银行借款

从十多年来小额贷款公司行业发展的情况来看，针对小额贷款公司的银行贷款主要分为政策性银行贷款和商业银行贷款。

大的政策性银行及商业银行作为批发商，把一部分资金批发给有能力掌握客户情况、了解客户的小额贷款公司，由小额贷款公司作为零售商，这是一个很好的合作模式。

小额贷款公司可与商业银行加强业务合作，在双方自愿的基础上签订合作协议，小额贷款公司将其账户及其贷款客户的账户都开在与之合作的商业银行，并且接受政策性银行及商业银行的监督。作为交换，小额贷款公司可以从政策性银行及商业银行获得融资，从而达到双赢的目标。

2. 小额贷款公司发行债券

2013 年 7 月，温州市瑞安华峰小额贷款公司成功发行了全国第一单小额贷款公司私募债，即"小贷债"，也是小额贷款公司发行定向债。瑞安华峰"小贷债"年化资金成本率 8.5%，期限为三年，债券发行总额为 2 亿元。瑞安华峰"小贷债"的成功发行，是拓宽小额贷款公司融资渠道的创新举措，为小额贷款公司市场化融资开启一扇新的大门，对全国小额贷款公司行业开展筹资手段多元化探索起到示范作用。

对于小额贷款公司发行定向债，根据《浙江股权交易中心小额贷款公司定向债业务规则（试行）》规定，只要满足五个条件的小额贷款公司，即可在浙江股权交易中心备案"小贷债"。这五个条件包括：发行人是在浙江省内注册的小额贷款公司，成立时间满 24 个月以上；发行人在浙江省金融办的年度考核评级中连续 2 年保持在 A（含）以上，上一年度的信用等级符合一定的信用评级标准；发行人对还本付息的资金安排有明确方案；发行人发行"小贷债"的规模，不得超过发行人资本净额扣减银行融资、法人股东借款、同业拆借后的额度，即通过前述四种融资方式的总额度不得超过发行人资本净额的 100%；发行人经营情况良好，无重大违法违规行为，无重大风险事项。

在投资者适当性管理方面，《浙江股权交易中心小额贷款公司定向债业务规则（试行）》要求注册资本不低于 1000 万元的企业法人和个人名下的金融资产总额不低于 200 万元的自然人才可参与"小贷债"认购和交易，通过承销商购买即可。

在温州市金融综合改革试验区的示范作用下，重庆、湖北、上海等省份陆续开展了小额贷款公司发行私募债券的探索实践。

无论是浙江省温州市金融综合改革试验，还是后续重庆、湖北、上海等省份陆续开展小额贷款公司发行私募债券的探索实践，都充分说明发行私募债有助于拓宽小额贷款公司融资渠道，解决放贷资金不足问题，从而进一步缓解小微、"三农"企业融资难。同时，私募债的发行要求小额贷款公司在一定范围内做好信息披露，将促使其进一步提升管理水平，有效控制风险。

（二）股权融资

小额贷款公司在股权融资过程中主要采用增资扩股、私募股权这两种方式。

1. 增资扩股

增资扩股按扩充股权的价格与股权原有账面价格的关系划分，可以分为溢价扩股、平价扩股。增资扩股按资金来源形式划分，可分为内源融资与外源融资。当然，小额贷款公司在采用增资扩股融资时，一定要注意相关的法律法规规定，确保操作程序和有关依据合乎法律规定。

小额贷款公司进行增资扩股，一般应遵循如下程序：

（1）确定筹资数量。在吸收投资之前，必须确定所需资金的数量，以利于正确筹集所需资金。

（2）寻找投资机构。在吸引新投资者之前，小额贷款公司应仔细考察新投资者是否在以下几个方面与自身保持一致：发展战略及长期发展目标；小额贷款公司股权稀释以及管理权的分散；小额贷款公司的盈利模式及利润分配模式等。

（3）协商投资事项，报地方政府有关部门审批。寻找到投资单位后，双方便可进行具体的协商，以便合理确定投资的数量和出资模式。小额贷款公司选择出资模式的策略，主要目的是保持其合理的出资结构与资产结构。

（4）进一步协商，签署投资协议。一般来说，应聘请有关资产评估的机构来评定。当出资额、资产作价确定后，便可签署投资协议或合同，以明确双方的权利和责任，为分配报酬做准备。

（5）利益共享，风险共担。在吸收投资取得资产后，出资各方有权对小额贷款公司进行经营管理，这就要求各方共同经营、共享利润、共担风险。增资扩股融资，引入新的投资者，必须明确投资过程中的新的产权关系。

2. 私募股权

私募股权是指公司通过向合格投资者非公开发行股权，直接获得资金以支持业务扩展的方式。私募股权需经过董事会审批，股东会多数表决通过。关于价格和条件，《公司法》未作详细规定，但投资各方应以公平、公开的方式定价。

私募股权投资后，公司应及时办理相应的变更登记，确保股东结构和注册资本的合法性。法律要求在投资完后的 10 日内进行增资登记，如因特殊情况暂无法登记，则应在 3 个月内完成；若逾期未完成，公司应重新验资，并进行工商登记备案，以确保相关信息的合法性与透明度。

（三）信托计划融资

信托计划融资是指委托人将自己合法拥有的资金委托给信托公司，由信托公司以自己的名义按照委托人和受托人双方的约定，实施信托计划的一种投融资模式。

一般来说，利用信托融资的项目应符合如下标准：①经济效益原则。所选项目应属市场潜力大，成长性好，有稳定的收益或今后可能有巨大收益的项目。②政策扶持原则。所选项目应该是国家、省、市政府的重点工程，有优惠政策扶持或有政府补贴的项目。③保险系数原则。所选项目应是现金流较大，资金周转较快，还本付息保险系数高的项目。④风险可控原则。所选项目应是风险可以量化、分析，并可以通过防范措施将风险控制在最低或可接受范围内的项目。⑤抵押担保原则。所选项目应是能够找到担保，或者有抵押物的项目。

2010 年 8 月，中信信托和东北中小企业信用再担保公司合作推出的"中信·草原惠农基金集合资金信托计划"。该计划通过集合城市资金，为内蒙古自治区农牧区提供金融支持，通过有效配置金融资源，引导资金流向农村和欠发达地区，以信托模式实现"城市反哺农村"，以解决广大农牧民、个体工商户、中小企业贷款难问题。到 2011 年末已成功发行三期，募集资金总额为 2.95 亿元。经多方考察筛选后，巴彦淖尔市德鑫融、包头市盛丰、呼和浩特市威尔浪等 10 家小额贷款公司获得了增资。

（四）投资基金融资

投资基金是指通过信托、契约或公司的形式发行基金证券将众多的、不确定的社会闲置资金募集起来，形成一定规模的信托资产，交由专门机构的专业人员按照资产组合原理进行分散投资，获得收益后由投资者按出资比例分享的一种投资工具。主要运作模式涉及内容如下：

1. 合资设立投资基金管理有限责任公司

由中国本土小额信贷领军实体与国际小额信贷业界领军机构合资设立投资基金管理有限责任公司。采取一对一的合资方式，共同在某区域以私募方式募集一定数额的投资基金。注册资本按募集资金总额的1%测算，双方各出资额相等。

投资基金管理有限责任公司要设立基金管理委员会负责募集基金的管理和投资决策。

2. 基金运作方式和主要条款设计

基金投资者（中国境内的合伙人）主要包括：基金会、机构投资者、金融机构和超高净值个人。小额贷款公司作为合伙人向基金投资，将拥有从基金融资的优先权。

按中国现行的法律法规规定，国有独资公司、国有企业、上市公司以及公益性的事业单位、社会团体不得成为普通合伙人。

二、村镇银行的融资渠道

村镇银行作为小型商业银行，充足的资金来源是其开展业务的前提和基础。村镇银行的初始资金主要来源于三部分：发起行资金注入、社会资本参与以及政府财政存款支持。此外，村镇银行还可以从央行处申请获得低成本的涉农和小微企业再贷款。村镇银行的融资渠道可以分为内源融资和外源融资。内源融资主要包括发行股票，留存收益转化投资、增资扩股等；外源融资主要包括吸收存款、同业拆借、发行债券等。显然，在现行国家政策框架下，村镇银行的资金来源及融资渠道要比小额贷款公司更宽泛一些。

（一）村镇银行的初始资金主要来源

如上所述，在中国村镇银行的初始资金主要来源于三部分。一是主发起银行的资本金注入，二是社会资本参与，三是政府财政性存款支持。

"发起人制度"是原中国银监会对发展村镇银行的制度创新之处。2007 年 1 月，原中国银监会出台《村镇银行管理暂行规定》，明确规定组建村镇银行必须有一家符合监管条件、管理规范、经营效益好的商业银行作为主要发起银行，并且单一金融机构的股东持股比例不得低于 20%。2014 年 5 月，为了鼓励民间资本投资村镇银行，原中国银监会出台《关于鼓励和引导民间资本进入银行业的实施意见》，将主发起行的最低持股比例降至 15%，进一步促进了村镇银行多元化的产权结构。

社会资本参与是村镇银行初始资金的重要来源，根据《村镇银行管理暂行规定》，单个自然人股东及关联方持股比例不得超过村镇银行股本总额的 10%，单一非银行金融机构或单一非金融机构企业法人及其关联方持股比例不得超过村镇银行股本总额的 10%。

2014 年 12 月，原中国银监会出台《关于进一步促进村镇银行健康发展的指导意见》，鼓励主发起行持有相对较低的股权比例，稳步提高民间资本持股比例。支持开业 3 年以上、主要监管指标良好、经营发展稳健的村镇银行通过转让股权和新引进民间资本等方式，调整主发起行和其他股东的持股比例，主发起行以外的股份原则上由民间资本出资认购。

政府财政性存款是村镇银行创立阶段初始资金的有力支持。从现实情况来看，在村镇银行创立阶段政府财政性存款确实是初始资金的有力支持，但这部分资金来源往往数量有限，而且也是极不稳定的。

（二）央行支农和支小再贷款

再贷款是指中央银行为实现货币政策目标而对金融机构发放的贷款。中国人民银行支农和支小再贷款是村镇银行重要而稳定的资金来源渠道。

1. 支农再贷款

支农再贷款是中国人民银行在农村金融改革过程中促进改善农村金融服务、支持农村信用社扩大涉农信贷投放的一项重要政策措施。为支持扩大涉农信贷投放，引导增加农户贷款，促进改善农村金融服务，经国务院批准，中国人民银行于 1999 年开始办理支农再贷款业务。

2020 年 9 月，中国人民银行下发《支农再贷款管理办法》（以下简称《办法》）。《办法》所称支农再贷款，是指中国人民银行为引导地方法人金融机构扩大涉农信贷投放，降低"三农"融资成本，对其发放的信贷政策支持再贷款。《办法》明确，支农再贷款的发放对象包括农村信用社、农村合作银行、农村商业银行和村镇银行。

2. 支小再贷款

支小再贷款是中国人民银行专门用于支持金融机构扩大小微企业信贷投放的一项重要政策措施。2014 年 3 月，中国人民银行下发《关于开办支小再贷款支持扩大小微企业信贷投放的通知》（以下简称《通知》），正式在信贷政策支持再贷款类别下创设支小再贷款，专门用于支持金融机构扩大小微企业信贷投放。《通知》明确，支小再贷款发放对象是小型城市商业银行、农村商业银行、农村合作银行和村镇银行四类地方性法人金融机构。为体现对金融机构发放小微企业贷款给予利率优惠，支小再贷款利率在中国人民银行公布的贷款基准利率基础上减点确定。

（三）留存收益转化投资和增资扩股

村镇银行留存收益转化投资和增资扩股是两项内源性融资渠道。

留存收益转化投资是指村镇银行将留存收益转化为投资的过程，将村镇银行经营所实现的净收益留在企业，而不作为股利分配给股东，其实质为原股东对企业追加投资。村镇银行留存收益转化投资主要有盈余公积和未分配利润两部分内容。盈余公积是指有指定用途的留存净利润。未分配利润是指没有分给公司的股东也未限定用途的留存净利润。

当然，留存收益转化投资，村镇银行必须经过一定时期的积累才可能拥有一定数量，难以在短期内获得业务发展所需资金。同时，如果留存收益过高，现金股利过少，可能影响村镇银行的形象，并给今后进一步的筹资增加困难。利用留存收益筹资须要考虑公司的股利政策，不能随意变动。

村镇银行增资扩股也称增加资本，是指村镇银行为扩大经营规模，拓展业务，提高村镇银行的资信程度，依法增加注册资本金的行为。村镇银行增资扩股主要是通过向社会募集股份、发行股票、新股东投资入股或原股东增加投资扩大股权等方式进行。村镇银行增资扩股增加的部分由新股东认购或新股东与老股东共同认购。

（四）吸收存款

吸收存款是村镇银行吸收的除同业存放款项以外的其他各种存款，即收到的除金融机构以外的企业或者个人、组织的存款，包括单位（企业、事业单位、机关、社会团体等）存款、个人存款、信用卡存款、转贷款资金和财政性存款等。吸收存款作为提供资金融通的最主要也是最传统的渠道，是村镇银行经营业务的开端。村镇银行面向客户主要来自农村地区，存款具有金额小、时间短的特点，因此其吸储能力往往是有限的。

（五）同业拆借或者发行同业存单

同业拆借，又称同业拆放市场，是金融机构之间进行短期、临时性头寸调剂的市场，具体是指具有法人资格的金融机构及经法人授权的金融分支机构之间进行短期资金融通的行为，目的在于调剂头寸和临时性资金余缺。同业拆借是临时调剂性借贷行为。

同业存单是存款类金融机构在全国银行间市场上发行的记账式定期存款凭证，其投资和交易主体为全国银行间同业拆借市场成员、基金管理公司及基金类产品。按现行政策规定，村镇银行可以进入银行间同业拆借市场，与其他金融机构进行短期资金融通，调剂头寸和临时性资金余缺。同时，村镇银行也可以在全国银行间同业拆借中心发行同业存单。

2016年10月，浙江新昌浦发村镇银行在全国银行间同业拆借中心成功发行1亿元的同业存单，这也是全国村镇银行业内首单同业存单。全国村镇银行首单同业存单花落浦发村镇银行，得益于浦发银行的集团协同优势的发挥。浙江新昌浦发村镇银行同业存单的成功发行，不仅为村镇银行拓宽了资金来源，进一步增强金融支持"三农"发展的能力，还体现了切实践行普惠金融的社会责任，也为村镇银行做出了积极示范作用。

三、小额贷款公司和村镇银行的境外融资

按照国家现行涉外政策规定，小额贷款公司和村镇银行作为有一定代表性的小额信贷机构都可以通过引进外资和从境外融资来扩大其融资渠道。

（一）小额贷款公司引进外商直接投资

小额贷款公司获得外商直接投资的方式主要有三种选择。

1. 外商独资

外商独资是指全部资本由外国投资者投资组建小额贷款公司。这一模式主要有两种类型：一种是多家外商出资，如南充美兴小额贷款公司是中国首家外资小额贷款公司，由世界银行国际金融公司（IFC）、法国美兴集团（Microcred S. A）、德国复兴银行（KfW）、比利时安盛集团（AXA Belgium）、环球发展基金（DWM）于 2007 年 12 月共同投资建立。另一种是一家外商出资，如美国安信永国际经商务部门、自治区金融办、工商部门和外汇管理部门审批核准，于 2009 年 9 月在内蒙古自治区赤峰市元宝山区独家投资组建了赤峰市元宝山区安信永小额信贷有限公司。

2. 外资并购

外资并购是指外国投资者从中国投资者收购小额贷款公司的股权。这一模式主要有两种类型：一种是并购后，外方拥有小额贷款公司 20%～50%表决权资本，并且对小额贷款公司具有重大影响；另一种是并购后，中方仍然拥有小额贷款公司 20%～50%表决权资本，并且对小额贷款公司具有重大影响。按照中国现行资本项目外汇管理政策法规规定：境内中资企业转让企业股权或产权，使得境外法人或自然人占有企业股份达 25%以上，并依法经中华人民共和国有关部门（工商部门、商务部门、外汇局）批准后成立的企业即为外商投资企业，可享受相关优惠政策。

3. 中外合资

中外合资是指由外国投资者和中国投资者同比例合资成立小额贷款公司。

上述三种引进外商直接投资运作方式，目前在中国尚无明显政策障碍。但是需特别强调的是，无论是外资并购还是中外合资，根据中国现行的法规规定，都不允许对外国投资者实行固定回报。

（二）村镇银行引进外商直接投资

2007年1月，原中国银监会出台《村镇银行管理暂行规定》，其中明确规定：境外金融机构投资入股村镇银行，应符合以下条件：最近1年末总资产原则上不少于10亿美元；财务稳健，资信良好，最近2个会计年度连续盈利；银行业金融机构资本充足率应达到其注册地银行业资本充足率平均水平且不低于8%，非银行金融机构资本总额不低于加权风险资产总额的10%；入股资金来源真实合法；公司治理良好，内部控制健全有效；注册地国家（地区）金融机构监督管理制度完善；该项投资符合注册地国家（地区）法律、法规的规定以及监管要求；注册地国家（地区）经济状况良好；中国银行业监督管理委员会规定的其他审慎性条件。

通过引进外资建立村镇银行，新加坡淡马锡与中国银行合资建立村镇银行就是成功的案例。如前所述，世界排名前十的主权基金新加坡淡马锡通过其控股旗下富登金融控股与中国银行合资建立村镇银行。2009年6月，淡马锡向中国银行提出村镇银行合作意向，双方都认为，广大县域正成为中国经济的重要增长点，通过发挥各自的优势，能够探索一条具有中国特色的微型金融发展之路。2010年1月，新加坡淡马锡旗下全资子公司富登金融控股私人有限公司与中国银行对接，双方决定联合成立全国性的"中银富登村镇银行"，借助中国银行的品牌和资源优势，结合富登金控的微型金融经验，规模化地推进村镇银行项目。2011年3月，第一家中银富登村镇银行在湖北蕲春正式开业成立。截至2020年5月底，淡马锡共设立法人机构125家、乡镇支行网点172家、行政村助农服务站278家，形成了覆盖全国22个省（市）县域农村的金融服务网络，建成全国最大的村镇银行集团。

（三）境外融资（借款）路径选择及其外汇管理

2017年1月，中国人民银行印发《中国人民银行关于全口径跨境融资宏观审慎管理有关事宜的通知》（以下简称《通知》），为进一步扩大企业和金融机构跨境融资空间，便利境内机构充分利用境外低成本资金，降低实体经济融资成本提供了政策依据。《通知》关于境外融资（借款）的相关内容主要有以下六个方面：

第一，《通知》适用的金融机构指经中国人民银行、中国银行业保险业监督管理委员会、中国证券监督管理委员会批准设立的各类法人金融机构，包括村镇银行。

第二，《通知》所称跨境融资，是指境内机构从非居民融入本币、外币资金的行为。在建立宏观审慎规则下基于微观主体资本或净资产的跨境融资约束机制，金融机构（包括村镇银行）均可按规定自主开展本外币跨境融资。

第三，金融机构（包括村镇银行）办理跨境融资业务，应在本机构跨境融资风险加权余额处于上限以内的情况下进行。如跨境融资风险加权余额低于上限额，则金融机构（包括村镇银行）可自行与境外机构签订融资合同。

第四，金融机构（包括村镇银行）应在跨境融资合同签约后执行前，向中国人民银行、国家外汇管理局报送资本金额、跨境融资合同信息，并在提款后按规定报送本外币跨境收入信息，支付利息和偿还本金后报送本外币跨境支出信息。

第五，金融机构（包括村镇银行）首次办理跨境融资业务前，应按照本通知的跨境融资杠杆率和宏观审慎调节参数，以及本机构最近一期经审计的资本数据，计算本机构跨境融资风险加权余额和跨境融资风险加权余额上限，并将计算的详细过程情况报送中国人民银行、国家外汇管理局。

第六，金融机构（包括村镇银行）开展跨境融资业务前，应根据本通知要求，结合自身情况制定本外币跨境融资业务的操作规程和内控制度，报中国人民银行、国家外汇管理局备案后实施。

第三节　小额信贷机构的资产证券化

所谓信贷资产证券化，就是银行把信贷资产打包，通过在资本市场上发行证券的方式予以出售，以获取现金。通过信贷资产证券化，银行可以腾挪出更多资金用于发展更多业务。资产证券化的核心是将流动性差的资产转化为流动性资产，同时对信用风险重新划分，并实现发起机构的风险缓释。小额信贷机构通过信贷资产证券化，有利于盘活存量信贷，释放信贷空间，提高资金使用效率，降低融资成本，打开信贷投放空间，丰富融资渠道，增加中间业务收入，缓解资本压力，分散信用风险。

一、信贷资产证券化

从国内外金融市场发展实践看，信贷资产证券化是金融市场发展到一定阶段的必然产品。按照中国《信贷资产证券化试点管理办法》，信贷资产证券化是指，银行业金融机构作为发起机构，将信贷资产信托给受托机构，由受托机构以资产支持证券的形式向投资机构发行受益证券，以该财产所产生的现金支付资产支持证券收益的结构性融资活动。通俗地讲，就是卖贷款（银行将自己的贷款资产打包，形成一个债券产品卖给投资者）。通过此举，银行可以先行回笼资金，投资者可以分享到银行贷款的收益。

信贷资产证券化主要参与机构包括发起人、特殊目的机构（SPV）、信用评级机构、信用增级机构、证券公司、托管人、投资者等。中国信贷资产证券化市场中，发起机构通常作为贷款服务机构，类型包括开发性银行、政策性银行、国有大型商业银行、股份制商业银行、城市和农村商业银行、资产管理公司和汽车金融公司等。受托机构作为资产支持债券的发行人通常是由取得特定目的受托机构资质的信托公司担任。证券公司则担任资产支持债券的承销商，负责债券的承销事宜。

信贷资产证券化主要可以拆分为打包发行流程和偿付流程，其中的关键环节包括：基础资产、真实出售（出表）、信用增级、合格投资者。一般来说，信贷资产证券化中的基础资产需要具备以下特征：一是信贷资产的现金流在未来必须按契约产生并且是稳定的；二是要能够预见到现金流损失的风险；三是汇集的资产组合应达到经济发行量。

资产证券化是一种介于直接融资和间接融资之间的创新融资模式。直接融资是借款人发行债券给投资者，从而直接获取资金的融资形式。该模式对借款人而言减少了交易环节，直接面向市场，能降低融资成本或在无法获得贷款的情况下获得融资，但是对投资者而言风险较大，对风险的评审和管理主要依赖于借款人本身。间接融资是通过银行作为信用中介的一种融资方式，即投资人存款于银行，银行向借款人发放贷款，在此过程中，银行负责对贷款项目的评审和贷后管理，并承担贷款违约的信用风险。该模式的资金募集成本低，投资者面临的风险小，但银行集中了大量的风险。信贷资产证券化则是银行向借款人发放贷款，再将这部分贷款转化为资产支持证券出售给投资者。在这种模式下，银行不承担贷款的信用风险，而是由投资者承担，银行负责贷款的评审和贷后管理，通过将银行的信贷管理能力和市场的风险承担能力充分结合起来，提高了融资效率。

二、小额贷款公司的资产证券化

如前所述，信贷资产证券化就是集合一系列性质相近的小额信贷公司的信贷资产，打包形成可供出售的证券，在金融市场向投资者出售，从而实现资金的融通。随着中国金融改革的不断深化，小额贷款公司实施资产证券化具有可行的操作路径，在资产证券化背景下可充分发挥小额贷款公司的资信调查和风险担当功能优势，由此可见，资产证券化对于小额贷款公司具有十分重要的意义和作用。

就中国普通的资产证券化的运作程序而言，小额贷款公司首先作为资产证券化的发起人，挑选作为资产支持证券的发行人，将其已发放的贷款以信托方式交给信托公司，由发行人组织具体发行工作，包括挑选承销商、选择担保、证券信誉评级等，然后由承销商向投资者发行资产支持证券，其中剩余级（次级）证券则由发起人持有，因此超额利差归小额贷款公司享有。发行完成后，发行人将所获资金支付给发起人。然后发起人作为服务人向原始借款人收取本息，并由发行人向其支付服务费，收取的本息通过一家托管银行最终支付给资产支持证券的投资者。假如原始借款人出现违约，那么首当其冲担当损失的便是作为剩余级证券持有者的小额贷款公司。假如约定了回购条款，则小额贷款公司还需要回购。

不同机构其资产证券化会有不同的特点。小额贷款公司因为其规模和贷款资产小，贷款资产风险大，实施资产证券化会碰到一些困难，因此需要有一些相应的支持性配套措施。

首先，政府给予适当扶持。因为小额贷款公司的信贷资产风险大、公司信誉有限，因此实施资产证券化时，宜由政府给予适当扶持，例如，信托平台最好有某种政府背景，或者直接由政府投资成立，起码在试行阶段应当如此。

其次，实施多个小额贷款公司的信贷项目资产组合。因为小额贷款公司的信贷资产数量小，因此可以考虑由组合多个小额贷款公司的贷款来实施资产证券化，或在区域范围内而不是在全国范围内实施资产证券化，即建立区域性的资产支持证券市场。这样，在这些资产池之间，还能产生消化风险的功能。

最后，要严格控制资产证券化的运作质量。这是最重要的一条。在做好对小额贷款公司监管的基础上，资产证券化时，剩余级证券可由小额贷款公司自己或其控股股东持有，或者以回购等其他方式实施担保，以保护广大投资者的利益。对其他环节如证券评级环节，也要严格把关。

三、村镇银行的资产证券化

2016年8月，天津金城银行发行国内资本市场第一单民营银行资产证券化产品"金泰一期资产支持专项计划"的成功尝试，为村镇银行解决融资困境打开了一条新的思路。由此看来，村镇银行资产证券化的运作过程是可行的，村镇银行开展资产证券化具有多方面的优势。

（一）村镇银行资产证券化的模式和运作过程

村镇银行资产证券化模式主要是指村镇银行将现有的小额贷款资产打包转换为证券化产品在市场上流通，提高现有资产的流动性，增强融资能力。

因为面向农村地区客户，这部分贷款资产具有金额小、数量少、时间短的特点。村镇银行资产证券化的运作过程主要包括以下六个层面：一是村镇银行作为资产证券化的原始权益人和发起人，将其缺乏流动性的小额信贷资产作为资产证券化的基础资产；二是通过进一步筛选整合形成资产池，打包出售给特殊目的机构 SPV，使得这部分资产与原始权益人的信用情况实现风险隔离；三是采取多种信用增级方式提高信贷资产的信用等级，由专业的信用评级机构进行信用评级；四是评级完成后，安排承销商对外公开或定向销售该资产证券化产品，并在产品到期之前对该部分信贷资产进行有效的资产管理，以达到投资者约定的收益标准；五是投资者通过交易所的平台购买该资产证券化产品，持有至到期或者在做市商的引导下进行交易从而获得收益；六是借款人还本付息至村镇银行，村镇银行再将这部分现金流按照合同归集至交易所平台，购买了资产证券化产品的投资者在到期日获得本息收入。

（二）村镇银行开展资产证券化的优势分析

村镇银行开展资产证券化具有以下四方面的优势：

1. 政策优势

2015 年 3 月，原中国银监会发布《关于做好 2015 年农村金融服务工作的通知》，提出优先对涉农贷款开展资产证券化和资产流转试点，保证有效支持农村实体经济发展。2019 年 1 月，银保监会发布《关于推进农村商业银行坚守定位、强化治理、提升金融服务能力的意见》，提出优先支持定位清晰、管理良好、支农支小成效突出的农村商业银行参评标杆银行，支持其参与设立投资管理型村镇银行，鼓励其审慎合规开展信贷资产证券化、发行二级资本债和可转债等业务创新。这就为村镇银行这类服务"三农"的新型农村金融机构纳入信贷资产证券化业务的开办银行范围，提供了政策保障。

2. 融资成本较低

从融资成本来看，融资成本包含一部分固定的融资费用，这部分费用会随着村镇银行资产证券化规模的扩大而减小，产生规模经济效应，降低融资成本。此外，融资成本还包括向各类投资者支付的投资回报。在资产证券化过程中，首先，会对基础资产实现真实出售，使原始权益人的风险与证券化产品剥离开；其次，通过各项信用增级的手段不断提高证券化资产的安全性，降低了投资人的风险；最后，邀请专业信用评级机构进行评级，降低可能由信息不对称给投资人造成的风险。这些手段都有助于降低村镇银行资产证券化的融资成本，从而使得这种融资方式拥有相对较低的融资费用和资金成本。

3. 融资门槛较低

从融资门槛来看，村镇银行资产证券化产品通过风险隔离手段和信用增级方式易获取较高的信用等级，可以帮助自身信用级别较低的村镇银行利用资产证券化方式进行融资。由此可见，资产证券化的融资方式是一条融资门槛较低的融资途径，具有较高的可行性。

4. 信息披露成本低

从信息披露来看，在资产证券化的融资过程中村镇银行本身不需要向市场内的投资者披露其各项信息，只需要向产品发行人披露有关证券化资产的部分信息。这一方面保护了村镇银行的商业机密和信息隐私，另一方面也降低了由于信息披露可能造成的成本损失。

（三）村镇银行信贷资产证券化的现实意义及配套措施

由于村镇银行在政策层面、融资成本、融资门槛、信息披露等方面相较传统的融资方式可行性较高且拥有相对优势，未来有望成为解决村镇银行资金融通问题的创新模式。村镇银行信贷资产证券化具有多方面的现实意义和良好的发展趋势。

从现实意义来看，村镇银行可以通过采取资产证券化的融资模式，盘活现有资产。村镇银行可以通过资产证券化的方式弥补现有融资方式的不足。资产证券化在帮助村镇银行盘活现有信贷资产的同时，也给投资人带来较为可观的收益，有助于扩大村镇银行的融资规模，增强盈利能力，从而更好地服务"三农"，带动农村经济发展。

基于对村镇银行资产证券化内外部环境的分析，不难发现，村镇银行资产证券化在具有多方面可行性优势的同时，也存在基础资产经营风险和信用风险相对较高，现金流期限错配的问题。

为此，村镇银行构建资产证券化模式时需要采取相应的配套措施。一是在构建资产池时，根据信贷资产的金额、期限、担保方式、风险控制等方面严格筛选基础资产，保证初始信贷资产的质量；二是在设计交易结构方面采用一次设立、循环购买的再循环结构，形成完整覆盖计划期间的现金流，解决期限错配现象；三是在选择信用增级手段时，采用超额现金流覆盖内部增信方法，进一步降低融资成本。

第四节　小额信贷机构境内外上市

在资本市场上，不同的投资者与融资者有不同的规模与主体特征，存在着对资本市场金融服务的不同需求。投资者与融资者对投融资金融服务的多样化需求决定了资本市场应该是一个多层次的市场经济体系。小额信贷机构要在境内外实现上市目标，获得相应的融资支持，不仅需要对国际国内多层次资本市场体系有一定了解，而且需要熟知境内外证券市场的运作规则，也需要对小额信贷机构在境内外证券市场上市的案例给予必要的关注和研究。

一、国内外资本市场概况

多层次资本市场是对现代资本市场复杂形态的一种表述，是资本市场有机联系的各要素的总和，具有丰富的内涵。资本市场在金融运行中具有牵一发而动全身的作用。小额信贷机构要在境内外实现上市目标，首先需要对国际资本市场及多层次资本市场，对中国多层次资本市场体系的形成与发展，有一个初步了解。

（一）关于国际资本市场及多层次资本市场

在过去的100多年间，世界经济从严格的国别壁垒和分割走向全面的区域联合和一体化，资本作为经济发展的要素之一，率先实现了大范围的跨国界流动，而国际资本市场则经历了由分割到融合进而走向全球化的发展历程。从总体来看，国际资本市场始终保持规模持续扩张的态势，资本跨国流动的影响范围不断扩大，可以说，全球化始终是国际资本市场的发展指向和最终目标，并将成为21世纪初期国际资本运动的主要特征之一。

国际资本市场主要是用于筹措和运用国内、国际资金，以满足各国的生产建设和国民经济发展的需要。国际资本市场由国际债券市场、国际股票市场、国际银行中长期信贷市场三部分组成。国际资本市场的中长期资金供应者大多数为商业银行、储蓄银行和保险公司。资本市场根据证券发行交易性质可分为一级市场和二级市场，即发行市场与流通市场。

国际资本市场有以下主要功能：一是提供了一种机制，使资本能迅速有效地从资本盈余单位向资本不足单位转移，此时资本市场承担了一级市场功能，只有一级市场才能通过发行和增发新的证券，为资金需求者提供新的资金来源。二是为已发行证券提供充分流动性的二级市场，即发行证券的流通市场，二级市场的存在是为了保证一级市场更有效地运行，二级市场上投资人可以通过不断调整其资产组合来降低风险，获取最大收益，并且随时使证券变现；同时发行人也可以迅速并持续地从社会上募集到其扩张所需的资金。三是能够更广泛地吸引国际资本，提高资本使用效率及跨空间调配速度。四是能够以较低的成本吸收资本，降低融资成本，提高资金运作效率。

多层次资本市场根据交易场所，可以分为交易所市场和场外市场；根据发行和资金募集方式，可以分为公募市场和私募市场；根据交易品种，可以分为以股票债券为主的基础产品市场和期货及衍生品市场。同一个市场内部也包含不同的层次。同时，多层次资本市场的各个层次并不是简单平行、彼此隔离的，而是既相互区分又相互交错并不断演进的结构。资本市场的多层次特性还体现在投资者结构、中介机构和监管体系的多层次，交易定价、交割清算方式的多样性，它们与多层次市场共同构成一个有机平衡的金融生态系统。

（二）中国多层次资本市场体系的形成与发展

中国真正意义上的现代资本市场起始于 20 世纪 70 年代末期，经济改革的大潮推动了资本市场在中国的出现和成长。中国资本市场从无到有，从小到大，从区域到全国，得到了迅速的发展，走过了一些发达国家资本市场几十年甚至上百年的发展道路。

"多层次资本市场"的重要性已经连续多年出现在政府工作报告中，提法从 2013 年的"加快发展多层次资本市场"变为 2018 年的"深化多层次资本市场改革"。此前，以沪深交易所各板块、新三板，以及区域股权市场为主的多层次资本市场，在助力上市或挂牌企业成长方面发挥了重要作用。

2019 年，资本市场重磅改革接连推出，其中尤其引人注目的是，新三板、创业板等板块增量改革全面开启。2019 年 6 月科创板正式开板，实行更富包容性的发行上市条件。上交所制定了"预计市值+净利润""预计市值+收入+研发投入"等 5 套标准，符合其中任意 1 套标准的企业就可以申请在科创板上市；新股定价发行也不对发行市盈率进行限制，机制更加市场化。同年 10 月，证监会宣布启动全面深化新三板改革，改革后将允许符合条件的创新层企业向不特定合格投资者公开发行股票。同时设立精选层，建立挂牌公司转板上市机制，在精选层挂牌一定期限，且符合交易所上市条件和相关规定的企业，可以直接转板上市。同年 12 月，

《证券法》修订草案通过，明确全面推行注册制。

2019年，经过一系列蹄疾步稳的改革，主板、科创板、创业板、新三板等主要市场板块的瓶颈被逐个打破，服务上市、挂牌公司等市场主体的作用更加突出，功能进一步明确，多层次资本市场体系进一步完善，构建了不同生命周期企业相匹配的融资方式和交易场所，同时满足了不同风险偏好投资人的需求和不同企业的发展需求。

进入2020年，中国经济正处于高质量发展的关键时期，完备的多层次资本市场体系为金融体系和经济发展提供了强有力支撑。此外，近年来，中国资本市场对外开放取得显著进展，各领域对外开放的广度与深度不断加大。从"沪港通""深港通""债券通"相继正式起航、原油期货上市，到2015年英国富时集团启动两个新兴市场指数，A股被编入具有全球投资价值的指数，再到实施QFII、RQFII制度、放开境外机构投资银行间债券市场等一系列对外开放举措，使得中国资本市场发生了重大变化，国际化进程不断推进。中国股票市场、债券市场均跻身全球第二大市场。

2021年11月15日，北京证券交易所正式揭牌开市，这是中国资本市场改革发展的又一重要标志性事件。设立北京证券交易所，对于进一步健全多层次资本市场，加快完善中小企业金融支持体系，推动创新驱动发展和经济转型升级，都具有十分重要的意义。北京证券交易所的揭牌开市，是继2020年7月正式推出精选层后，深化"新三板"改革、促进资本市场高质量发展的又一重大创新举措，也是"新三板"市场运营8年多来，积极探索具有中国特色资本市场普惠金融之路的新起点。

2022年7月4日，交易所交易基金（ETF）纳入内地与香港股票市场交易互联互通机制正式开闸，标志着两地资本市场互联互通迈上新台阶。值此香港回归祖国25周年之际，在两地证监会的统筹安排下，经沪深港三所及两地结算公司沟通协作，ETF产品正式纳入互联互通标的。这是互联互通开通以来，两地资本市场深化合作，进一步落实高水平对外开放的又一重大举措。将ETF纳入互联互通标的，有利于丰富跨境投资品种，为境内外投资者提供更多投资便利和机会，促进两地市场持续稳定健康发展。

二、小额信贷机构上市路径选择

中国证监会一直以来支持符合条件的内地企业赴港上市融资，2022 年初，证监会就境内企业赴境外上市相关制度规则公开征求意见，相关规则的推出，进一步增加内地企业境外上市监管制度的稳定性和可预期性，更好地支持企业依法合规赴境外上市，更有效地保护全球投资人合法权益。近年来，内地和香港两地资本市场的密切合作没有受到国际环境的影响，在市场、产品、机构、监管等领域的务实合作不断呈现新亮点、取得新突破。在监管合作方面，两地证监会定期召开高层和工作层面会议，健全完善了跨境风险防范、跨境衍生品监管等合作机制，在日常监管、执法和信息交换、人员交流等方面合作日益密切顺畅，为两地市场平稳运行提供了有力监管保障。

（一）小额信贷机构上市后的问题

随着中国经济走向全面开放，中国资本市场的深度和广度得到进一步拓展及小额信贷事业的不断发展。为进一步拓宽融资渠道，在国家政策框架下，诸多小额信贷机构在境内外上市路径上进行了积极的探索，例如，江苏的鲈乡小额贷款公司 2013 年成为国内首家登陆美国纳斯达克的小额贷款公司，浙江的佐力科创小额贷款公司 2015 年成为国内首家荣登港股市场的小额贷款公司，江苏的昆山鹿城村镇银行 2015 年成为国内首家在"新三板"挂牌的村镇银行等。在这其中，有大胆尝试，有成功的经验，也有挫折教训。总体而言，小额信贷机构在境内或境外资本市场实现上市目标，不仅可以进一步拓宽融资渠道，而且还有助于企业知名度提升、公司治理规范、员工归属感与凝聚力及股东认可度增强。但是，也应当看到，随着公司的上市，小额信贷机构也在股权管理、关联交易管理、信息披露、管理成本控制等方面面临一系列相关的新问题，需要从公司治理方面采取相应的措施。

1. 股权管理难度加大

小额信贷机构上市挂牌后，股东发生股权转让，直接通过线上交易后实现股份转让，由中国证券登记结算有限公司自动完成股份登记，作为挂牌公司不能主动提前介入股东资质审查。因此，给小额信贷机构的股权管理增加了一定的难度。

2. 关联交易管理亟须规范

以昆山鹿城村镇银行为例，"新三板"挂牌后，作为一家非上市公众公司，昆山鹿城村镇银行为维护中小投资人的权益，应严格履行日常性关联交易和偶发性关联交易的决策审批，并尽可能规范和减少关联交易。按照现有实际来看，发起行和村镇银行是关联方，如果涉及发起行也为上市公司的话，则面临两家公司的关联交易管理。一方面是定价的公允性，另一方面则是对关联方及关联交易日常监测等方面提出了更高的要求，关联交易管理亟须规范。

3. 增加了履行信息披露的义务

小额信贷机构上市挂牌后，又多了一道股转和证监会的监管。小额信贷机构的主要股东及董事、监事、高管以及其他相关人员均是信息披露义务人，对自身要有一定的行为约束，严守保密义务，及时准确地进行信息披露。一方面必须确保信息披露内容的真实、准确、完整，另一方面对信息披露的时效性要求较高，受外部的不可预见性和不可抗性的干扰，加之受投资者、媒体的关注度较高，操作不谨慎可能由此引发声誉风险。

4. 管理成本增加

小额信贷机构上市挂牌后，随着监管趋严，管理成本随之增加。一方面，券商、律所、会计师事务所在内的第三方持续督导和服务费用、股转年费等新成本。另一方面，成立董事会办公室负责专职部门，人力成本增加。此外，如果定增发行必须由主办券商推荐，而且按市场需收取较高的发行费用，以及分红分配、股份新增登记等均要收费，则管理成本增加。

（二）小额信贷机构上市建议

根据现有小额信贷机构上市路径的探索和实践，为有上市规划的同业在公司治理方面提供一些借鉴。

1. 进行资本市运作必须严格履行程序，并充分考虑各种不确定因素

以村镇银行为例，挂牌前，村镇银行作为农村中小金融机构，主要受银保监会监管，开展行政许可事务仅需要履行监管的核准、备案程序；挂牌后，村镇银行成为公众公司，需要接受证监会、全国中小企业股份转让系统有限公司（以下简称全国股转公司）的多方监管，因此在推进增资、转增、分红等相关业务时还需要履行全国股转公司、证监会有关核准，可能履行程序时间较长且存在很多不确定性。因此要合理规划项目流程和时间安排，充分考虑履行银保监会相关程序及其他发行过程中会存在的各种不确定因素。

2. 股权转让在挂牌前后有不同的政策规定，必须按有关规定办理

农村商业银行、农村合作银行、农村信用合作联社、农村信用联社、村镇银行和农村资金互助社变更持有股本总额1%以上、5%以下的单一股东（社员），由法人机构报告银保监分局或所在城市银保监局；持有股本总额5%以上、10%以下的单一股东（社员）的变更申请，由银保监分局或所在城市银保监局受理、审查并决定。农村商业银行、农村合作银行、农村信用合作联社、农村信用联社、村镇银行持有股本总额10%以上的单一股东（社员）的变更申请，由银保监分局或所在城市银保监局受理，银保监局审查并决定，事后报告银保监会。可见，挂牌前，仅具有农村中小金融机构属性的村镇银行发生国家有关政策规则所描述的股权变动的情形时，应报银保监会核准；但挂牌后，作为公众公司的村镇银行还应遵循全国股转公司股权交易规则，股东人数增多，为监测股东的股票转让行为增加了难度。

3. 挂牌后更应处理好投资人关系并强化管理

挂牌前，小额信贷机构股东人数较少、便于管理；挂牌后，股权交易频繁，股东人数增多，作为公众公司还应当做好维护与投资人的关系管理。因此亟须规范投资人关系管理制度，畅通与投资人的沟通渠道，加强公司与投资人和潜在投资人之间的联系，加深投资人对公司的了解和认

同，促进公司与投资人之间长期、稳定的良好关系，以稳定公司市值、改善公司投融资环境、提高公司形象。

4. 作为公众公司必须严格按规定进行信息披露并做好舆情监测

小额信贷机构作为公众公司，因社会影响面增大，以及所处资本市场的特殊地位，需要跟各类媒体发生接触，也会因为公开、透明的信息披露内容而引发各种正面或负面的舆情，负面舆情会对公司产生恶劣影响，而正面、积极的舆情会让公司提升公信力。加强舆情监测可帮助公司全面快速准确地了解网络中的舆情信息，成为公司进行舆情分析、预警、预测的依据。因此，必须重视舆情监控工作，制定舆情管理制度，通过设立舆情应急预案和舆情专岗加强日常舆情监控，以应对越来越严峻的网络舆论环境，避免不必要的声誉风险。

制度篇

第九章　小额信贷客户保护和教育

　　普惠金融体系涉及一个"客户"核心、三个"宏观、中观、微观"层面。在宏观层面，包括中国人民银行、银保监会、财政部等在内的政府部门需要为普惠金融体系的建设制定适宜的法律法规和监管框架，从制度上保护普惠金融体系的核心——客户，同时，支持中观层面金融基础设施的完善，规范微观层面金融服务提供者的发展。

　　2008年，由于美国次贷危机而在全球引发的金融危机揭示了一些金融机构对于金融消费者权益的无视和侵害。为此，人们纷纷讨论该如何缓解金融危机给世界经济造成的损害以及重新鼓励人们开展金融创新。而其中最关键的问题是让提供金融服务的机构重视金融消费者的基本权益，着力开展金融消费者保护工作，确保金融消费者的权益不会遭受侵害，让他们重拾对金融市场的信心，从而维持金融生态的平衡，不至于将整个金融体系拉入金融危机的旋涡。所以，金融消费者权益保护的重要性不仅涉及消费者的个人利益，还关系到整个金融系统的安危。

　　小额信贷客户比一般金融消费者处于更加弱势的地位，从他们在当地的社会阶层来看，都属于低收入的自然人、自我就业者和小微企业主。他们的权益更容易遭到侵害，包括中国在内的一些国家先后发生过强势营销、误导客户、违法催收等损害客户利益的恶性事件。这些侵权不仅会让小额信贷机构深陷债务泥潭，也会使整个金融体系遭遇信任危机，严重情况下甚至可能会危及社会的安全稳定。

无论如何，开展客户保护是小额信贷机构经营过程中"无妥协"余地的最低要求，小额信贷客户由于其所处的社会地位和经济背景而形成的脆弱性，客观上需要为他们提供金融服务的机构承担起客户保护以及金融教育的责任，避免将他们推向更为不利的境界。

客户保护与教育是小额信贷社会绩效管理的组成部分和最基本要求。经过国际社会的共同努力，小额信贷社会绩效管理和客户保护与教育已成为国际小额信贷行业一个日益受到重视的领域。

随着中国社会诚信体系建设的不断深入推进，诚信已经渗透到人们工作、生活的方方面面。众所周知，市场经济首先是信用经济，信用经济必须是法治经济。普惠金融的发展离不开消费者保护和教育。

第一节　小额信贷客户保护

2010年发生在印度的小额信贷危机，其中一个重要原因是商业化忽视了小额信贷的社会目标和客户利益。以世界银行扶贫协商小组（CGAP）和美国小企业教育与促进网络（SEEP）等主要国际小额信贷支持机构为首，成立了小额信贷社会绩效工作小组，在全球推广客户保护实践。中国小额信贷联盟参与了全球小额信贷客户保护运动 SMART CAMPAIGN，承诺在中国推广客户保护的七大原则。为规范和引导金融机构提供金融产品和服务的行为，构建公平、公正的市场环境，加强金融消费者权益保护工作，从2015年起，国务院办公厅、中国人民银行及银保监会等政府部门先后出台了相关政策法规，对金融消费者包括小额信贷权益保护作出了相应的制度安排。

一、国际小额信贷客户保护原则

由全球小额信贷客户保护运动（SMART）起草的国际小额信贷客户

保护原则主要涉及以下七方面的内容：

（一）防止过度负债

小额信贷机构应为客户提供符合其需求的多样化产品与服务，通过开展金融教育，让客户接受有关金融知识的培训，了解如何使用金融产品来获取收益以及如何评估自身的负债能力来避免多重负债，这不仅是小额信贷机构对客户受教育权的保护，也提升了客户在生产经营中的决策能力，做到不盲目举债，实现稳步的发展。同时，小额信贷机构还需要通过查询征信和其他途径了解客户的整体负债情况，在客户可承担的范围内核定贷款额度，以免客户陷入过度负债的境地。

（二）信息公开透明

小额信贷机构应以客户易于理解的方式向其提供清晰、充分和及时的信息，以便客户做出明智的决定。特别需要提高有关产品定价、产品条款和条件的信息透明度。透明的沟通有助于客户做出对自己负责任的财务决定。当客户得到有关产品选项的清楚、充分和及时的信息时，他们可以决定哪个产品对他们是最好的，并接受由此产生的后果。因为小额信贷客户一般只具有较低的文化水平，可能不熟悉正规金融产品，所以小额信贷机构有责任在与客户沟通时，使用浅显的当地语言，有时还要用口头或画图方式进行沟通。特别重要的是让客户了解利率和收费的信息，可能需要在不同的时间、不同的地点，使用不同的方式，经过多次沟通，其中包括全部信贷成本、年化利率（APR）和有效利率（EIR）。

（三）产品合理定价

产品定价、条款和条件应确保客户能负担，同时支持小额信贷机构的可持续发展。小额信贷机构应致力于帮助客户实现长期的财务健康，同时满足自身的财务可持续性要求。财务可持续性是持续服务客户的基础，而非自我牺牲。因此，小额信贷机构应致力于提高运营效率，确保定价尽可能适宜客户负担。在为目标客户提供服务时，必须关注定价问题，因为这些客户往往难以判断条款是否对自己有利。因此，小额信贷机构有责任考虑客户的还款能力，同时审查自身的经营效率和利润水平。

（四）贷款回收合规

小额信贷机构应秉承公平公正的原则对待客户，维护客户的尊严，即使他们无法按照合同要求按时还款，也不得采取粗暴和违背道德及法律的收款方式，侵害客户的基本人权，扰乱客户的正常生活。机构应制定实施有效的防范监控措施，检测并纠正在回收贷款过程中员工出现的腐败行为及对待客户的不恰当行为。客户出现贷款拖欠的原因是多种多样的，除了故意骗贷的例外情况，小额信贷机构在放款前对客户的还款意愿和还款能力都做了详细的评估，贷款拖欠大多是非主观原因造成的，小额信贷机构应想办法帮助客户渡过难关，支持客户在创收方面做出的尝试与努力，从而避免客户陷入更加悲惨的境况。

（五）员工职业道德

小额信贷机构应树立追求崇高价值观和高标准道德的机构文化，并制定明确的行为规范，在日常经营管理中防范、检测和纠正腐败行为的滋生蔓延以及对待客户的不恰当举止，让客户不需要为了获得金融产品和服务而讨好甚至贿赂小额信贷机构的员工，也不用担心机构员工会做出任何违规行为，保证客户可以有尊严地享受机构提供的服务。由于社会地位较低，低收入客户在与主流商业机构和政府组织接触时可能会受到不公平对待。这种情况是以客户为中心的小额信贷机构所无法接受的。选择和对待客户时不应有涉及种族、民族、性别、政治派别、残疾、宗教或性倾向的歧视。而且，员工和客户直接打交道时应诚实、公正和相互尊重，让客户逐步建立起对机构的信心。

（六）客户投诉机制

小额信贷机构应建立一套及时、有效的客户投诉处理机制，用于解决问题并改善产品和服务。客户的不满和投诉在所难免，机构应迅速且高效地应对这些问题。机构应确保客户了解自己的投诉权，知道如何投诉，投诉程序应简便易行。机构应跟踪客户的投诉，以便改进产品和服务。投诉管理机制应该包括与客户的沟通流程以及对投诉的监控与分析。

（七）客户隐私保护

小额信贷机构应根据法律法规的要求尊重客户资料的隐私性，客户信息除事先征得客户同意的情况外，只能用于收集信息时确定的或法律允许的用途。个人信息的保密性是保护个人隐私和自由的一种权利。个人财务信息的隐私权尤为重要，因为它有助于防止盗窃和欺诈造成的损失。客户信息管理技术的日益复杂性给小额信贷机构保护客户信息隐私提出了挑战。客户也有责任保护其财务信息的保密性，并有责任更正机构的错误信息。

二、中国小额信贷客户保护自律公约

如前所述，小额信贷是一项具有社会绩效和财务绩效双目标的金融创新，其价值在于为贫困、低收入家庭和小微企业提供其所需的金融服务，以增加他们的收入，改善他们的生活。只有满足了客户的发展需要，小额信贷机构才能实现自身的可持续发展。

中国小额信贷联盟是国内首家小额信贷领域的全国性会员制类协会组织。中国小额信贷联盟倡导其会员机构以负责任的态度向贫困、低收入家庭和小微企业提供可持续的、负责任的金融服务，帮助他们提高创收能力，改善他们的生活水平。为了实现这一目标，联盟及其会员联合承诺自觉遵循"诚信、透明、公平、合理"的道德准则。

中国小额信贷联盟在 2011 年小额信贷年会暨中国银行业协会（花旗）微型创业奖系列活动上正式发布了《中国小额信贷机构客户保护自律公约》（以下简称《公约》）。《公约》是参照国际小额信贷客户保护运动的七大原则，结合中国小额信贷行业发展实际和汉语表达习惯，并在广泛征求国内小额信贷机构意见基础上形成的。《公约》的七大原则如下：

第一，防止过度负债原则。小额信贷机构应帮助借款人提高其借款和还款能力，即借款人在不牺牲正常生活质量的情况下有能力偿还债务，避免为借款人提供超过其还款能力的贷款，避免客户过度负债。

第二，信息公开透明原则。小额信贷机构应确保用清晰明了、简单易懂的语言向客户提供完整的服务信息，避免客户误解。

第三，产品合理定价原则。小额信贷机构应为客户提供性价比高的优质服务，确保在市场中的竞争力的同时，保持与客户的长期利益关系，而不仅局限于短期的利益最大化。在确定利率水平时，应关照客户利益。

第四，贷款回收合规原则。小额信贷机构应公平公正地对待客户，维护客户的尊严，即使他们无法按照合同要求还款，也不得采取粗暴和违背道德及法律的收款方式。

第五，员工职业道德原则。小额信贷机构应在员工中构建具有崇高价值观和道德标准的机构文化，并制定明确的措施，防范、检测和纠正腐败的滋生以及对待客户的不恰当行为。

第六，客户投诉机制原则。小额信贷机构应有一套收集客户意见，及时做出反馈并为客户解决问题的机制。

第七，客户隐私保护原则。小额信贷机构应尊重客户资料的隐私性，确保客户信息的完整性及安全性，在与外界分享客户信息之前要先得到客户的允许。

三、中国政府层面金融消费者权益保护的制度安排

为规范和引导金融机构提供金融产品和服务的行为，构建公平、公正的市场环境，加强金融消费者权益保护工作，从 2015 年起，国务院办公厅、中国人民银行及银保监会等政府部门先后出台了相关政策法规，对金融消费者包括小额信贷权益保护作出了相应的制度安排。

（一）国务院办公厅印发《关于加强金融消费者权益保护工作的指导意见》

2015 年 11 月，国务院办公厅印发了《关于加强金融消费者权益保护工作的指导意见》（以下简称《指导意见》）。《指导意见》对中国进一步加强金融消费者权益保护、提升金融消费者信心、促进金融市场健康运行、维护国家金融稳定、实现全面建成小康社会战略目标具有重要意义。

《指导意见》指出，要坚持市场化和法治化原则，坚持审慎监管与行为监管相结合，建立健全金融消费者权益保护监管机制和保障机制，规范金融机构行为，培育公平竞争和诚信的市场环境，切实保护金融消费者合法权益，防范和化解金融风险，促进金融业持续健康发展。

《指导意见》明确，金融管理部门要按照职责分工，切实做好各自职责范围内金融消费者权益保护工作；各类金融机构负有保护金融消费者基本权利，依法、合规开展经营活动的义务；金融领域相关社会组织应协助金融消费者依法维权，发挥其在金融消费者权益保护中的重要作用。

《指导意见》提出，要健全金融消费者权益保护机制，明确金融机构在金融消费者保护方面的行为规范，保障金融消费者财产安全权、知情权、自主选择权、公平交易权、依法求偿权、受教育权、受尊重权、信息安全权，金融机构应当将保护金融消费者合法权益纳入公司治理、企业文化建设和经营发展战略中统筹规划，建立金融消费者适当性制度。

《指导意见》明确，要完善监督管理机制，从完善金融管理部门工作机制和落实监督管理职责的角度出发，提出完善金融消费者权益保护法律法规和规章制度；加强金融消费者权益保护监督管理；健全金融消费者权益保护工作机制；促进金融市场公平竞争。

《指导意见》提出，需要建立金融知识普及长效机制、纠纷多元化解决机制等六项金融消费者权益保障机制，通过不断完善配套措施和各种手段，实现对金融消费者基本权利的全面保障。

《指导意见》要求，各地区、各有关部门要充分认识加强金融消费者权益保护工作的重要意义，加强组织领导，明确工作责任，按照职责分工，抓紧出台相关的配套措施，共同营造有利于金融消费者权益保护的政策环境和保障机制。

（二）中国人民银行发布《中国人民银行金融消费者权益保护实施办法》

为加快建立完善有利于保护金融消费者权益的机制，保护金融消费者长远和根本利益，中国人民银行于 2020 年 9 月发布了《中国人民银行令

〔2020〕第 5 号》（以下简称《实施办法》）。

从《实施办法》出台的背景来看，为贯彻党的十九大和党的十九届二中、党的十九届三中、党的十九届四中全会精神，进一步落实习近平总书记在中共中央政治局第十三次集体学习时的重要指示，根据中共中央、国务院《关于新时代加快完善社会主义市场经济体制的意见》中提出的"要建立健全金融消费者保护基本制度"决策部署，为加快建立完善的、有利于保护金融消费者权益的金融监管体系，保护金融消费者长远和根本利益，中国人民银行金融消费权益保护局在《中国人民银行金融消费者权益保护实施办法》（银发〔2016〕314 号）的基础上，结合新需求、新情况、新问题和中国人民银行新"三定"方案，修订、增补相关条款后，将《中国人民银行金融消费者权益保护实施办法》升格为部门规章，以中国人民银行令形式发布实施。

从制定《实施办法》的目的来看，一是坚持金融监管问题导向的客观需要，把主动防范化解系统性金融风险放在更加重要的位置，发挥好金融消费者权益保护工作金融领域"减震器"和"舒压阀"的基础性作用。二是保护金融消费者长远和根本利益的现实需要，提升保护金融消费者权益专门文件的法律效力位阶，进一步规范银行、支付机构的经营行为。三是完善中国人民银行金融消费者权益保护法律体系的履职需要，更好地履行新"三定"方案赋予的职责。四是打击侵犯金融消费者合法权益的违法违规行为、合理提升违法违规成本的迫切需要，解决金融领域违法违规成本过低的问题。五是更好回应基层呼声和社会关切的实际需要，对两会全国人大代表、政协委员及金融消费者、金融机构、中国人民银行分支机构等提出要加快金融消费者权益保护立法进程的期望做出回应。

从《实施办法》主要解决的问题来看，一是细化、落实上位法要求的问题。金融消费者权益保护机制与一般消费领域的消费者权益保护机制存在差异，《中华人民共和国消费者权益保护法》中的相关内容在金融领域应当进行更为细致的规定。二是中国人民银行履职依据的问题。原规范性文件效力层级较低，结合新"三定"方案提升《实施办法》的法律效力层级将更有利于中国人民银行金融消费者权益保护工作的开展。三是原有规定的适应性问题。原规范性文件实施三年多以来，金融消费领域出现了许多新情况、新问题，中共中央、国务院对于金融消费者权益保护也提出了新的要求，因此，需要在原有规范性文件基础上出台部门规章，及时调整监管手段和策略。四是合理提升违法违规成本的问题。原规范性文件没有配置相应罚则，对侵害金融消费者合法权益的违法违规行为震慑力有限。《实施办法》专章设置了法律责任，解决了金融消费者权益保护领域违法违规成本较低的问题。

从《实施办法》对金融消费者合法权益保护的主要内容来看，《实施办法》坚持问题导向，对实践中反映强烈的问题，尤其是与金融消费者息息相关的八项权利进行了重点突出、有的放矢的规范。例如，规章新增了受尊重权的内容；为适应金融市场发展，在公平交易权与自主选择权方面提出更为明确的要求；吸收了"一行两会一局"联合发布的《关于进一步规范金融营销宣传行为的通知》的相关内容，对营销宣传进行了针对性规范；在延续原有的金融信息保护专章的基础上，以实现保护金融消费者信息安全权为目的，从信息收集、披露和告知、使用、管理、存储与保密等方面进行了优化。

（三）银保监会起草《银行保险机构消费者权益保护管理办法（征求意见稿）》

为维护公平公正的金融市场环境，践行金融的政治性和人民性，切实保护银行业保险业消费者合法权益，促进行业高质量稳健发展，银保监会起草了《银行保险机构消费者权益保护管理办法（征求意见稿）》（以下简称《管理办法》），并于2022年5月向社会公开征求意见。

《管理办法》共8章，56条，主要包括以下内容：一是关于总体目标、机构范围、责任义务、监管主体和工作原则的规定，明确银行保险机构承担保护消费者合法权益的主体责任，消费者有诚实守信的义务。二是关于工作机制和管理要求，要求银行保险机构将消费者权益保护纳入公司治理、企业文化建设和经营发展战略，建立健全消保审查、消费者适当性管理、第三方合作机构管理、内部消保考核等工作机制，指导银行保险机构健全消保体制机制，提升消费者权益保护工作水平。三是规范机构经营行为，保护消费者八项基本权利，包括从规范产品设计、营销宣传、销售行为，禁止误导销售、捆绑搭售、不合理收费等方面作出规定，保护消费者知情权、自主选择权和公平交易权；从保护消费者金融资产安全、规范保险公司核保和理赔活动等方面作出规定，保护消费者财产安全权和依法求偿权；从强化消费者教育宣传、满足特殊人群服务要求、规范营销催收行为等方面作出规定，保护消费者受教育权和受尊重权；从收集、使用、传输消费者个人信息等方面作出规定，保护消费者信息安全权。四是关于监督管理，对银保监会及派出机构、银行业协会、保险业协会的工作职责，银保监会及派出机构的监管措施和依法处罚，以及银行保险机构报告义务等作出规定，明确对同类业务、同类主体统一标准、统一裁量，打击侵害消费者权益乱象和行为。五是明确适用范围、解释权和实施时间。

《管理办法》是银保监会落实中共中央、国务院在《关于新时代加快完善社会主义市场经济体制的意见》中提出的"建立健全金融消费者保护基本制度"决策部署的重要举措，是银保监会在银行业保险业消费者权益保护领域制定的纲领性文件，统一了银行保险机构消费者权益保护监管标准。《管理办法》的出台，将有利于进一步充实和完善银保监会审慎监管与行为监管并重的监管体系，推动落实银行保险机构消费者保护主体责任，切实维护银行业保险业消费者合法权益。

第二节　社会信用体系建设与金融消费者权益保护

诚信始终是中华民族核心价值体系的重要组成部分。随着中国社会诚信体系建设的不断深入推进，诚信已经渗透到人们工作、生活的方方面面。市场经济首先是信用经济，信用经济必须是法治经济。普惠金融的发展离不开消费者权益保护。金融消费者是金融业运行的微观基础，与金融机构构成金融交易的一体两面。保护好金融消费者权益是防范化解金融风险的有力屏障，是金融业稳健发展的基石，其重要性不言而喻。

一、社会信用体系建设

古语：人无信不立。诚信始终是中华民族核心价值体系的重要组成部分。随着中国社会诚信体系建设的不断深入推进，诚信已经渗透到人们工作、生活的方方面面。2016 年 5 月，中国首部关于社会主义诚信建设的权威研究报告——《中国诚信建设状况研究报告》（以下简称《报告》）在北京发布。《报告》指出，商业欺诈、合同违法、制假售假、偷逃骗税等诚信缺失问题，已成为影响和制约中国经济健康发展的不可忽视的因素。相关数据显示：中国企业每年因不诚信导致的经济损失高达6000 亿元。

（一）严重失信者将永久禁入市场

在 2019 年 7 月 18 日举行的国务院政策例行吹风会上，国家发展改革委、中国人民银行等部门负责人就《国务院办公厅关于加快推进社会信用体系建设，构建以信用为基础的新型监管机制的指导意见》（以下简称《意见》）有关情况进行了回应。

公共信用综合评价制度，是《意见》中明确的一项重要制度。公共信用综合评价制度正在建立和完善当中。要同时充分发挥行业信用评价、市场化第三方评价、行业协会商会评价等作用，这主要是基于来自政府各部门的公共信用信息，以此为基础对企业信用状况作出评价。

以信用为基础的新型监管机制，是大幅提升失信成本的监管机制。失信代价过低、惩罚过轻、传播少是目前失信问题高发、频发、复发的重要原因。《意见》"对症下药""靶向治理"，一是让失信者付出因失信记录广泛共享，因而有可能处处受限的成本；二是让失信者付出依法依规公示失信信息、接受社会监督、市场监督、舆论监督的成本；三是让涉及严重违法失信行为的失信者付出被列入"黑名单",承受跨地区、跨行业、跨领域失信联合惩戒的成本;四是让涉及极其严重违法失信行为或与国计民生安全攸关领域的失信者付出在一定期限内甚至永远被实施行业禁入、逐出市场的成本;五是让失信行为的责任主体、责任人付出依法依规被问责的成本。总之,要让监管长出"牙齿",从根本上解决失信行为反复出现、易地出现的问题。

信用监管的目的是让守信者"降成本、减压力",让失信者"付代价、增压力"。实现上述目标,必须进行分级分类监管和科学信用评价。作为信用监管的最突出特点,分级分类监管是根据不同企业的不同信用状况实施差别化监管措施。对守法诚信的企业"无事不扰",尽可能地减少对市场主体正常经营活动的影响;对违法失信的企业"利剑高悬",增加抽查比例和监管频次。如果用一句话概括分级分类监管的话,就是"让守信者无事不扰,让失信者时时不安"。企业要想降低自己的监管成本、减轻监管压力,就必须下大力气改善自己的信用状况。

(二)社会信用体系建设已经进入"快车道"

近年来,中国"政府+市场"双轮驱动的征信体系在有效缓解银企信息不对称、提升小微企业融资便利度方面发挥着越来越重要的作用。可以预见,随着征信体系建设的全面铺开,以往银行口中"看不清、摸不透"的小微企业,开始显现出清晰的征信"画像"。

中国社会信用体系建设已经进入"快车道",信用监管"一盘棋"格局正在形成。《最高人民法院关于公布失信被执行人名单信息的若干规定》《关于对失信被执行人实施联合惩戒的合作备忘录》等规章制度正在运用信用激励和约束手段,加大对诚信主体的激励和对严重失信主体的惩戒力度。

一处失信,处处受限。贷款逾期、水电燃气费欠缴、旅游中的不文明行为,甚至考试作弊,都已被纳入个人信用范畴。"老赖"被限制消费、失信者不能乘坐高铁和飞机等已不再是新鲜事。国家发展改革委的数据显示,截至2019年5月底,全国法院累计发布失信被执行人名单1409万人次，累计限制购买飞机票 2504 万人次，限制购买动车高铁票 587 万人次，422 万失信被执行人慑于信用惩戒，主动履行法律义务。全国信用信息共享平台累计归集各类信用信息 368.83 亿条。"信用中国"网站公示行政许可和行政处罚等信用信息 1.59 亿条。如今，诚实守信不再是一句道德口号，而是与投资贷款、市场交易、职业准入、生活消费等各方面紧密联系在一起。

（三）国务院常务会议确定完善失信约束制度、健全社会信用体系

2022 年 11 月召开的国务院常务会议上明确指出，要通过推进社会信用体系建设，加强诚信建设、营造公平诚信的市场环境和社会环境。会议确定完善失信约束制度、健全社会信用体系的措施，为发展社会主义市场经济提供支撑。会议作出六项决定：

一是科学界定信用信息纳入范围和程序。将特定行为纳入公共信用信息，必须严格以法律、法规等为依据，并实行目录管理，向社会公开。行政机关认定失信行为必须以具有法律效力的文书为依据。

二是规范信用信息共享公开范围和程序。信用信息是否及在何种范围共享和公开要坚持合法、必要原则，并在编制信用信息目录时一并明确。

三是规范严重失信主体名单认定标准，按照有关规定严格限定为严重危害群众身体健康和生命安全、严重破坏市场公平竞争秩序和社会正常秩序等方面的责任主体，不得擅自增加或扩展。具体认定要严格履行程序。

四是依法依规开展失信惩戒，确保过惩相当。对失信主体采取减损权益或增加义务的惩戒措施，必须基于失信事实、于法于规有据，做到轻重适度，不得随意增设或加重惩戒，不得强制要求金融机构、信用服务机构、行业协会商会、新闻媒体等惩戒失信主体。

五是建立有利于自我纠错的信用修复机制。除法律法规等另有规定外，失信主体按要求纠正失信行为、消除不良影响的均可申请信用修复。对符合修复条件的，相关部门和单位要按规定及时移出失信名单。

六是加强信息安全和隐私保护。严格信用信息查询使用权限和程序，严肃查处泄露、篡改、毁损、窃取信用信息或利用信用信息谋私，严厉打

击非法收集、买卖信用信息违法行为。

（四）《关于推进社会信用体系建设高质量发展促进形成新发展格局的意见》

完善的社会信用体系是供需有效衔接的重要保障，是资源优化配置的坚实基础，是良好营商环境的重要组成部分，对促进国民经济循环高效畅通、构建新发展格局具有重要意义。2022年3月，中共中央办公厅、国务院办公厅印发了《关于推进社会信用体系建设高质量发展促进形成新发展格局的意见》（以下简称《意见》），并发出通知，要求各地区各部门结合实际认真贯彻落实。为推进社会信用体系建设高质量发展，促进形成新发展格局，《意见》明确提出以下规划：

1. 打造诚信消费投资环境

鼓励探索运用信用手段释放消费潜力，在医疗、养老、家政、旅游、购物等领域实施"信用+"工程。依法打击制假售假、违法广告、虚假宣传等行为，加强预付费消费监管，对侵害消费者权益的违法行为依法进行失信联合惩戒；对屡禁不止、屡罚不改的，依法实施市场禁入。加强法治政府、诚信政府建设，在政府和社会资本合作、招商引资等活动中依法诚信履约，增强投资者信心。建立健全政府失信责任追究制度，完善治理拖欠账款等行为长效机制。推广涉企审批告知承诺制。加强司法公信建设，加大推动被执行人积极履行义务力度，依法惩治虚假诉讼。

2. 创新信用融资服务和产品

发展普惠金融，扩大信用贷款规模，解决中小微企业和个体工商户融资难题。加强公共信用信息同金融信息共享整合，推广基于信息共享和大数据开发利用的"信易贷"模式，深化"银税互动""银商合作"机制建设。鼓励银行创新服务制造业、战略性新兴产业、"三农"、生态环保、外贸等专项领域信贷产品，发展订单、仓单、保单、存货、应收账款融资和知识产权质押融资，规范发展消费信贷。

3. 强化市场信用约束

充分发挥信用在金融风险识别、监测、管理、处置等环节的作用，建立健全"早发现、早预警、早处置"的风险防范化解机制。支持金融机构和征信、评级等机构运用大数据等技术加强跟踪监测预警，健全市场化的风险分担、缓释、补偿机制。坚持"严监管、零容忍"，依法从严从快从重查处欺诈发行、虚假陈述、操纵市场、内幕交易等重大违法案件，加大对侵占挪用基金财产行为的刑事打击力度。健全债务违约处置机制，依法严惩逃废债行为。加强网络借贷领域失信惩戒。完善市场退出机制，对资不抵债失去清偿能力的企业可依法破产重整或清算，探索建立企业强制退出制度。

4. 加强诚信文化建设

大力弘扬社会主义核心价值观，推动形成崇尚诚信、践行诚信的良好风尚。引导行业协会商会加强诚信自律，支持新闻媒体开展诚信宣传和舆论监督，鼓励社会公众积极参与诚信建设活动。深化互联网诚信建设，依法推进个人诚信建设，着力开展青少年、企业家以及专业服务机构与中介服务机构从业人员、婚姻登记当事人等群体诚信教育，加强定向医学生、师范生等就业履约管理，强化信用学科建设和人才培养。

二、金融消费者的合法权益

建立金融消费者适当性制度就是要求金融服务提供者应当对金融产品和服务的风险及专业复杂程度进行评估并实施分级动态管理，完善金融消费者风险偏好、风险认知和风险承受能力测评制度，将合适的金融产品和服务提供给适当的金融消费者。同时，要切实保护金融消费者的八种合法权益。

（一）保障金融消费者财产安全权

金融服务提供者应当依法保障金融消费者在购买金融产品和接受金融服务过程中的财产安全。金融服务提供者应当审慎经营，采取严格的内控措施和科学的技术监控手段，严格区分机构自身资产与客户资产，不得挪用、占用客户资金。

（二）保障金融消费者知情权

金融服务提供者应当以通俗易懂的语言，及时、真实、准确、全面地向金融消费者披露可能影响其决策的信息，充分提示风险，不得发布夸大产品收益、掩饰产品风险等欺诈信息，不得做虚假或引人误解的宣传。知情权是指在金融消费中金融消费者享有知悉其购买、使用产品或接受服务的真实情况的权利，以及金融消费者享有被及时、真实、准确、全面地披露可能影响其决策的信息的权利。

（三）保障金融消费者自主选择权

金融服务提供者应当在法律法规和监管规定允许范围内，充分尊重金融消费者意愿，由消费者自主选择、自行决定是否购买金融产品或接受金融服务，不得强买强卖，不得违背金融消费者意愿搭售产品和服务，不得附加其他不合理条件，不得采用引人误解的手段诱使金融消费者购买其他产品。

（四）保障金融消费者公平交易权

金融服务提供者不得设置违反公平原则的交易条件，在格式合同中不得加重金融消费者责任、限制或者排除金融消费者合法权利，不得限制金融消费者寻求法律救济途径，不得减轻、免除本机构损害金融消费者合法权益应当承担的民事责任。

（五）保障金融消费者依法求偿权

金融服务提供者应当切实履行金融消费者投诉处理主体责任，在机构内部建立多层级投诉处理机制，完善投诉处理程序，建立投诉办理情况查询系统，提高金融消费者投诉处理质量和效率，接受社会监督。依法求偿权，是指金融消费者在银行消费过程中，除因自愿承担金融服务提供者已提示的风险而造成的损失外，遭受人身、财产损害时，如金融服务提供者有责任向金融服务提供者提出请求赔偿的权利，这项权利也是金融消费者安全权的应有之义和自然合理的延伸。

（六）保障金融消费者受教育权

金融服务提供者应当进一步强化金融消费者教育，积极组织或参与金融知识普及活动，开展广泛、持续的日常性金融消费者教育，帮助金融消费者提高对金融产品和服务的认知能力及自我保护能力，提升金融消费者的金融素养和诚实守信意识。金融消费者获得的"有关知识"应包括有关消费观的知识、有关市场的基本知识、有关商品和服务方面的基本知识及有关消费者权益保护方面的知识。

（七）保障金融消费者受尊重权

金融服务提供者应当尊重金融消费者的人格尊严和民族风俗习惯，不得因金融消费者性别、年龄、种族、民族或国籍等不同进行歧视性差别对待。

（八）保障金融消费者信息安全权

金融服务提供者应当采取有效措施加强对第三方合作机构的管理，明确双方权利义务关系，严格防控金融消费者信息泄露风险，保障金融消费者信息安全。金融消费者对其基本信息与财务信息享有不被金融服务提供者非相关业务人员知悉，以及不被非法定机构和任何单位与个人查询或传播的权利。

三、数字普惠金融时代的金融消费者权益保护

数字普惠金融的发展离不开消费者权益保护。金融服务提供者作为信息技术创新的重要力量以及个人信息的使用者，加强个人金融信息保护势在必行。在数字经济时代，普惠金融也是由支付、储蓄、信贷、保险与理财五个要素组成，但由于普惠金融重点服务对象主要是中小微企业主及中低收入与弱势群体，因此，除提供产品服务外，还需要做到"客户保护与赋能"。

中国数字支付发展迅猛，经十年快速发展，已经弯道超车，走在世界前列。然而，数字普惠金融的探索和实践喜忧参半：喜的是各路"大军"纷纷参与竞争，促进了技术进步，通过数字技术，让那些采用传统信贷方法无法覆盖的低收入与弱势群体，尤其是偏远地区的农户获得信贷服务；忧的是过去几年"现金贷"与"网贷"发展无序，由于客户保护与赋能

没有到位，让普惠金融重点服务对象蒙受不少损失。然而，从 2020 年开始，国家对行业发展加强了监管。许多行业专家把这一年认定为数字金融的"监管元年"。

中国人民银行于 2020 年 9 月 18 日发布了《中国人民银行金融消费者权益保护实施办法》（以下简称《办法》）。《办法》与银保监会发布的《商业银行互联网贷款管理暂行办法》及《关于加强小额贷款公司监督管理的通知》一起，被行业认为是具有里程碑意义的监管框架，必将推动中国数字普惠金融健康可持续发展。当前金融消费者保护，主要是针对互联网贷款当中存在的信息披露不充分、数据保护不到位、清收管理不规范等问题。银保监会和中国人民银行对此都做了比较充分的阐述和强化，体现了加强消费者权益保护的趋势。

就客户信息数据安全来说，一是信息要素的最低要求，从最少原则获取客户信息，前提是还要有一些开展风险评估所必需的基本信息。二是间接获取信息的最低要求，如果金融服务提供者需要从合作机构获取借款的风险数据，即在间接获取客户数据信息场景下，金融服务提供者应确认合作机构数据来源是合法合规真实有效的，并且同时符合另外一个条件，即已经获得了信息主体本人明确授权。三是从风险使用数据角度，金融服务提供者收集使用借款风险数据，应当遵循合法、必要、有效三原则，不得将风险数据用于从事与贷款业务没有关系的其他活动，不得向第三方提供借款人的风险数据。金融服务提供者应当采取有效的技术手段，确保金融服务提供者与借款人之间以及与合作机构之间传输数据、签订合同、记录交易等各个环节的数据安全。在充分披露产品信息方面，要求强调保障客户的知情权和自主权。四是信息授权，即在向借款人获取风险数据授权的时候，页面的醒目位置应该提示客户详细阅读授权书的内容，授权书里的醒目位置应该披露授权风险数据内容和期限，同时对金融服务提供者有一个兜底要求，就是应当确保借款人完成了授权书阅读，并且签署同意。

缩小"数字鸿沟"，重视客户保护，已成为政策制定者、监管者、行业实践者、研究者的共识及努力方向。因为从某种意义上来说，只要做好客户、消费者或投资人的权益保护，数字普惠金融的监管也就基本到位了，就能实现"无为而治"，避免监管与市场主体进入"一管就死，一放就乱"的恶性循环中。

除客户保护这样基本的要求之外，还要做好客户教育与赋能，普惠金融才能走上行稳致远的可持续发展之路。这也是普惠金融助力扶贫攻坚的可靠路径。面向普惠金融的目标客户，关键是给客户赋能，贷款只是"临门一脚"。面对日益激烈的同业竞争，农村中小金融机构要找到自身与大型商业银行、全国性股份制银行的差异化优势，为自己培育出有黏性的客户，与客户一起成长，这正是普惠金融的魅力所在。

四、金融消费者权益保护的三道防线

伴随经济社会快速发展和居民财富不断积累，一些金融机构运用金融工具进行财富管理的需求愈加旺盛，金融服务供给主体、金融产品也更趋多元复杂，尤其是在金融科技的广泛应用下，金融风险隐蔽性、复杂性更强，金融消费者权益极易受到侵害。

金融消费者是金融业运行的微观基础，与金融服务提供者构成金融交易的一体两面。保护好金融消费者权益是防范化解金融风险的有力屏障，是金融业稳健发展的基石，其重要性不言而喻。保护消费者权益无小事，而要真正落实好，就需要监管部门、机构和消费者形成合力，共筑三道防线。

（一）科学有效的监管是夯实金融消费者权益保护的第一道防线

根据金融消费领域出现的新情况、新问题和新要求，制度短板正加快补齐，保护机制将更加完善。2020年11月1日，《中国人民银行金融消费者权益保护实施办法》正式实施，在落实、细化《消费者权益保护法》的基础上，合理增加违法违规成本，大大提高监管震慑力。近年来，资管新规、理财新规及相关配套规则等的陆续出台，金融消费者权益保护力度随着"打破刚兑"进一步增强。例如，针对侵权问题高发的营销环节，《商业银行理财子公司理财产品销售管理暂行办法（征求意见稿）》明确

"强化销售过程中买卖双方行为的记录和回溯"。另外，监管与时俱进，在互联网贷款、网络小贷相关规定中，对于过度借贷、数据保护不到位等新型风险也有部署防范。顶层设计不断完善的同时，监管部门加大检查、约谈、乱象整治力度，畅通投诉渠道，监管这张网正在织牢织密。

（二）建立健全金融服务提供者内部激励约束机制是筑牢金融消费者权益保护的第二道防线

在监管引导下，金融服务提供者普遍围绕加强制度建设、健全宣传教育体系、完善投诉机制等方面，加大金融消费者权益保护力度。不过，侵权乱象仍时有发生。保障金融消费者权益事关公司声誉，更是立身之本，金融服务提供者须时刻紧绷管理这根弦。一方面，要正视消费者权益保护的重要性，转变管理思路，持续加强投资人适当性管理，主动梳理在产品设计、服务流程、业务操作等方面的不当之处，及时对标监管政策整改落实；另一方面，则要完善业绩考核、薪酬激励制度，防范员工道德风险，强化合规检查，确保内控制度执行到位。此外，金融服务提供者还要善用金融科技，遏制滋生侵权违规行为的空间，明确科技创新底线。

（三）加强金融消费者投资教育是健全金融消费者权益保护的最后一道防线

为增强金融消费者风险意识，培养正确的投资理念，监管部门和金融服务提供者都在加大金融宣传教育，倡导理性投资、合理消费。金融服务提供者要落实"卖者尽责"，金融消费者也应学会"买者自负"。"天下没有免费的午餐"，高收益的背后必然对应着高风险。金融消费者要正确判断自身风险承受能力、理性投资，强化法治意识和契约精神，在投资金融产品时选择正规渠道，审慎对待合同签署、风险评估等流程。在自身权益受到侵害后，消费者要及时通过金融服务提供者或监管部门投诉渠道反映问题，依法合理维护自身权益。

同时还应关注到，贷款是金融服务提供者的核心业务，自主风控是实现贷款业务平稳健康发展的生命线。为此，金融服务提供者必须履行贷款管理主体责任，加强消费者权益保护必须落实好五方面的细化要求。一是履行贷款管理主体责任，提高贷款风险管控能力，防范贷款管理"空心化"；二是完整准确获取身份验证、贷前调查、风险评估和贷后管理所需要的信息数据，并采取有效措施核实其真实性；三是主动加强贷款资金管理，有效监测资金用途，确保贷款资金安全，防范合作机构截留、挪用；四是分类别签订合作协议并明确各方权责，不得在贷款出资协议中混同其他服务约定，对存在违规行为的合作机构，限制或者拒绝合作；五是切实保障消费者合法权益，充分披露各类信息，严禁不当催收等行为。此外，还应加强对合作机构营销宣传行为的合规管理。

第三节　小额信贷客户教育

金融消费者是金融市场的重要参与者，消费者具备的金融素养是金融业健康发展的重要保障。客户教育作为一种提高人综合素质的实践活动对小额信贷事业的发展尤为重要。为了适应新形势下小额信贷客户教育面临的新情况新问题，小额信贷行业需要采取相应的对策措施。

一、小额信贷客户的金融素养

金融素养是指小额信贷客户所拥有的，为其自身和家庭的金融福祉而有效分配家庭资源、管理金融资源的知识和能力。早期的观念认为，金融素养等同于金融知识，后来学术界认为，金融素养是一个综合性概念，具备必要的金融知识并不代表有处理各类经济信息并在诸多情景中做出明智金融决策的能力。金融素养应当包含对基础金融知识的掌握、通过金融安排提高自身福利的意愿和信心、获取和交流金融信息及金融知识的能力，以及随着金融经验的增加而不断增长的技能等。

（一）提高金融素养的重要性

消费者金融素养水平低下，导致超出自身能力的过度借贷，被视为

2008 年美国次贷危机爆发的重要原因。金融素养的提高能促进金融消费者更好地参与金融市场。一方面，在借贷行为中，金融素养的提高可以帮助消费者清楚地判断自身的财务状况和现金流情况，选择成本比较合适的贷款产品与适度的负债规模。在满足自身需求的情况下，实现借贷成本最小化和风险可控。另一方面，在资产配置行为中，金融素养的提高可以帮助消费者正确认识风险和收益的关系，准确评估各类产品的收益和风险，识别投资机会，并根据自身投资收益目标和风险承受程度进行多元化投资，构建投资组合，提高资产收益率，分散投资风险，满足家庭未来的需求。金融素养不仅与消费者个人所具有的素质有关，同样也依赖于消费者所处的金融环境。

金融素养水平的改善可以使消费者在复杂多变的金融市场中做出合理的决策，实现提高家庭金融福利和金融市场稳定健康发展的双赢。消费者在不同金融环境中做出的选择可能大相径庭。在一个充满泡沫、投资者情绪亢奋的疯狂牛市中，即使是具有较高素养的消费者也会忽视投资的风险。当周围有其他人实施了策略违约行为而没有受到惩罚时，人们也更有可能违约。

自改革开放以来，随着中国经济的持续高速发展，中国居民家庭财富不断积累，家庭财富消费与投资的分配成为影响家庭生活水平和养老条件的重要变量。普惠金融和互联网金融的发展为消费者提供了金融产品的丰富程度和便利性，金融信息传播的速度也大大加快。消费者所面临的金融决策问题，从过去简单的消费与储蓄分配比例扩展到消费、储蓄和风险资产的分配比例，不同金融产品风险和收益的识别，选择不同风险收益产品构建资产组合等更加复杂的问题，对消费者的金融素养提出了更高的要求。

（二）新时期提升消费者金融素养带来的新挑战

现代金融发展的历程就是一部金融危机史，人类发展与演进的历程在一定程度上就是一部人类不断抵御、化解和战胜各种风险的历史。始于 2008 年的美国次贷危机诱发了全球金融危机，其发展过程已经清晰地将金融风险产生、扩大、转移与传染的特性展现出来。在金融危机之下，公众信心来源于对金融稳健运行的期望和国民经济稳定发展的预期，这种期望和预期则建立在公众良好的金融素养基础上。2008 年全球金融危机后，尽管各国政府都致力于将提高国民金融素养水平纳入政策层面，中国也在 2013 年制定《中国金融教育国家战略》并提交二十国集团（G20）峰会，2016 年建立消费者金融素养问卷调查制度。但是，近年来的风险与危机，已经深刻揭示了在风险社会中人类面临风险的多样性、关联性、复杂性、脆弱性与高度不确定性，这也为中国在新时期提升消费者金融素养带来新的挑战。

1. 金融素养水平较低，金融教育结构性缺失

中国人民银行最新发布的《消费者金融素养状况调查分析报告（2021）》指出，消费者缺乏对分散化投资的基本金融常识，表现出追逐短期利益等非理性行为，可能加剧金融市场波动，积聚金融风险。当前信息技术与金融发展高度融合而公众金融知识普遍滞后，金融投资理财功能被过度宣传而消费者金融投资经验普遍贫乏，交叉性金融产品多样化、结构化、复杂化，而消费者金融风险识别、管理与防范能力不足，反映出金融教育表面化、营销化、功利化，尤其是金融风险教育的缺失。同时，金融消费者教育面临从金融知识的普及向金融能力系统性提升的转变。中国人民银行《消费者金融素养调查分析报告》显示，中国金融消费者在银行卡、储蓄、信用知识等金融基础知识方面进步较快，但在贷款、投资、保险等方面的知识水平和技能还有待提高。针对投资知识、保险知识、贷款知识的调查问题，消费者的平均正确率只有 54.77%、53.99%、54.80%，其中"是否能够识别各类金融投资产品的风险大小"等关键问题的正确率只有 29.89%。当前金融教育工作的主要关注点是向金融消费者普及基础金融知识和开展防范金融诈骗宣传，未来，需要更加重视对金融消费者能力的培养。

2. 风险信息传播机制不健全，金融行为监管体系不完善

一方面，互联网的快速发展对公众接受能力、知识体系提出更高要

求，年龄偏大的中老年群体由于脑力、体力、再学习能力等因素，相较于年轻人在风险信息的获取方面明显滞后；另一方面，互联网打破了传统的"两级传播论"，风险信息传播在一定程度上呈现出混乱与无序，容易扰乱与误导消费者的认知与决策。长期以来，中国是以机构监管为核心的分业监管模式，传统的"重审慎监管、轻行为监管"理念在金融混业经营、金融产品边界逐渐模糊、金融创新层出不穷的背景与趋势下，内蕴的矛盾日益显现。一方面，行为监管资源匮乏，监管机构之间、中央与地方之间缺乏行为监管协调机制；另一方面，行为监管的标准体系、工具体系、信息披露平台建设缺失，难以形成系统性、常态化、高效化的消费者权益保护机制。

3. 各类人群金融素养的发展不均衡，金融教育的系统性需要进一步增强

低学历、低收入群体的金融素养与高学历、高收入群体的金融素养差距很大。年龄对金融素养的影响呈现倒 U 型，学生时期、工作初期的年轻人所具备的金融知识和金融能力较少。老年人由于认知功能的退化，也会导致金融素养相应降低。地区之间也存在一定的金融素养差异，东部、中部、西部地区的消费者金融素养水平依然维持着从高到低的格局。同时，金融知识普及和金融教育缺乏系统性设计，主要依靠金融部门通过"宣传周""宣传月"等方式开展集中式宣传，缺乏宣传教育的长效机制。在宣传渠道上，主要依靠金融机构营业点宣传，在人流密集地点开展现场讲解和发放宣传单以及网络新媒体平台推送文章等方式，对欠发达地区以及农民、在校学生、劳务流动人口、社区老年人等弱势人群的覆盖不足，限制了宣传教育内容向深度发展。

4. 消费者金融素养与金融环境秩序互相促进的局面尚未形成，金融科技衍生新风险形态

消费者金融素养是金融秩序稳定的基础，良好的金融环境秩序也会帮助消费者不断学习成长。但当社会环境等因素改变了消费者对最优金融决策行为的认知时，金融素养的作用便不再明显。一方面，中国金融消费

领域存在一些乱象，严重损害了消费者权益；另一方面，部分消费者也存在"薅羊毛"和博取高收益的心态，为非法金融活动的生存提供了"土壤"。同时，数字经济时代的金融科技在改变传统金融业运行逻辑的同时还催生出新生行业，金融科技的便利性与技术创新深刻影响了金融产品、金融业态、金融服务场景与模式，同时也带来了新的风险。一是金融科技的网络化交易极易获取个人隐私与金融数据，导致消费者处于极大的信息暴露风险之中。二是违法违规的互联网金融诈骗层出不穷，增大了风险隐蔽性。三是各式各样的互联网金融操作平台与界面，增加了消费者操作难度。

（三）提升中国消费者金融素养的途径

在这样一个风险具有系统性与高度关联性的社会中，每一位公民、每一名消费者都难以置身事外、独善其身，应当通过不断提升金融素养，防范化解新时期金融风险，促进金融稳定健康发展。为了适应新时代金融发展的要求，维护金融市场的健康有序发展，保护金融消费者权益，需要全社会共同参与，全面打造金融教育体系，提升中国消费者金融素养。

1. 加强顶层设计，建立全面覆盖的金融教育体系

在经济发展阶段和金融市场发展的新形势下，针对消费者金融素养现状和金融教育中存在的问题，在国家层面统筹制定提升金融消费者素养的全国金融教育总体规划，明确金融素养和金融能力的发展目标，科学设计金融知识普及框架和培训计划，分解教育部门、金融机构、基层社区等各部门工作任务，形成全面、系统、科学发展的新局面。一方面在金融教育国家战略基础上，制定面向国民的中长期规划，将普及金融知识、培育金融实践能力纳入国民教育体系，注重教育的阶段性、有序性，注重突出金融风险教育。另一方面金融教育主体多元化，政府部门、教育机构、金融机构、民间组织、消费者协会、工会、雇主、媒体等都应统筹在金融教育制度运行过程中，形成组织者、实施者、参与者、宣传者协同联动，更具社会意义、更趋普遍价值的金融教育体系。

2. 构建高效的风险信息传播机制，补齐金融行为监管短板

风险信息传播的完整性、时效性是正确的风险认知、风险治理与防范的前提与基础。一方面媒体的信息传播方式应该便捷化、多样化，针对不同地区、不同行业、不同年龄段的群体设置差异化的展示形式，让公众能够清晰直观地获取风险信息。另一方面传统主流媒体与新媒体各展所长，构建科学的风险认知机制。同时，针对风险的系统性与关联性，各媒体应摒弃个人主义，在社会风险治理中积极推进信息共享。补齐金融行为监管短板就是要提高各监管部门中消费者（投资人）保护机构的独立性，确立其在金融运行中实施统一行为监管的地位，在此基础上应加强部际间的横向监管协调，消除中央与地方的纵向监管分割。要构建涵盖金融机构与金融消费者的行为监管标准体系，包括金融机构业务行为标准、金融产品监管标准以及金融争端调解机制、金融风险处置机制、金融知识宣传计划与规范。要建立行为监管工具体系，包括现场监管、非现场监管和其他监管方式，重点是金融机构发售交叉性金融产品的资料真实性、风险说明的非现场审批，金融消费者行为偏差风险的统计核算、度量与分析。要构建行为监管信息平台，包括金融产品信息披露平台、金融风险预警平台、金融争议受理平台、金融后台监管平台、金融消费者教育平台、金融行为公告平台。

3. 齐抓共管，形成全社会共同参与的新局面

消费者金融素养提升和金融教育是一项系统性工程，需要金融部门、教育部门和宣传部门等多方力量齐抓共管，形成共同参与的新格局。要成立或者指定金融教育的主管部门，统筹金融教育规划的制定和实施，协调各部门按照计划全面科学地推进金融教育。要将金融教育纳入国民基本素质教育中，推进金融基础知识走进课堂，对刚开始接触金融消费、金融素养比较欠缺的大学生群体，要有针对性地进行培训，使他们走进社会之前具备足够的金融知识和金融技能。金融机构、行业协会等要利用在一线接触消费者的有利优势，对处于不同阶段的金融消费者开发多样化的金融教育素材，引导消费者实现资产增值和保持财务健康，

帮助消费者在金融决策中不断提升金融素养。社区、乡镇等基层组织要推进金融教育走进千家万户，覆盖老年人、流动务工人员、农民等金融素养薄弱人群。

4. 加强金融环境建设，形成金融素养和金融环境螺旋上升的良性互动

首先，各金融机构应当及时、全面、准确地公开产品信息，便于消费者学习理解，掌握产品的风险和收益。其次，应当及时制止可能引起消费者效仿的不好苗头。为维护良好的金融环境和化解问题的成本最小化，对实际为"庞氏骗局"的高收益理财产品，应当做好监测并尽早处置。低收入、低学历和老年群体金融素养较低，容易做出与自身情况不相符的金融决策，针对弱势群体应当采取相应的保护措施。对网络上存在的非法金融广告要加大清理整顿力度。金融机构在销售金融产品时，应当做好对客户风险承受能力的评估，严格认定合格投资者，不能向消费者销售其不需要或超过其自身风险能力的产品。当消费者做出超出其承受能力的金融行为时，应及时提醒和制止，防止掉入各类金融陷阱之中。

5. 大力提升消费者数字金融素养

大数据、区块链、云计算、人工智能等数字技术正深刻改变着人类的经济活动与生活方式，也促进了金融科技迅猛发展，数字金融素养就是数字经济时代消费者金融素养提升的新维度、新要求。一是加深数字技术对金融素养影响的理论研究，加快数字金融素养核心指标、评估体系的框架构建，尤其要明确数字金融重点方向体现在偏远落后地区、"三农"、中小微企业、低收入群体的普惠性功能。二是构建纳入监管部门、金融机构、行业协会、金融消费者多元主体有机联系的数字金融教育格局。监管部门应常态化开展数字金融知识普及活动，突出围绕未成年人与老年人的风险提示与知识宣传。三是金融机构应加大数字金融服务力度，提升数字金融服务透明度，加大数字金融产品风险信息披露；行业协会可通过举办主题讲座、专家论坛、知识竞赛，借助网络专栏、公众平台开展数字金融教育，也可通过制作知识手册、海报、台历等形式扩大宣传。四是金融消

费者应树立风险与收益均衡的投资基本理念，积极学习金融知识、提升数字技能，在数字经济时代真正实现主动防范风险与有效化解风险。

二、小额信贷客户的教育实践

教育作为一种教书育人的过程，可将一种最客观的理解教予他人，而后在自己的生活经验中得到自己所认为的价值观。客户教育作为一种提高人的综合素质的实践活动对小额信贷事业的发展尤为重要。在现阶段，以大数据、人工智能和云计算等数字技术主导的新一轮技术革命正在世界范围内方兴未艾，数字技术被广泛应用到了社会各行各业，数字时代背景下传统小额信贷教育模式面临着新的机遇和挑战。近年来，诸多金融机构及小额信贷机构和相关组织机构积极探索利用数字技术丰富载体、创新形式，主动适应数字时代金融消费者包括小额信贷客户金融知识需求新变化，推动小额信贷客户教育工作向纵深发展，取得了初步成效。

（一）建设银行始终把帮助消费者了解权益、增强金融素养作为重要功课

在机会与风险共存的当下，增强金融知识储备是消费者得到"预防性"保护的关键，也是规避金融风险的有效方法。建设银行高度重视金融知识普及，始终把帮助消费者了解权益、辨别风险，增强金融素养作为服务清单上的重要功课。为更有效地推动金融消费者教育工作，建设银行不断探索宣教内容和形式的多样化，扩大宣教活动的渗透力和影响力。在以网点为"主阵地"宣传的基础上，建行员工主动走进社区、农村、工厂、企业等地普及金融知识，并通过微博、微信、官方网站、手机银行App 等平台，开设漫画连载、短视频大赛、有奖问答等互动性活动，为不同客户群量身打造金融知识"移动课堂"。同时，在建行研修中心"金智惠民"频道开辟"公众教育及消保课堂"专区，开通"多彩小课堂""消保微电影""老年消保课堂""小小银行家""守住钱袋子""高校金融教育宣传""联合教育宣传月""以案说险及风险提示"八个专栏，服务"一老一小"、残障人士、大学生等重点客群。面向百姓展播精品课程

及微电影 60 余个，展示消费者权益保护的核心要义和实践，以"沉浸式、案例式、场景式"的课程，让百姓"一看就懂、一学就会"，实现金融知识"触手可及"。

（二）交通银行云南省分行全力做好金融消费者权益保护的捍卫者

交通银行云南省分行始终践行"以人民为中心"的发展思想，长期以来一直将维护金融消费者权益作为重要职责，在为云南省人民群众提供高质量金融服务的同时，不断完善金融消费者权益工作机制体系建设、产品与服务管理、个人信息保护、客户投诉处理、客诉情况溯源整改、建立多元纠纷化解机制、开展金融知识宣传，多措并举加强金融消费者权益保护。交通银行云南省分行推动金融消费者包括小额信贷客户教育和金融知识普及工作，切实提升消费者金融素养。该行充分利用手机银行、网站、微信公众号等新兴媒体开展线上宣传。在各营业网点均设立公众教育区，常态化开展普及金融知识进社区、进学校、进企业、进乡村等线下活动，帮助人民群众更好地了解金融知识，善用金融产品，提高金融风险意识。该行结合自身特点打造"姣姣说消保"宣传品牌，重点针对"一老一少"人群，组织开展防范和打击非法集资、防范电信诈骗系列宣传、防范非法校园贷、客户信息安全、征信知识等宣传教育活动，增加宣传效果。

三、数字时代的小额信贷客户教育

据第 44 次《中国互联网络发展状况统计报告》统计，截至 2019 年 6 月，中国网民规模达 8.54 亿人，互联网普及率达 61.2%，手机网民规模达 8.47 亿人，网民手机上网比例达 99.1%，网络空间已成为国民接收信息主渠道。目前移动互联网已经成为人们生活、工作和学习不可或缺一个基础设施。同时，基于移动互联网的教育载体层出不穷，金融知识宣传载体正经历着由线下到线上、由实体到虚拟的重大变化，手机、笔记本电脑、阅读器等移动互联网终端使用率增长明显。

应当关注到金融知识需求从"大众宣传"向"分众宣传"转变。当前，网络信息技术飞速发展，人们面临的信息供给越来越多，受众信息选择意识日益增强，金融宣传应针对受众分化和信息需求多元化等变化，提供差异化金融知识产品。数字时代，部分人群面临新的"数字鸿沟"问题。依据中国人民银行金融消费权益保护局《消费者金融素养调查分析报告2019》结论，数字技术对消费者金融素养的影响整体是正向的，影响机制可概括为促进和滞后两种效应，滞后效应突出体现在老年人、低学历、低收入和乡村部分人群中，这部分人群在数字时代金融宣传中面临着新的"数字鸿沟"。

为了适应新形势下小额信贷教育面临的新情况新问题，小额信贷行业需要采取相应的措施。一是注重科技赋能，积极运用新媒体探索数字化金融教育。要积极利用数字技术推进金融教育，充分运用移动互联网、大数据、云计算等信息技术，借助微博、微信、手机应用软件、网络直播等新媒体，不断丰富金融教育方式，满足不同群体差异化需求，不断提升金融宣传精准性。二是注重资源整合，形成金融知识宣传工作合力。当前中国人民银行、各金融监管部门和金融机构都承担着金融知识宣传工作。同时，线上金融知识宣传通常还会涉及金融科技、网络信息安全、舆情应对等工作。因此，应加强资源整合，推动"资源共享、渠道共享、效果共享"，形成金融知识宣传合力。三是注重协调联动，统筹推进金融知识宣传与金融消费者保护等相关工作。要增强大局意识、宏观意识、公益意识，坚持把维护好人民群众的根本利益和长远利益作为金融知识宣传工作的出发点，统筹推进金融知识宣传与金融消费者保护等工作，有效提升消费者金融素养，切实保护金融消费者合法权益。四是注重顶层设计，积极探索制定适应数字时代的金融教育国家战略。加快制定实施《中国金融教育国家战略》，确定符合国情、符合数字时代发展趋势的金融教育框架和总体思路，大力提倡数字教育，引导监管机构、金融机构和社会各方积极开拓新型金融宣传模式，切实提升金融宣传的有效性。

第十章 小额信贷机构的监管与普惠金融发展的政策

近年来，随着小额信贷机构在低收入人群增收、支持中小企业发展、解决就业等方面的重要作用日益显现，小额信贷机构资金来源多样化和规模扩大，小额信贷机构的监管问题逐步浮出水面，一些国家已经建立了相对完善的小额信贷机构监管组织体系和制度安排。

第一节 小额信贷机构监管的国际经验

世界各国对小额信贷机构的监管政策设计多是鼓励性的，以便金融机构扩大加强小额信贷服务的广度和深度。与此同时，对小额信贷业务的监管又须坚持审慎原则，以确保这类针对特定人群的金融服务可持续发展。

一、小额信贷机构监管归属权的确立和监管原则

虽然小额信贷机构的客户数量很多、资产分布范围极广，但其资产总量较小，很少能够对一国或地区的金融体系稳健性产生影响。因此，国际上很多国家对小额信贷机构实施监管的目标主要是保护资金提供者的利益，对小额信贷机构的监管模式因资金来源不同而异。

对于资金全部来源于个人投资或机构捐赠的小额信贷机构由出资人、捐赠方委托的第三方负责监督，一般情况下政府不直接进行监管，但可通过银行监管部门了解此类机构的业务规模，通过司法部门惩治金融犯罪。对于资金全部来源于内部成员的互助型机构由银行监管当局负责并适用于相对简化的审慎监管框架，如通过设定并监控业务范围、限制贷款期限、设立利率上限等控制风险。对资金主要来源于公众存款的机构纳入银行监管框架。

国际监管组织对于小额信贷行业监管原则的一致意见，主要包括：

（一）监管要设计明确的"发展路径"

那些经营业绩优秀、最初并不能吸收公众储蓄的小额信贷机构，能够逐步扩大资金来源，最终能够以某种形式获得公共储蓄资金，或者某个批发机构的转贷资金，比如来自政策性银行、商业银行、社区合作金融组织或者邮政储蓄机构的资金。而要放开小额信贷机构储蓄业务的原则包括"具有明确的产权结构、私人商业性资本介入和参与机构管理、可以获得具有竞争力的资本回报率"。

（二）建立和完善小额信贷监管制度

区分审慎性监管和非审慎性监管。应该对不吸收公共存款的小额信贷机构实施非审慎性监管，这些机构只需注册即可在业务范围内开展活动。而对那些被允许吸收存款的小额信贷机构，则必须从保护存款人利益的角度出发，采用审慎性监管的原则和方法。

（三）确定小额信贷机构的监管主体

根据小额信贷机构的具体性质来确定，可以是银行业监管当局，也可以是行业协会等自律性组织，甚至可以委托其他部门监管。

二、对小额信贷机构的审慎监管

什么是审慎监管？审慎监管就是政府对被监管机构的金融稳定性进行的监管。此类管理的目的在于确保被监管机构保持偿付能力，或在其无力偿还债务时中止其储蓄业务。审慎监管通常比大多数非审慎监管复杂、困难，也更耗资。审慎监管（如资本充足率标准或关于准备金与流动性的要求）总是有专门的金融权力机构来从事此项工作。各国对吸收公众存款的小额信贷机构都建立了相对健全的审慎监管框架并在设立审慎监管指标时采用了较严的标准。

（一）注册资金

注册资金指企业的股东实际缴付的出资数额，是国家授予企业法人经营管理的财产或者自有财产的数额体现，是企业全部财产的货币表现，是企业从事生产经营活动的物质基础，是登记主管机关核定经营范围和方式的主要依据。注册资金是一道"最低门槛"，由监管当局根据市场中金融中介的经济规模设定，无法满足最低要求的机构也难以支撑作为金融中介所需的基础设施。实际上，注册资金要求成了进入审慎监管框架的配比参数，该指标越低，进入审慎监管框架的机构越多，竞争就越激烈，监管当局的监管负担也越重。

（二）资本充足率

资本充足率反映商业银行在存款人和债权人的资产遭到损失之前，该银行能以自有资本承担损失的程度。规定该项指标的目的在于抑制风险资产的过度膨胀，保护存款人和其他债权人的利益、保证银行等金融机构正常运营和发展。各国监管当局对小额信贷机构的资本充足率要求较传统银行更严，普遍高于1988年资本协议确立的8%的最低资本要求，一般在10%~20%。

（三）资产分类及贷款损失准备金计提

许多国家将逾期天数作为小额贷款分类的主要标准，玻利维亚将贷款重组的次数也作为分类因素，即使贷款没有出现逾期，每重组一次风险级数升高一级。监管当局通常要求小额信贷机构按照贷款总量的一定比例提取一般准备金，同时根据贷款的逾期天数提取专项准备金。一些国家如乌干达、玻利维亚对重组贷款的准备金制度要严于正常贷款。由于小额贷款主要采用分期还款的模式，逾期的次数较逾期天数更能反映贷款的违约风险，印度尼西亚的准备金要求与逾期次数挂钩。

（四）风险集中度

集中度风险是指由于对单一债务人或相关的一群债务人的风险暴露过大而使资产组合额外承担的风险。集中度风险具有很大的隐蔽性，在风险逐步集聚的过程中，它不会像别的风险那样，边集聚、边暴露，边有损失。集中度风险在集聚过程中，不仅不会出现损失，而且还会带来收益，往往是集中度风险越高收益也会越高。虽然小额信贷机构的贷款不会过分集中于少数几个大的客户，但由于贷款对象的特殊性，小额信贷机构贷款的区域、行业集中度很高，客户同质性非常突出。因此风险集中度是监管当局关注的重要审慎指标。监管当局一般通过限制单笔贷款、对单个客户的贷款规模控制贷款集中风险。

（五）内部人借贷

小额信贷机构由于其公司治理相对薄弱，内部人交易问题有可能更甚于传统大银行。对内部人借贷的处理方式可大体分为两类：一类是严格限制内部人借贷，如玻利维亚、尼泊尔、洪都拉斯等国。另一类是控制内部借贷的总量，如吉尔吉斯规定每笔内部借贷须经董事会批准，加纳、乌干达规定内部借贷总量不超过小额信贷机构资本的10%，并将雇员融资总额与其年薪挂钩。

（六）备付金和流动性要求

监管当局要求小额信贷机构逐年提取一定比例的利润，建立内部备付基金以应付流动性，备付基金只能投资于流动性资产。如尼泊尔监管当局要求有限牌照的合作金融组织每年提取利润的25%、开发银行每年提取利润的20%用于积累备付基金，直至基金总额达到实收资本的2倍后积累比例可降至10%。

三、对小额信贷机构的非审慎监管

非审慎监管又称非审慎限制，本质上是为小额信贷机构设计行为准则，包括对小额信贷机构的信贷业务准入、客户保护、防止欺诈和金融犯罪、明确利率政策、厘清税务和会计问题等。非审慎监管大都是由被监管者自助监管，而不是由金融权力机构监管。

（一）放贷许可

国际上对从事小额信贷活动的许可形式可分为三类：第一类没有特定的准入要求，即任何非政府组织或实体无须申请特许牌照都可以从事信贷业务。第二类有选择的准入管理，如机构开展信贷业务，但不吸收公众存款只需获得监管当局颁发的证书。第三类作为特许牌照管理，即只有获得监管当局经营许可的机构才能从事信贷业务。在有些国家的法律体系中，未经禁止的行为即意味着许可。非常合理的做法是，引入非审慎监管以明确授予非储蓄性小额信贷机构放款的权力。许可放贷的监管应该相对简单一些。有时除公开登记和签发许可证之外，不再有其他要求。注册和发放许可证所需要的信息与文件应该与其监管目标有关，比如，针对违规行为的纠正制定政府行为的准则，以及确定行业绩效的基准。

（二）客户保护

小额信贷有关非审慎的客户保护问题，需要引起社会各界的关注。贷款的固定成本使得小额信贷的实际价格通常要高于传统信贷产品。小额信贷机构为避免高利率可能带来的负面影响通常只对外公布一个较低的小额信贷利率，但同时规定对一定规模以下的贷款收取额外费用，混淆了贷款的实际成本。一些国家从保护客户的角度出发，要求小额信贷机构公布真实的贷款成本。同时，保护借款人免受不正当放贷和收款行为的影响，以及向借款人提供有关放款的真实信息，如有关贷款成本的精确、可比性、透明的信息。

（三）防范欺诈与金融犯罪

防止欺诈和金融犯罪，特别是反洗钱。在这方面小额信贷机构适用于与传统银行同样的法律法规，但不一定要由负责银行审慎监管的部门执行。针对欺诈和金融犯罪，小额信贷监管方面有两大关注：一是关注证券欺诈和投资滥用行为，如金字塔式的经营方式；二是关注洗钱问题。

（四）设立利率上限

一些国家为保护低收入群体，对小额贷款利率设立了上限。但设定利率上限的做法应谨慎采用。如设限太高，没有实际意义，如设限太低，专业小额信贷机构可能会因为贷款收益无法覆盖成本而难以为继。为此，放贷人收取的利息要覆盖其资金成本、贷款损失以及管理费用。资金成本和贷款损失往往会与放款金额成正比例增加，但是管理费用则随着放贷笔数的增多、放款金额的变小出现大幅度的增加。立法机关和公众很少能够理解这种曲折辩证关系，所以他们往往对小额信贷机构的利率愤愤不平。因此，政府希望控制小额信贷的利率，制订出一个指导性封顶利率。

（五）有安全保障的交易

如果房地产和动产可以作为抵押和担保，那么借款人、放贷人以及国民经济都会从中受益。但是在很多发展中国家和处于转型期的国家，建立并实行动产抵押是昂贵的，或者是不可能的。有的时候，由于存在种种约束，收入较低的人群很难用自己的房子和土地作抵押，这就需要进行立法方面的改革。

（六）税务和会计处理

在增值税的处理上一些国家只对实施审慎监管的正规金融机构发放的小额信贷业务提供优惠增值税待遇，而另外一些国家对合作金融机构采取不同于银行的增值税政策。在所得税的处理上，通常给予对不以营利为目的非政府组织免收所得税的优惠，因为这些组织的盈利并不用于分配而是转为投资扩大社会福利。实际操作中必须确保这类机构坚守"不分配"原则，如不能向内部人发放低息贷款等。

第二节　小额信贷机构监管的中国实践

在中国，公益性小额信贷机构、小额贷款公司（含外资小额贷款公司）、村镇银行、国有大中型商业银行、地方商业银行、农村信用社系统、互联网金融机构、农村资金互助社等各类型机构都在开展小额信贷业务。近年来，随着小额信贷机构在扶贫、支持中小企业发展、解决就业等方面的重要作用日益显现，小额信贷机构的监管问题也引发了各方面的关注，中国在学习借鉴经验、立足基本国情的基础上，采取中央和地方相互协调，审慎监管和非审慎监管相结合的小额信贷机构监管组织体系和制度安排。目前，中国对各类银行和非银行金融机构开展小额信贷业务所采取的监管就属于审慎监管。而从小额信贷机构监管的中国实践来看，对村镇银行、小额贷款公司及互联网小额信贷的监管仍然处于积极的探索中。为此，本章除介绍现代金融监管基本内涵以外，侧重通过对村镇银行、小额贷款公司及互联网小额信贷监管的组织体系和制度安排的分析研究，力求揭示一些小额信贷机构监管中国实践的规律性。

一、现代金融监管基本内涵①

作为中国的金融监管机构，银保监会回顾国际国内金融治理的历史，总结近些年应对各种风险挑战的实践，对现代金融监管的基本内涵归纳为以下六个要素：

（一）宏观审慎管理

防范和化解系统性风险，避免全局性金融危机，是金融治理的首要任务。我国宏观审慎的政策理念源远流长，早在春秋战国时期就开始了政府对商品货币流通的监督和调控，西汉的"均输平准"已经成为促进经济发展和金融稳定的制度安排。现代市场经济中，货币超发、过度举债、房地产泡沫化、金融产品复杂化、国际收支失衡等问题引发的金融危机反复发生，但是很少有国家能够真正做到防患于未然。2008年国际金融危机爆发后，国际社会从"逆周期、防传染"的视角重新检视和强化金融监管安排，完善分析框架和监管工具。有效的信息共享、充分的政策协调至关重要，但是决策层对重大风险保持高度警惕、执行层能够迅速反应更为重要。

---

① 中国银保监会主席郭树清于2022年11月2日关于《加强和完善现代金融监管》的发言。

（二）微观审慎监管

中华传统商业文化就特别强调稳健经营，"将本求利"是古代钱庄票号最基本、最重要的行事准则，实质就是重视资本金约束。巴塞尔银行监管委员会和国际保险监督官协会，就是在资本金约束规则的基础上，逐步推动形成银行业和保险业今天的监管规则体系。资本标准、政府监管、市场约束，被称为微观审慎监管的"三大支柱"。许多广泛应用于微观审慎监管的工具，如拨备制度等，也具有防范系统性风险的功能。

（三）保护消费权益

金融交易中存在着严重的信息不对称，普通居民很难拥有丰富的金融知识，而且金融机构工作人员往往也不完全了解金融产品所包含的风险。这就导致金融消费相较于其他方面的消费，当事人常常会遭受更大的利益损失。2008年国际金融危机之后，金融消费者保护受到空前重视。世界银行推出39条良好实践标准，部分国家对金融监管框架进行重大调整。我国"一行两会"内部均已设立金融消费者权益保护部门，从强化金融知识宣传、规范金融机构行为、完善监督管理规则、及时惩处违法违规现象等方面，初步建立起行为监管框架。

（四）打击金融犯罪

金融犯罪活动隐蔽性强、危害性大，同时专业性、技术性较为复杂。许多国家设有专门的金融犯罪调查机构，部分国家赋予金融监管部门一定的犯罪侦查职权。巴塞尔银行监管委员会和一些国家的金融监管机构，均将与执法部门合作作为原则性要求加以明确。我国也探索形成了一些良好实践经验。比如，公安部证券犯罪侦查局派驻证监会联合办公，银保监会承担全国处置非法集资部际联席会议牵头职责，部分城市探索成立专门的金融法院或金融法庭。但是，如何更有效地打击金融犯罪，仍然是政府机构设置方面的重要议题。

（五）维护市场稳定

金融发展离不开金融创新，但要认真对待其中的风险。过于复杂的交易结构和产品设计，容易异化为金融自我实现、自我循环和自我膨胀。能源、粮食、互联网和大数据等特定行业、特定领域在国民经济中具有重要地位，集中了大量金融资源，需要防止其杠杆过高、泡沫累积最终演化为较大金融风险。金融市场是经济社会运行的集中映射，在经济全球化背景下，国际各种事件都可能影响市场情绪，更加容易出现"大起大落"异常震荡。管理部门要加强风险源头管控，切实规范金融秩序，及时稳定市场预期，防止风险交叉传染、扩散蔓延。

（六）处置问题机构

及早把"烂苹果"捡出去，对于建设稳健高效的风险处置体系至关重要。一是"生前遗嘱"。金融机构必须制定并定期修订详实可行的恢复和处置计划，确保出现问题得到有序处置。二是"自救安排"。落实机构及其主要股东、实际控制人和最终受益人的主体责任，全面做实资本工具吸收损失机制。自救失败的问题机构必须依法重整或破产关闭。三是"注入基金"。必要时运用存款保险等行业保障基金和金融稳定保障基金，防止挤兑、退保事件和单体风险引发系统性区域性风险。四是"及时止损"。为最大限度维护人民群众根本利益，必须以成本最小为原则，让经营失败金融企业退出市场。五是"应急准备"。坚持底线思维、极限思维，制定处置系统性危机的预案。六是"快速启动"。有些金融机构风险的爆发具有突然性，形势恶化如同火警，启动处置机制必须有特殊授权安排。

二、对村镇银行的监管组织体系及制度安排

自 2007 年 1 月，原中国银监会出台了《村镇银行管理暂行规定》（以下简称《暂行规定》）。《暂行规定》本着"低门槛，严监管"的原则，就村镇银行的性质、法律地位、组织形式、设立方式、股东资格、组织机构、业务经营、审慎监管、市场退出等分别做出较为详细的规定，基本明确了对村镇银行的监管主体和监管模式及主要内容。特别是通过主发起行制度、投资管理型村镇银行及"一行多县"等一系列政策措施的出台，形成了中国特色的银行业小额信贷机构监管组织体系及制度安排。

（一）对村镇银行的监管组织体系

《暂行规定》共八章六十三条，在出资人或发起人条件、注册资本、业务准入、高级管理人员任职资格条件、公司治理等方面进行适当调整和放宽，而在村镇银行的审慎经营、银行业监督管理机构对村镇银行审慎监管的要求方面作出了严格规范。

《暂行规定》第二条明确规定，村镇银行是经中国银行业监督管理委员会依据有关法律、法规批准，由境内外金融机构、境内非金融机构企业法人、境内自然人出资，在农村地区设立的主要为当地农民、农业和农村经济发展提供金融服务的银行业金融机构。在这一条款中明确了四个要点：第一，中国银行业监督管理委员会是村镇银行监管的主体；第二，村镇银行是银行业金融机构；第三，村镇银行的出资人可以是境内外金融机构、境内非金融机构企业法人及境内自然人；第四，村镇银行必须在农村地区设立，主要为当地农民、农业和农村经济发展提供金融服务。

《暂行规定》第五十九条对农村地区进行了说明和解释，即村镇银行的设立地点是指中西部、东北和海南省县（市）及县（市）以下地区，以及其他省（区、市）的国定贫困县和省定贫困县及县以下地区。

根据《暂行规定》，中国村镇银行具备以下几个特点：

第一，地域和准入门槛：村镇银行的一个重要特点就是机构设置在县、乡镇，根据《暂行规定》，在地（市）设立的村镇银行，其注册资本不低于5000万元；在县（市）设立的村镇银行，其注册资本不得低于300万元；在乡（镇）设立的村镇银行，其注册资本不得低于100万元。

第二，市场定位：村镇银行的市场定位主要在于两个方面：一是满足农户的小额贷款需求，二是服务当地中小型企业。

第三，治理结构：作为独立的企业法人，村镇银行根据现代企业的组织标准建立和设置组织构架，同时按照科学运行、有效治理的原则，村镇银行的管理结构是一种扁平化的管理模式。

《暂行规定》第六章对村镇银行的监督检查作出了明确规定，主要体现在以下几个方面：

第一，村镇银行开展业务，依法接受银行业监督管理机构监督管理。银行业监督管理机构根据村镇银行业务发展和当地客户的金融服务需求，结合非现场监管及现场检查结果，依法审批村镇银行的业务范围和新增业务种类。

第二，银行业监督管理机构依据国家有关法律、行政法规，制定村镇银行的审慎经营规则，并对村镇银行风险管理、内部控制、资本充足率、资产质量、资产损失准备充足率、风险集中、关联交易等方面实施持续、动态监管。

第三，银行业监督管理机构按照《商业银行监管内部评级指引》的有关规定，制定对村镇银行的评级办法，并根据监管评级结果，实施差别监管。

第四，银行业监督管理机构根据村镇银行的资本充足状况和资产质量状况，适时采取下列监管措施：一是对资本充足率大于8%、不良资产率低于5%的，适当减少现场检查的频率和范围，支持其稳健发展；二是对资本充足率高于4%但低于8%的，要督促其制订切实可行的资本补充计划，限期提高资本充足率，并加大非现场监管及现场检查力度，适时采取限制其资产增长速度、固定资产购置、分配红利和其他收入、增设分支机构、开办新业务等措施；三是对限期内资本充足率降至4%、不良资产率高于15%的，可适时采取责令调整董事或高级管理人员、停办部分或所有业务、限期重组等措施进行纠正；四是对在规定期限内仍不能实现有效重组、资本充足率降至2%及以下的，应适时接管、撤销或破产。

第五，银行业监督管理机构应建立对村镇银行支农服务质量的考核体系和考核办法，定期对村镇银行发放支农贷款情况进行考核评价，并可将考核评价结果作为对村镇银行综合评价、行政许可以及高级管理人员履职评价的重要内容。

第六，村镇银行违反本规定的，银行业监督管理机构有权采取风险提示、约见其董事或高级管理人员谈话、监管质询、责令停办业务等措施，督促其及时进行整改，防范风险。村镇银行及其工作人员在业务经营和管理过程中，有违反国家法律、行政法规行为的，由银行业监督管理机构依照《中华人民共和国银行业监督管理法》《中华人民共和国商业银行法》等有关法律法规实施处罚；构成犯罪的，依法追究刑事责任。村镇银行及其工作人员对银行业监督管理机构的处罚决定不服的，可依法提请行政复议或向人民法院提起行政诉讼。

（二）设立发起人制度，探索村镇银行管理新模式

"发起人制度"是原中国银监会对发展村镇银行的制度创新之处。原中国银监会规定，组建村镇银行必须有一家符合监管条件、管理规范、经营效益好的商业银行作为主要发起银行，并且单一金融机构的股东持股比例不得低于20%。2014年5月，为了鼓励民间资本投资村镇银行，原中国银监会出台了《关于鼓励和引导民间资本进入银行业的实施意见》，将主发起行的最低持股比例降至15%，进一步促进了村镇银行多元化的产权结构。

自2007年3月全国首家村镇银行——四川仪陇惠民村镇银行宣告成立以来，通过主发起行发起设立、以"支农支小、服务县域"为宗旨，村镇银行在全国迅速发展。在原中国银监会日益完善的监管法规政策指引下，各村镇银行的主发起行积极发挥"母行"特色优势，大力支持村镇银行的经营管理和业务发展，形成了各具特色的多元化村镇银行管理模式。

主发起行对村镇银行管理主要采取以下几种模式：一是专设子公司集约化管理模式，由中国银行作为主要股东成立的中银富登村镇银行主要采用这种模式；二是总行层面设立专门的一级部门统一履行管理职责，浦发银行、德清农村商业银行均采用这种管理模式；三是总行与属地分行共同管理模式，民生银行、中信银行等银行采用的就是这种管理模式；四是其他方式（包括行业协会管理模式和工作小组管理模式）。

（三）投资管理型村镇银行和"多县一行"制度的出台和试点实施

2018年1月，为贯彻落实乡村振兴战略和精准扶贫、精准脱贫基本方略，推动发展普惠金融，有效解决中西部金融服务薄弱地区银行业金融

机构网点覆盖率低、金融服务供给不足问题，着力加强对"三农"、偏远地区和小微企业的金融服务，促进村镇银行持续健康发展，原中国银监会出台《关于开展投资管理型村镇银行和"多县一行"制村镇银行试点工作的通知》（以下简称《通知》），提出了开展投资管理型村镇银行和"多县一行"制村镇银行两大试点。

1. 开展投资管理型村镇银行试点

针对现行主发起人管理模式协调难度大、成本高、资源不集中等问题，为强化中后台系统支持，提高村镇银行集约化管理和专业化服务水平，《通知》提出，具备一定条件的商业银行，可以新设或者选择一家已设立的村镇银行作为村镇银行的投资管理行，即投资管理型村镇银行，由其受让主发起人已持有的全部村镇银行股权，对所投资的村镇银行履行主发起人职责。《通知》强调，投资管理型村镇银行要以促进村镇银行持续健康发展、提高集约化管理和专业化服务水平为宗旨，着力增强村镇银行管理水平和中后台服务功能，建立面向"三农"和小微企业的股权结构、治理架构和服务机制，并积极参与发起设立村镇银行，重点布局中西部地区和老少边穷地区。

自村镇银行试点以来，主管部门积极支持主发起人探索可行有效的管理模式，例如，指定部门管理、成立事业部管理等方式，加强对村镇银行的管理和服务。但是随着主发起人组建村镇银行数量增加，现行管理模式已经难以适应集约化管理和专业化服务的需要。因此，投资管理行模式的推行是顺势而为。

此外，与原有管理模式相比，投资管理行模式优势显著：①作为独立法人，能够更好统筹集中优势资源，提高管理服务效率，解决中后台服务短板。②有利于带动社会资本投资入股。在商业银行持股比例不低于15%的前提下，《通知》要求投资管理行优先引进优质涉农企业投资入股，从而拓宽民间资本投资入股村镇银行的渠道。③投资管理行能够针对村镇银行特点，建立专门的风险识别、监测、处置以及流动性支持等制度，构建"小法人、大平台"机制，形成规模效应，提升村镇银行管理能力和整体抗风险能力。

2. "多县一行"制村镇银行试点

"多县一行"是此次《通知》的另一个亮点。实施"多县一行"制村镇银行模式，即在中西部和老少边穷地区，可以在同一省份内相邻的多个县（市、旗）中选择1个县（市、旗）设立一家村镇银行，并在其邻近的县（市、旗）设立支行。在实现村镇银行商业可持续的前提下，扩大欠发达地区金融服务的覆盖面，提升基础金融服务的可得性和均等化水平。这一模式既能较好保障村镇银行健康持续发展，又有利于提高欠发达地区金融服务的覆盖面和可得性。村镇银行作为优化农村金融资源配置格局的创新制度安排，仍具有广阔的发展空间。投资管理型和"多县一行"制村镇银行试点获批，昭示中国村镇银行发展迎来新风向。

2018年初，为贯彻落实中共中央、国务院关于建设普惠金融体系、推进金融精准扶贫和实施乡村振兴战略的决策部署，经国务院批准，银保监会同意河北、山西、内蒙古、黑龙江、福建、河南、湖南、广东、广西、四川、云南、陕西、甘肃、青海、新疆15个中西部和老少边穷且村镇银行规划尚未完全覆盖的省份开展首批"多县一行"制村镇银行试点。

与前期采取的"一县一行"组建村镇银行方式不同，此次"多县一行"制村镇银行试点仅在中西部和老少边穷地区，特别是贫困县相对集中的县（市、旗，以下统称县）开展。具体模式是，在多个邻近县中选择一个县设立村镇银行总部，在邻近县设立支行。设立支行数量根据所在地经济金融总量、主发起人资本实力和风险管控能力等因素综合确定，原则上一般不超过5个。开展这一试点的主要目的是加大对中西部地区和老少边穷地区金融资源投入，有针对性地解决欠发达地区单独组建村镇银行法人无法实现商业可持续经营的突出困难，扩大金融服务覆盖面和提高可得性。

（四）督促村镇银行提升金融服务乡村振兴战略的能力

2019年12月，为贯彻落实党的十九大提出实施乡村振兴战略、第五次全国金融工作会议要求中小银行回归本源、专注主业相关精神，推进村镇银行更好地坚守支农支小市场定位、专注信贷主业，切实增强服务乡村振兴战略能力，银保监会发布了《关于推进村镇银行坚守定位、提升服务乡村振兴战略能力的通知》（以下简称《通知》）。《通知》的主要内容如下：

1. 严格坚守县域和专注主业

支农支小是村镇银行的培育目标和市场定位。必须始终坚持扎根县域，不得跨经营区域办理授信、发放贷款、开展票据承兑和贴现。必须始终坚持专注信贷主业，当年新增可贷资金应主要用于当地信贷投放，贷款应主要投向县域农户、社区居民与小微企业，有条件的可根据当地实际适度加大对新型农业经营主体的信贷支持。要建立单户贷款限额制度，保证户均贷款余额始终保持低位。除结算性用途的同业存放业务、与主发起行及同一主发起行发起的村镇银行之间的同业业务外，不得跨省开展线下同业业务。

2. 有效提升金融服务乡村振兴的适配性和能力

村镇银行要充分发挥扎根基层、掌握信息充分、工作链条短、决策效率高等特点，构建完善符合支农支小金融需求的特色经营模式。要注重不断改进创新产品与服务方式，为农户、社区居民和小微企业提供差异化、特色化的金融服务。要结合生产经营和消费特点，合理设定贷款期限，与生产经营和资金循环周期相匹配。要根据当地经济发展水平及借款人生产经营状况、偿债能力和信用状况，在有效做好风险防控的基础上，逐步减少对抵押担保的过度依赖，合理提高信用贷款比重，科学确定小额信用贷款额度。要充分运用支农支小再贷款、扶贫再贷款等政策工具，降低资金来源成本。支持多渠道拓宽资金来源，推动和利用开发性、政策性银行对村镇银行开展转贷款业务。

3. 建立完善符合自身特点的治理机制

村镇银行要着力加强党的建设，有效发挥党组织在公司治理中的核心作用。要建立适合自身小法人特点和定位导向的治理结构，制定服务乡村振兴的发展战略规划，将实施情况纳入董事会和高级管理层履职评价，监事会要重点监督董事会和高级管理层在坚守定位方面的履职情况。要构建有利于主发起行发挥作用的股权结构，建立健全股权托管、转让和质押管理制度和关联交易管理制度。要改进和完善绩效考核制度，支农支小方面的指标权重应显著高于其他类型指标（合规经营与风险管理类指标除外）。

4. 扎实做好风险防控与处置工作

村镇银行要树立合规、审慎、稳健的经营意识，始终坚持"小额、分散"的风险防控理念。要加强内控合规管理，紧盯关键岗位、人员和业务环节，提升信息系统建设水平，将相关风控要求形成"硬约束"。要提高贷前尽职调查和贷中贷后管理水平，加强对可疑业务和重点领域的审计与检查，切实防范通过同业票据或借冒名贷款方式开展偏离定位及违法违规业务。主发起行要切实履行监督职责，对所发起设立村镇银行的财务和风险条线的负责人实施定期轮岗交流。高风险村镇银行和主发起行要分别落实好风险处置的主体和牵头责任，按照"一行一策、分类处置"原则，制定处置方案，按照市场化、法治化原则综合运用增资、协助清收、资产转让等多种措施化解风险。

5. 积极有效推动主发起行履职

要进一步完善主发起行发挥作用的制度安排。主发起行要科学制定和完善村镇银行中长期发展战略，设立村镇银行 5 家以上的，应按年度向董事会提交村镇银行发展规划和经营策略，并报属地和监管部门备案。要建立对村镇银行的内控评价机制和风险评估制度，开展对村镇银行的年度审计，审计报告应包含坚守定位相关内容，评价情况和审计报告要报送属地和并表监管部门。要支持村镇银行选优配强高管层，新组建村镇银行原则上应优先从本行选派优秀干部担任高管或董（监）事。要加大对所发起设立村镇银行的支持力度，帮助建立高效可靠的信息系统，以及为村镇银行加入中国人民银行征信系统提供资金、技术和人才等方面的支持。要设立专项制度或基金，为村镇银行流动性或业务资金缺口及时提供有效支持。

6. 优化村镇银行培育发展

优化村镇银行区域布局，重点解决好中西部地区县域空白点覆盖，允许在"三农"和小微客户群体聚集、符合村镇银行发展定位的一般市辖区设立村镇银行，并严格执行挂钩政策，原则上不支持在大中城市的主城区（含新区、开发区）设立村镇银行。着力推动在国定贫困县相对集中地区和深度贫困地区组建"多县一行"制村镇银行，平衡好加大金融服务投入和实现商业可持续的关系。稳妥有序推动投资管理型村镇银行组建，优先支持其在中西部和老少边穷地区批量化设立村镇银行，鼓励其整建制收购高风险村镇银行。

7. 建立完善监测考核指标体系

根据村镇银行培育发展实践和规律，建立村镇银行坚守定位监测考核基础指标，如表10-1所示。各银保监局要结合辖区和机构实际，对基础指标作进一步细化和差异化，明确坚守定位的监测指标、达标标准以及考核安排，并报银保监会农村银行部备案。监测考核指标应分类实施：对成立两年以上的村镇银行，结合达标率和进步度，按季持续开展指标监测和考核通报；对成立两年以内的村镇银行暂不考核，指导其将相关监管要求纳入自身经营绩效考核。

表10-1　村镇银行坚守定位、提升服务乡村振兴战略能力监测考核基础指标

序号	指标名称	计算公式	目标参考值
1	各项贷款占比	各项贷款期末余额/表内总资产期末余额	≥70%
2	新增可贷资金用于当地比例	年度新增当地贷款/年度新增可贷资金	≥80%
3	农户和小微企业贷款占比	农户和小微企业贷款期末余额/各项贷款期末余额	≥90%
4	户均贷款	各项贷款余额/贷款户数	≤35万元

8. 强化对坚守定位的监管激励约束

对支农支小定位出现偏离的机构，属地监管部门要及时进行监管约谈和通报提示，督促限期整改；出现重大风险、定位严重偏离的机构，要按

照相关法律法规，采取限制市场准入、暂停相关业务、责令调整高管人员等监管措施。对监测指标达标情况良好的机构，在市场准入和业务发展上优先支持。对于所发起设立村镇银行坚守定位总体良好的主发起行，优先支持其后续设立村镇银行；符合条件的，优先支持其组建投资管理型村镇银行和"多县一行"制村镇银行。

（五）进一步推动村镇银行化解风险改革重组

2020年12月，为认真贯彻中共中央、国务院关于坚决打赢防范化解金融风险攻坚战相关工作精神，支持村镇银行补充资本和深化改革，有效处置化解风险，银保监会发布了《关于进一步推动村镇银行化解风险改革重组有关事项的通知》（以下简称《通知》）。《通知》的主要内容如下：

1. 支持主发起行向村镇银行补充资本

对有出资意愿和处置能力的主发起行（含农村合作银行和农村信用社），属地银保监局和并表银保监局（以下分别简称属地局和并表局）可根据风险处置的实际需要，按规定程序审慎研究确定其对村镇银行增资所需满足的监管评级、监管指标等相关条件，支持其向所发起设立的高风险村镇银行增资扩股，或在真实、洁净、合规的前提下，通过多种方式协助处置不良贷款，同时要认真评估主发起行包括出资能力、风险状况在内的综合情况，防止因处置风险而形成新的风险。

2. 适度有序推进村镇银行兼并重组

允许监管评级良好、经营管理能力突出、支农支小特色鲜明的村镇银行吸收合并所在县（区）或省内临近县（区）的高风险村镇银行，将其改建为支行，其中，将临近县（区）法人机构改建为支行的，并购方村镇银行与其主发起行应参照执行"多县一行"制村镇银行设立条件相关规定。对于部分风险程度高、处置难度较大的高风险村镇银行，在不影响当地金融服务的前提下，如主发起行在当地设有分支机构，属地监管部门可探索允许其将所发起的高风险村镇银行改建为分支机构。特别是对于一些不具备救助意义的机构，属地局可按照相关规定，要求主发起行牵头实施重组、协助接管直至关闭。此外，在坚持市场化、法治化和自愿原则下，属地监管部门可探索允许辖内国有大型商业银行和股份制银行将当地其他主发起行发起设立的高风险村镇银行改建为其分支机构。

3. 引进合格战略投资者开展收购和注资

对个别处置意愿不强、缺少处置能力的主发起行，属地监管部门可按照市场化、法治化的原则，推动其优进劣出。高风险村镇银行可引入地方企业、非银行金融机构参与化解风险，持股比例可超过 10%，但主发起行的持股比例不得低于 51%，持股比例突破限制的，待机构经营正常后，应逐步减持至或稀释至监管规定范围内。

4. 强化对主发起行的激励约束

对于处置高风险村镇银行工作积极、成效明显的主发起行，优先支持其后续设立村镇银行和分支机构，组建"多县一行"制村镇银行和投资管理型村镇银行。对于参与化解其他银行发起设立的高风险村镇银行的主发起行，后续可按 2∶1 的比例在东部空白县（区）挂钩增设村镇银行，其中已成为主发起行的银行机构作为高风险村镇银行收购方的，相关收购事项不纳入村镇银行设立规划。对于高风险村镇银行处置工作行动迟缓、推进不力、未完成既定目标的主发起行，属地局应会同并表局对主发起行采取包括但不限于监管约谈、限期完成处置、暂停开办新业务和新设分支机构、限制分红以及责令调整高管等监管措施。

三、对小额贷款公司的监管组织体系及制度安排

对小额贷款公司监管的目的在于确保小额贷款公司沿着一条符合国家法律法规、符合行业社会属性，同时促进自身发展的道路前进。多年来，全国各省份政府金融办及相关部门以原中国银监会、中国人民银行《关于小额贷款公司试点的指导意见》（以下简称《指导意见》）及之后的相关政策规定为主要依据，以有利于经济发展为出发点，坚持监管与服务并重的原则，采取审慎监管与非审慎监管相结合的监管模式，密切结合当地实际，在小额贷款公司监管与服务方面大力创新，积极探索

适合本地区特点的监管办法，努力为试点创造良好的外部环境，引导小额贷款公司在规范中不断成长壮大、实现可持续发展，为社会提供更多更好的金融服务。

（一）小额贷款公司监管组织体系的建立和实施

2008 年 5 月，由原中国银监会和中国人民银行联合出台的《指导意见》是中国小额贷款公司监管组织体系的基本依据，小额贷款公司监管体系主要包括监管主体、监管的模式、基本原则、主要内容、监管方式等。

1. 小额贷款公司监管的主体

《指导意见》规定小额贷款公司监管的主体主要涉及原中国银监会及其派出机构、中国人民银行及其分支机构、各省级地方人民政府有关主管部门，诸如金融办、工商局、公安局等。而对于各机构的监管职责，《指导意见》做出了原则性规定：首先，中国人民银行及其分支机构对小额贷款公司的利率、资金流向进行监测，为中央的宏观调控提供依据；其次，原中国银监会派出机构及其分支机构，配合当地政府有关部门，为小额贷款公司创造良好的工作环境，诸如政策宣传、客户培训等；而小额贷款公司具体的业务经营活动则由地方政府相关部门负责监管。中央层面着重宏观指导，由地方进行具体监管工作，主要体现在以下方面：

一是成立小额贷款公司试点工作领导机构。为了保障小额贷款公司试点工作的顺利开展，各地人民政府均结合自己的省情、市情，成立了小额贷款公司试点工作的领导机构。辽宁省人民政府在本省《关于开展小额贷款公司试点工作的指导意见》中明确规定，为积极稳妥地开展试点工作，成立省小额贷款公司试点工作领导小组。浙江、河北、山东、山西、内蒙古等省份也都有类似的规定。这对于调动各方力量有一定的积极作用。

二是明确具体职责及监管责任。省金融办主要负责宣传、指导、解释中央政府有关小额贷款公司的政策工作；而资格审查委员会主要负责对市、县试点申报方案进行审核，对小额贷款公司进行资格审查并出具意见；省工商局主要从工商管理的角度确保小额贷款公司合规经营；试点县政府则负责具体工作，对小额贷款公司申报材料进行初审，承担日常监督管理和风险处置责任。江西省则按照"谁试点、谁负责"的原则，明确各试点县（市、区）政府是小额贷款公司监管和风险处置的第一责任人。

2. 小额贷款公司监管的模式

从《指导意见》的内容可以看出，国家对小额贷款公司的要求是原则性的。即从发起人承诺制度、公司治理制度、贷款管理制度、资产分类和拨备制度、信息披露制度、社会监督制度等都是原则性规定。从理论上可以归纳为一种非审慎监管的模式，也就是对小额贷款公司的监管制定相关的指导原则和行为准则。

从各个地方制定的规则来看，更多的是一种审慎监管模式。如有的省规定，小额贷款公司组织形式为有限责任公司的，注册资本不低于 2000 万元；组织形式为股份有限公司的，注册资本不低于 3000 万元。试点期间，小额贷款公司注册资本上限不超过 2 亿元（含增资扩股）。主发起人为企业法人的，应具备条件之一是：最近一个会计年度末净资产不低于 1000 万元、资产负债率不高于 70%。主发起人为自然人的，应具备条件之一是：个人权属清晰且无异议资产在 3000 万元以上（不含抵押、担保类资产）。有的省则规定：小额贷款公司组织形式是有限责任公司的，其注册资本不得低于 5000 万元（欠发达县域 2000 万元）；组织形式是股份有限公司的，其注册资本不得低于 7000 万元（欠发达县域 3000 万元）；试点期间，小额贷款公司注册资本上限不超过 1.5 亿元。另外，对于资金来源、资金缴纳、资金运用、利率限定、风险内控等也都规定得过于具体，可以说是一种典型的审慎监管模式。

3. 遵循的基本原则

由于小额贷款公司在中国目前情况下尚属于试点初创时期，在法律法规、行业自律等不健全的情况下，不应刻意追求统一化、标准化，各地方政府金融办或其他相关部门需要因地制宜地开展对于小额信贷公司行业的监督和管理，并结合小额信贷公司行业发展的现实情况，从总体上说各省份政府金融办及相关部门在探索建立对小额贷款公司专门性监管体系过程中基本遵循了以下几个方面的原则：

一是服务与监管并重原则。地方金融办及有关部门在对于小额贷款公司进行监管过程中大多采取非审慎监管方式，并坚持服务与监管并重的原则，一方面在于努力使小额贷款公司稳健地成长，另一方面也在于夯实小额贷款公司行业的发展基础，为长远发展做好准备。

二是灵活性原则。对小额贷款公司的监管应该整体上服从维护和改善公司的可持续性，并不应妨碍小额贷款公司的创新性。因此监管框架必须满足灵活性原则，以便针对小额贷款公司行业发展出现的新情况新问题及时调整监管方式、充实监管内容、改进监管手段。

三是激励兼容的原则。专门性监管体系的设计必须有利于调动小额贷款公司的投资者、捐赠者和其他批发性放贷者的积极性，激励他们更多地投入到小额贷款公司的行业发展中，而不是通过法律框架遏制这种投入。

四是成本收益分析原则。专门性监管体系的设计必须考虑到监管行为和被监管行为本身给监管者和被监管者可能造成的成本。这就意味着，专门性监管体系的设计必须考虑到小额贷款公司所付出的成本，如各种信息披露文件的整理和报送的成本。同时，还要考虑到监管者的监管成本，即监管者对大量的小额贷款公司的监管必须付出很多的人力、物力和财力。

五是适应性原则。专门性监管体系的建立必须与现有各类小额贷款公司的实际性质和类别相适应。现有的小额贷款公司，运营模式种类繁多，经营方式和资本金来源都有很大的区别，因此必须针对不同的小额贷款公司进行不同的监管，其监管模式和监管内容都应该有所区别。

六是基于风险控制的自我监管原则和行业自律原则。在专门性监管体系框架中更多地鼓励小额贷款公司自我监管，使其有动力在内部风险管理的基础上进行自我监督，有效进行预防性内部监管。同时，在控制监管成本的考虑下，应尽量鼓励小额贷款公司行业性的自律组织的建立，利用这些行业自律组织对小额贷款公司进行信用评级、资产评级、业务指导和信息披露。行业自律对于小额贷款公司这种从事金融业务的非金融类机构极为有效。

4. 监管的主要内容

根据《指导意见》，对小额贷款公司的监管内容主要有以下几个方面：

第一，市场准入监管。

小额贷款公司是为了弥补部分地区金融服务不足，解决小微企业、个体工商户和"三农"贷款难而设立的信贷服务企业，具有金融企业高风险、影响面广的特点，对其准入的监管要严格按照公司法及有关金融法规的要求进行。

对小额贷款公司投资人的监管审查按照有关要求应把握以下四点：①合法性：即自然人是有完全民事行为能力，企业属合法经营，证照齐全。②真实性：即出资人提供的资料真实有效。③诚信记录良好。④其他财务指标合规。

对小额贷款公司的组织机构进行监管审查的要点包括：①有公司章程。②主发起人符合要求。③股权结构符合规定。④资本金数额符合要求并对其真实性进行审查。⑤董事、监事及高管人员符合任职要求。⑥有具备专业知识和经验的从业人员。⑦健全的内部组织及管理制度。⑧有符合条件的营业场所。

第二，业务经营监管。

对小额贷款公司业务经营的监管是小额贷款公司监管工作的核心，是确保小额贷款公司合规经营健康发展的条件。一是对股本金的监管。小额贷款公司股本金是公司营运信贷资金的主要来源，对股本金的监管主要是监督其全部实收资本是否缴足，是否存在开业后抽逃资本现象。二是对信贷业务的监管。信贷业务是小额贷款公司的主营业务，对其实施有效监管，确保公司业务经营可持续发展，对小额贷款公司信贷业务监管要点主要有信贷投向、贷款利率、信贷业务操作、合同文本、资产分类管理及信贷资金周转六个方面。

第三，信贷资金来源的监管。

根据有关规定，小额贷款公司信贷资金来源主要由资本金、自身积累资金、捐赠资金、批准的融入资金构成。对小额贷款公司信贷资金来源的监管重点为监管注册资本金是否存在开业后抽逃现象，是否存在吸收或变相吸收公众存款现象。

第四，内控管理监管。

小额贷款公司从事的信贷业务属高风险行业，公司必须建立一整套内控管理制度，以起到防范风险、稳健经营、健康发展之目的。对小额贷款公司内控管理监管主要有两个方面：一是信贷管理；二是财务管理。

信贷管理是小额贷款公司整个经营管理的核心，管理是否有效，关系到公司信贷业务风险程度和经营的成败。小额贷款公司必须建立一整套完备的信贷管理和信贷业务运营制度，主要由以下五个方面构成：①信贷管理基本制度。②信贷业务操作流程。③贷款发放审查审批制度。④贷款占用形态反馈报告制度。⑤不良资产处置清收制度等。

对小额贷款公司信贷管理的监管要点有：①管理制度要做到信贷业务全覆盖，主要风险点、环节职责清晰、明确。②信贷业务岗位设置相互制约，符合内控要求。③业务办理有规范、顺畅、合规、有序的操作流程，有健全的贷款审查审批制度。④贷款发放实行审贷分离，贷前调查真实、详尽，贷后检查维护频次合理。⑤贷款合同文本合法、有效。⑥有健全的贷款档案管理制度。

对小额贷款公司的财务管理要求按照金融企业财务制度执行。财务管理要达到真实、准确、及时地反映公司的经营成果，为公司业务经营提供支持。其监管要点是：①有健全的财务会计制度和具备专业知识的财务管理人员。②按照钱账分管，相互制约、事后监管的要求，设置财会岗位。③正确使用会计科目，正确组织会计核算，准确及时反映经营成果。④依法纳税。⑤按照有关制度及时足额提取贷款呆账准备金。

5. 监管的方式

从各地对小额贷款公司监管实践来看，监管部门对小额贷款公司的监管主要是通过非现场监控和现场检查监督两种方式进行。

非现场监控就是监管部门通过网络传输信息、文件报送和会计、统计报表实施对小额贷款公司业务经营的非现场监控，通过对量化信息的计算分析对比，对公司经营的合规性、风险性做出判断。非现场监控可以及时发现经营中出现的问题，但信息的真实性、可靠性需要现场检查监督进一步验证。

现场检查监督就是由监管部门抽调有关人员组成检查组深入小额贷款公司现场进行检查监督，现场检查必要时可延伸至社会、客户。现场检查根据检查内容可分为续时检查和专项检查。续时检查为全面检查，一般固定频次进行，专项检查是根据有关情况临时决定对某一业务事项进行的检查。

现场检查主要通过对公司账簿、会计凭证、相关报表、对账单的审查、核对，获取信息发现问题。现场检查因人员、时间等因素制约，一般每年仅能进行1~2次，时效性较差。因此需要和非现场监控配合进行。现场检查结束后要形成检查报告，检查报告全面反映检查结果，并对检查中发现的问题提出处理意见。

（二）国家层面的政策推进和突破

十多年来，在国家政策指引下，各省份不同程度小额贷款公司的监管工作探索努力推动下，广大小额贷款公司发放贷款始终坚持"小额、分散"的原则，植根"微小、个体、三农"融资难等问题，凭借其机制灵活、服务高效、办事快捷的竞争优势和扁平化组织架构体系特色，不仅为民营资本涉足金融业打开了通道，已经成为支持地方经济发展的一支不可或缺的重要力量。但是，中国小额贷款公司从诞生那天起就伴随着国家有关部门相关政策的出台、推进、期盼、再推进、再期盼。从中国小额贷款公司行业发展的实践来看，如果没有国家层面的适时政策调整，没有相应政策法规保护和认可，小额贷款公司生存发展就会失去根基。

2008年5月，《指导意见》对小额贷款公司的性质、准入、退出等作出了规定。尽管该规定法律位阶较低，但相对于小额贷款公司之前无法可依的状况已经迈出重要一步，给小额贷款公司的发展带来了希望，使投资者热情高涨。正是由于《指导意见》的公布和实施，拉开了小额贷款公司飞速发展的序幕，从某种意义上来说，没有《指导意见》的出台就没有小额贷款公司的今天，《指导意见》对小额贷款公司的发展功不可没。

由于2008年《指导意见》一直未能纳入专门性法规行政许可系列，而行业期待的《小额贷款公司管理办法》还迟迟未能出台，这使承担小额贷款公司监管职责的地方政府处于两难境地。同时，由于定位问题直接关系到小额贷款公司的发展和行业公平竞争问题。此外，鉴于小额贷款公司长期处于尴尬的"实实在在从事金融业务"的一般工商企业地位，导致金融、税务以及公检法政府的职能部门，并未把小额贷款公司作为金融机构对待，严重影响了小额贷款公司健康可持续发展。

2014年上半年，根据2013年末国务院办公厅下发的107文的要求，由原中国银监会会同中国人民银行共同起草的《小额贷款公司管理办法（征求意见稿）》，并开展了广泛的多层次的征求意见活动，各省（市、自治区）政府金融办、相关行业协会和为数不少的小额贷款公司陆续收到了原中国银监会下发的《小额贷款公司管理办法（征求意见稿）》，大家结合行业发展实际也提了很多修改意见建议。

2015年8月12日，国务院法制办公室出台了《非存款类放贷组织条例（征求意见稿）》（以下简称《条例》（征求意见稿）），明确了非存款类放贷组织的性质、准入门槛、资金来源和相关监管部门的责任。总体上体现出了疏堵结合的原则，顺应了市场需求。这也意味着，规范了非存款类放贷组织的定义、经营方式以及监管框架，进一步引导民间借贷实现阳光化。更重要的是确实存在部分跨区域小额贷款公司和民间融资机构正以恰当的模式和收益填补着农村金融的供给不足。可以预期的是，未来将有更多的新型机构被赋予合法身份，以形成有序的金融生态。虽然《条例》（征求意见稿）未正式出台而仅是面向社会征集意见，但《条例》（征求意见稿）的发布仍引起各方特别是小额贷款公司的关注。

2017年以来针对转型调整期的中国小额贷款公司发展现状，国家从税收和监管两个层面出台了相关政策。2017 年，国家有关部门出台的《关于小额贷款公司有关税收政策的通知》与《关于促进扶贫小额信贷健康发展的通知》相继发布，这为促进小额贷款公司进一步健康有序发展提供了政策依据。

2020 年 9 月，为了加强监督管理、规范经营行为、防范化解风险，促进小额贷款公司行业规范健康发展，银保监会办公厅印发了《关于加强小额贷款公司监督管理的通知》（以下简称《通知》）。《通知》的制定遵循以下原则：一是鼓励回归本源、专注主业，服务实体经济。明确小额贷款公司应主要经营放贷业务，并从贷款集中度、贷款用途、经营区域等方面予以规范。引导小额贷款公司行业提高对小微企业、农民、城镇低收入人群等普惠金融重点服务对象的服务水平。二是强调事中事后监管和负面清单管理。在上位行政法规尚未出台的情况下，本着问题导向、急用先行、逐步完善的思路，强调事中事后监管，明确行业亟待统一的监管规则。坚持底线思维，严禁触及违法违规高压线，防止风险外溢，守住风险底线。三是注重发挥地方金融监管的主观能动性。辩证把握监管规则的原则性与灵活性，减少不必要的监管统一设限，授权地方金融监督管理局结合当地实际，细化部分监管要求。

2021 年 12 月 31 日，为贯彻落实中央关于服务实体经济、防控金融风险、深化金融改革的要求，明确地方金融监管职责，健全地方金融监管体制，提升地方金融监管效能，中国人民银行又会同有关方面经过深入调研、反复论证，牵头起草了《地方金融监督管理条例（草案征求意见稿）》（以下简称《条例草案征求意见稿》）。

近年来，包括小额贷款公司在内的地方金融业态快速发展，在服务地区实体经济和中小企业融资方面发挥了重要作用。但部分机构内控机制不健全，发展定位产生偏差，存在一定的风险隐患，少数机构违法违规经营甚至从事非法金融活动，加大了区域金融风险。为切实防范和化解地方金融风险，健全防范化解金融风险长效机制，有必要通过制定《条例草案征求意见稿》，明确地方金融监管规则和上位法依据，统一监管标准，构建权责清晰、执法有力的地方金融监管框架,确保中央对加强地方金融监管的各项部署得到落实。

《条例草案征求意见稿》共五章四十条,按照"中央统一规则、地方实施监管,谁审批、谁监管、谁担责"的原则,将地方各类金融业态纳入统一监管框架,强化地方金融风险防范化解和处置。主要内容包括:

一是明确地方金融监管职责,加强央地协调配合。国务院金融监督管理部门制定地方金融组织监管规则,对地方金融监督管理部门予以业务指导。省级人民政府履行对地方金融组织的监督管理和风险处置职责,承担地方法人金融机构的风险处置属地责任,对辖区内防范和处置非法集资工作负总责,维护属地金融稳定。建立中央与地方金融监管协调双机制,加强统筹协调,强化中央和地方的监督管理协作和信息共享。

二是明确地方金融组织定义和监管规则。地方金融组织指依法设立的小额贷款公司、融资担保公司、区域性股权市场、典当行、融资租赁公司、商业保理公司、地方资产管理公司以及法律、行政法规和国务院授权省级人民政府监督管理的从事地方金融业务的其他机构。强调地方金融组织持牌经营,设立区域性股权市场应当经省级人民政府公示,并报国务院证券监督管理机构备案,设立其他地方金融组织应经省级地方金融监督管理部门批准并颁发经营许可证。地方金融组织应当服务本地,原则上不得跨省开展业务。跨省级行政区域开展业务的规则由国务院或授权国务院金融监督管理部门制定。

三是赋予地方金融监督管理部门履职手段,加大对违法违规行为的处罚力度。明确地方金融监督管理部门开展现场检查和非现场监管,依法采取监督管理措施。建立地方金融风险监测预警机制,视情按程序对地方金融组织采取暂停业务、限制资产转让与资金运用、责令控股股东转让股权等风险处置措施。分情形设置处罚标准,按照过罚相当原则可实施"双罚"制,对长期多次从事同类金融违法行为可逐次处罚。

四是明确地方对四类机构的监管要求。明确地方各类交易场所、开展信用互助的农民专业合作社、投资公司、社会众筹机构四类机构不得开展的业务类型。对地方各类交易场所要严格准入，引导农民专业合作社规范开展信用互助业务，对不符合批设或备案条件的投资公司以及社会众筹机构提出限期清理要求。四类机构的风险防范、处置和处罚，参照《条例草案征求意见稿》规定执行。

五是明确对非法金融活动的监测、认定、处置原则。明确国务院金融管理部门和地方金融监督管理部门应当加强对非法金融活动的监测、认定和处置。对区域性非法金融活动和全国性重大非法金融活动提出认定和处置安排。

六是设置过渡期安排，确保平稳过渡。对《条例草案征求意见稿》施行前设立的地方金融组织，在地方金融监督管理部门规定的期限内达到规定条件。已跨省级行政区域开展业务且需要整改的，由国务院金融监督管理部门明确过渡期安排。

该《条例草案征求意见稿》向社会公开征求意见，是贯彻落实《中共中央国务院关于新时代加快完善社会主义市场经济体制的意见》的精神，体现了科学立法、民主立法的精神。该《条例草案征求意见稿》比较好地把握了地方金融组织的特点，注重加强顶层制度设计的科学性，坚持了市场化改革的方向，在一些方面有所创新、有所突破。为深化中国的金融体制改革，大力发展普惠金融，规范以民间资本为主的融资行为，打击非法集资，加强金融消费者权益的保护，维护金融市场的正常秩序，更好地服务实体经济，支持小微企业，奠定了法律制度基础。

《条例草案征求意见稿》的公布有着十分重要的现实意义和历史意义。从现实意义来讲，一直以来，小额贷款公司的发展在法律上缺少上位法，期待出台小额贷款公司管理条例。现在有了本条例，小额贷款公司管理办法的出台就有了基础和依据。同时，期待已久的《条例草案征求意见稿》的公布，监管规则得以明确，有利于将处于灰色监管真空的放贷活动规范起来，净化发展环境。《条例草案征求意见稿》对于长期困扰小贷行业发展、业界关切的监管尺度不一、违规经营、融资渠道狭窄、身份不明等问题，逐一给予了回应，并给出了解决之道，有利于引导小额贷款公司行业未来发展规范有序前行，无疑将为小额贷款公司的发展前景洒下一片阳光。从历史意义来讲，《条例草案征求意见稿》的出台，有利于完善多层次的信贷市场，促进地方金融组织的合法化、规范化、阳光化发展；有利于增加金融供给，丰富社会融资渠道；有利于强化地方金融的监管职责，推动地方金融的规范发展；有利于保护金融消费者的合法权益，平衡借贷双方的利益；有利于信贷信息的互通、共享，促进统一的征信体系的建立。

（三）新时期推进中国小额贷款公司行业发展理论思考

小额贷款公司是顺应经济发展需要的产物，对解决长期以来困扰中国的小微企业、"三农"融资难具有重要的作用。因此，一方面，应当加强对小额贷款公司的监管，使其规范运营。另一方面，应继续加大扶持力度，为小额贷款公司创造良好的外部环境，促其实现可持续发展，从而继续为小微企业、"三农"提供更多更好的金融服务。为此，结合小额贷款公司行业发展的历程和特点，就新时期如何推进小额贷款公司实现健康可持续发展等问题提出一些理论思考。

第一，需要从财政税收方面加大对小额贷款公司的扶持力度。只有在向社会提供的金融服务所获得的收入可以覆盖其经营成本和资金成本的前提下，小额贷款公司才能实现其独立生存并不断发展的目标，才能使广大低收入群体、微型企业持续的平等的享受金融服务，分享国家经济发展成果成为可能。为此，建议各级财政税务等有关部门，参照金融机构给予小额贷款公司一定的税收优惠政策。让小额贷款公司享受农信社的税收优惠政策，适当减免营业税、企业所得税、印花税。并将服务小微和"三农"的小额贷款公司纳入新型农村金融机构定向费用补贴范畴。

第二，需要强化风险控制和补偿机制建设。由于小额贷款公司的贷款对象涉及低收入农牧户，他们从事的农牧业活动周期长，存在与市场的信息不对称，受自然条件和市场条件的双重影响，非常容易产生道德风险、操作风险、管理风险及市场风险。这些潜在的风险一旦发生，就会降低信贷资产质量，造成小额贷款公司的呆坏账。因此，要控制贷款风险，降低呆坏账比例，就要求小额贷款公司不仅要有完备的内部风险控制机制，还要有足够的风险评估技术和人才以及相应的风险补偿机制。各级财政部门应将小额贷款公司视同银行机构享受有关中小企业贷款、农业贷款的风险补偿和奖励政策，以增强小额贷款公司的盈利能力。同时，政府应建立专项基金用于小额贷款贴息和担保，加大对小额贷款公司政策性资金融入，探索涉农资金通过小额贷款公司这一平台进行发放。建议从支持"三农"方面，给予小额贷款公司"三农"贷款一定的政府贴息。

第三，需要扶持行业发展，加强环境建设。在中国，小额贷款公司尚处于起步阶段。作为监管部门，同时承担着引导培育扶持小额贷款行业健康快速发展的重任。一是坚持正向激励机制，支持经营规范、有资金实力和人才储备的企业做大做强，培育小额贷款行业中的龙头企业。鼓励经营理念好、资金实力强、管理水平高的公司做大做强，跨区域设机构，开展业务，建立自身的小额贷款服务网络。二是为企业外源融资开辟渠道。小额贷款公司资金来源是制约其发展的瓶颈。在风险可控的前提下，为小额贷款公司探寻更多的融资渠道，是扶持行业发展的重要任务。

第四，需要进一步明确小额贷款公司发展总体要求。一是坚持服务"三农三牧"和小微企业的发展方向，按照"只贷不存、小额分散、规范经营、防范风险"的原则，不断做精做专、做强做大小额信贷业务。通过鼓励创新和加强监管相互支撑，促进小额贷款公司行业持续健康发展，更好地服务实体经济，把小额贷款公司培育成特色鲜明的新型金融性组织。二是充分发挥小额贷款公司对县域经济、非公经济发展的支持作用，可在"三农三牧"和小微企业融资需求大，民营经济发达、监管能力强的地区增设小额贷款公司。在坚持主发起人本地化原则的基础上，鼓励引进在小额信贷领域有经验、有影响、有成功小微金融经营模式的机构，相关外商投资机构，以及实力雄厚、信誉良好、经营规范的大型企业或境内外主板、中小板、创业板上市公司入股经营小额贷款公司。

第五，需要支持小额贷款公司创新发展。一是支持小额贷款公司以服务县域经济和非公经济为重点，扩大服务"三农三牧"和小微企业的覆盖面。通过与建材、服装、小商品、农副产品及民族特色商品专业市场开展合作，努力挖掘潜在客户群体，针对"商圈""产业链""园区"客户，建立符合自身特点的经营模式。二是支持有意愿的小额贷款公司开展不良资产处置工作。允许小额贷款公司对不良贷款实施债转股。探索开展小额贷款公司不良贷款打包转让试点，支持有实力的大股东回购不良资产。支持小额贷款公司不良贷款通过金融资产交易平台挂牌转让，提高运用市场手段化解不良贷款的能力。三是鼓励小额贷款公司应用移动互联网、云计算等新技术、新工具，实现信贷业务的网络化、智能化，提升管理的规范性、决策的科学性和经营的高效性，为社会提供小额、快捷、便民的信贷服务。四是支持保险公司与小额贷款公司开展业务合作，积极提供贷款抵押物财产保险、借款人人身意外伤害保险、信用贷款保证保险等保险产品，为小额贷款公司安全放贷提供保险保障。

第六，需要积极改善小额贷款公司融资环境。一是支持小额贷款公司依法合规从银行业金融机构融资，建立和完善小额贷款公司与银行业金融机构的合作机制，通过持续稳定的资金融入渠道，不断增强小额贷款公司支持实体经济的能力。二是允许小额贷款公司通过发行银行间市场非金融企业债务融资工具、私募债券、资产权益转让、资产证券化等方式筹集资金；支持符合条件的小额贷款公司通过境内外资本市场、全国中小企业股份转让系统、股权交易中心等多层次资本市场，以多种方式实现直接融资。三是支持小额贷款公司与投资基金、信托公司、保险公司、资产管理公司等机构加强合作，通过多种方式为小额贷款公司提供债权性或股权性融资。四是鼓励合规经营、风险管控严密的小额贷款公司开展股东定向借款、同业资金调剂试点。

第七，需要进一步加强小额贷款公司行业监管。一是强化现场与非现场相结合的监管措施，提高监管效率。各地区要进一步落实监管责任，充分发挥县（市、区）一线监管作用，不断提高风险处置能力。建立健全小额贷款公司评级管理制度，根据评级情况和日常监管情况实施分类监管，严肃查处非法集资等违法违规行为。二是健全退出机制，对审计、考核和日常监管中发现小额贷款公司存在非法集资、违规融资、违规放贷等重大违法违规行为，或者拒不接受监管、出现严重影响金融秩序、损害社会公众利益行为时，有关职能部门应严肃查处，依法实施停业整顿、关闭清算等措施，或者由实力强、经营规范的优秀小额贷款公司收购兼并，确保风险可控。

第八，需要充分发挥行业协会的作用，加强小额贷款公司行业自律和服务。一是加强行业自律。充分发挥行业自律机制在规范小额贷款公司的市场行为和保护行业合法权益等方面的积极作用，推动小额贷款公司的业务交流与信息共享，建立小额信贷行业自律公约，强化守法、诚信、自律意识，树立小额贷款公司服务经济社会发展的正面形象，营造诚信规范发展的良好氛围。二是强化行业服务。要组织引进和推广先进的小额信贷理念和技术，提升小额贷款公司经营理念和服务技能。应用信息化网络技术，搭建存量资产盘活中心和法律咨询援助中心，健全行业维权机制，建立纠纷调解窗口，为小额贷款公司创建一个宣传、服务、交流、协调的平台。

第九，建议国家尽快出台关于小额贷款公司的法律法规。小额贷款公司在快速持续发展过程中呈现很多新情况、新问题，都需要从政策法规层面研究解决。并从法律层面上明确小额贷款公司的性质，业务范围，发展方向，监管方法及违规处罚办法，为小额贷款公司健康持续发展提供法制保障。建议国家进一步加大对小额贷款公司试点工作政策法规方面的支持力度，促进小额贷款公司合法依规经营，使民间借贷的合法性得到确定，使小额贷款公司等地方金融组织在促进中小企业、农牧区融资方面真正发挥其应有的作用。同时，要稳妥地解决小额贷款公司的定位问题，要切实扭转有关小额贷款公司行业定位问题上政出多门、名不副实及政策歧视等现状，实事求是地将小额贷款公司列为中国小微信贷市场的重要组成部分，将小额贷款公司定性为"经营放贷业务但不吸收公众存款的非银行金融机构"，从而为小额贷款公司的合法化市场地位提供法律保障。

四、对互联网小额信贷的监管组织体系及制度安排

近年来，随着互联网金融的崛起，人工智能、云计算、大数据等往金融行业的渗透力度不断加大，不少科技公司嗅出市场商机，应客户需求而生的互联网小额信贷管理系统，满足客户对移动 App、WEB 应用、实时授信、远程开户的需求，充分考虑现代人快捷、方便的强烈诉求，布局互联网小贷已成为传统小贷行业转型升级的必然举措。互联网小额信贷业务呈现出野蛮生长和爆发式增长的态势，如支付宝的蚂蚁借呗、腾讯微粒贷、京东白条、拍拍贷、趣分期等各类互联网小额信贷产品层出不穷。然而，由于互联网小额贷款行业在中国尚处于起步阶段，行业发展不成熟，随着互联网技术的发展，网络小额贷款公司凭借场景、流量、数据和全国展业的优势，通过助贷和联合贷款让互联网贷款"屡创新高"，也暴露出了一系列全局性问题，需要通过国家政策及制度安排加以规范。

（一）中国互联网小额信贷产生和发展

近年来，金融与互联网的结合成为新兴行业萌发的"热土"。互联网小额贷款行业便是对传统小额贷款行业一次有益的创新。互联网小额贷款行业是一个新型行业，因此很难直接找到该行业的相关数据。但是，从另一个角度来看，互联网小额贷款行业是从传统小额贷款行业衍生出来的，从互联网小额贷款业务的发展来看，广东、重庆、江苏是互联网小额贷款公司发展比较活跃的地区，机构数量、从业人员数、实收资本、贷款余额的绝对数量均名列前茅，这主要是与各地对互联网小额贷款公司的政策支持密切关联。

中国互联网小额信贷的产生和快速发展与大众消费观念变化密切相关。理性节约消费是传统消费观念中的主旋律，随着改革开放、居民生活水平的提高以及西方消费观念的普及，大众消费观念发生很大变化。随着消费者的需求开始变得多样化，不仅有衣食住行的物质需求，还有精神方面的需求，例如，健身、学习进修、旅游等，消费层次在逐年提高，从最开始关注质量，到现在"重品牌，重样式，重功能，重体验"四重中来，

消费者心态逐渐从理性消费向感性消费过渡，再不是原来的先买后用，而是通过借贷的方式，一边还贷一边享用。

在借贷领域，克服信息不对称的传统手段，比如获取客户的信用历史、收入信息或合格抵押品，将很大一部分资金稀缺方拒之门外，而金融科技的助推使得信贷扩张或下沉大有破竹之势。对缺乏信用记录或抵押品的长尾客户，尤其是个人和中小企业，金融科技公司利用大量替代性数据来改善这些客户的信用评估，从而做出授信决定。非银行金融科技企业显著提高了小额信贷的可得性。在中国金融抑制的大背景下，以小额贷款公司为代表的非正规金融机构更是通过互联网小额信贷异军突起，低门槛、易得且便利的信贷提供在一定程度上践行了普惠金融的理念。

关于"网络小额贷款"这一经营资质的源头，可以追溯到 2015 年十部委下发的《关于促进互联网金融健康发展的指导意见》（以下简称《意见》）。《意见》规定，网络小额贷款是指互联网企业通过其控制的小额贷款公司，利用互联网向客户提供的小额贷款。在功能定位方面，小额贷款公司发放网络小额贷款应当遵循小额、分散的原则，符合国家产业政策和信贷政策，主要服务小微企业、农民、城镇低收入人群等普惠金融重点服务对象，践行普惠金融理念，支持实体经济发展，发挥网络小额贷款的渠道和成本优势。

据第三方数据统计，截至 2018 年底，中国经营网络小贷业务的小额贷款公司共有 249 家，主要注册地分布在广东、重庆、江苏、浙江和上海。此前，网络小贷公司均由各地金融办批设，由于其可以将业务开展到全国范围，亦可以通过资产证券化的方式放大杠杆，网络小贷业务经历了迅速的扩张。而事实上，中国众多商业银行、非银行金融机构及金融科技公司利用其自身优势也在开展网络小额贷款业务。

（二）需关注的网络小额贷款问题

尽管网络小额贷款业务发展迅猛，但其最大的问题是业务的合规性，其次是业务规模的过度扩张，这些都会导致以下问题的出现：

一是容易引发一些社会问题。基于互联网的网络小额贷款模式，客户空间很大，不用局限于某个区域，而对客户的筛选和甄别，各个公司的能力是不一样的。鉴别不了客户的信用，那么只能采取其他方式。如果说没有科技含量的公司，就会采取一些高利贷或者是一些恶性的催收，容易与客户产生摩擦和纠纷，误导社会舆论，破坏小额贷款行业形象。

二是存在监管套利风险。原本由大量地方政府批复的网络小额贷款，在事实上大多有跨省域经营的问题。大量的网络小额贷款设立时，本身就存在"监管套利"的现象。去中西部地区注册公司，然后通过互联网全国展业，实际经营总部却在北上广深等一线城市或经济发达地区。如果业务缩回注册地所在省份或区域，几乎没有市场空间。正因网络小额贷款的经营在互联网上拓展到全国，突破了原有的属地限制，而全国经营的金融业务本应由中央金融监管部门进行管理，于是对网络小额贷款牌照在业内有"超生"的说法。而批设全国经营的网络小额贷款已经超出地方金融监管机构的职责，这就需要慎重对待跨区域经营的网络小额贷款，防止形成新的监管套利或风险。

三是客观上恶化了普惠金融的生态环境。作为金融科技公司在信贷领域探索实践的主要载体，网络小额贷款公司借助金融科技的力量，拓宽了普惠金融服务边界，提高了信贷可得性，也有力推动了银行等主流金融机构的经营转型。但也要注意到，一些不具备场景、科技、用户优势的网络小额贷款公司，片面追求高息覆盖风险，并借助网络小额贷款的牌照优势将这种高息业务推广到全国，客观上也恶化了普惠金融的生态环境。同时，互联网流量和数据的优势，可以让互联网巨头快速地构筑起在贷款业务上的优势，但是也带来了一些风险。如果几百家银行都汇聚到一家网络小额贷款公司的场景上来，银行的线上贷款业务就高度依赖一两家网络小额贷款公司，经济好的时候自然没有问题，但是一旦经济发生波动，这几个网络小额贷款公司如果出现危机，几百家银行都会受到影响。

应当讲，互联网小额信贷的规模攀升得益于合作银行的资金提供与证券化融资模式的助力，然而，对银行信贷业务的巨大影响与跨市场的风险传递引发了监管部门的忧虑。为了规范互联网贷款的发展，业界一直呼吁制订全国性的网络小额贷款监管办法。

（三）《关于促进互联网金融健康发展的指导意见》的出台

为鼓励金融创新，促进互联网金融健康发展，明确监管责任，规范市场秩序，经中共中央、国务院同意，2015 年 7 月，中国人民银行、工业和信息化部、公安部、财政部、国家工商总局、国务院法制办、原中国银行业监督管理委员会、中国证券监督管理委员会、原中国保险监督管理委员会、国家互联网信息办公室等十部委联合印发了《关于促进互联网金融健康发展的指导意见》（以下简称《指导意见》）。

《指导意见》按照"鼓励创新、防范风险、趋利避害、健康发展"的总体要求，提出了一系列鼓励创新、支持互联网金融稳步发展的政策措施，积极鼓励互联网金融平台、产品和服务创新，鼓励从业机构相互合作，拓宽从业机构融资渠道，坚持简政放权和落实、完善财税政策，推动信用基础设施建设和配套服务体系建设。

《指导意见》按照"依法监管、适度监管、分类监管、协同监管、创新监管"的原则，确立了互联网支付、网络借贷、股权众筹融资、互联网基金销售、互联网保险、互联网信托和互联网消费金融等互联网金融主要业态的监管职责分工，落实了监管责任，明确了业务边界。

《指导意见》坚持以市场为导向发展互联网金融，遵循服务好实体经济、服从宏观调控和维护金融稳定的总体目标，切实保障消费者合法权益，维护公平竞争的市场秩序，在互联网行业管理，客户资金第三方存管制度，信息披露、风险提示和合格投资者制度，消费者权益保护，网络与信息安全，反洗钱和防范金融犯罪，加强互联网金融行业自律以及监管协调与数据统计监测等方面提出了具体要求。

（四）《网络小额贷款业务管理暂行办法（征求意见稿）》的发布

2020 年 11 月，为规范小额贷款公司网络小额贷款业务，统一监管规则和经营规则，银保监会、中国人民银行发布《网络小额贷款业务管理暂行办法（征求意见稿）》（以下简称《办法》），确定了监管主体，并对网络小额贷款公司在经营过程中的风控体系、单户上限、信息披露等问题作出详细规范，叫停了网络小贷的跨区业务，要求和流量平台注册地统一，规定了联合贷款出资比例，明确了100万的单户贷款余额上限、限制了控股网络小额贷款公司的数量、提升了资本金的要求，划定了限制跨省展业、联合贷款出资不低于30%的若干红线，加大了对金融消费者的保护力度。

1. 跨区业务将被叫停

《办法》规定小额贷款公司经营网络小额贷款业务应当主要在注册地所属省级行政区域内开展；未经国务院银行业监督管理机构批准，小额贷款公司不得跨省级行政区域开展网络小额贷款业务。对未经国务院银行业监督管理机构批准已经跨省级行政区域从事网络小额贷款业务的小额贷款公司，应当在本办法规定的过渡期内完全达到本办法各项规定的要求；逾期仍不符合本办法规定的，不得跨省级行政区域开展新的网络小额贷款业务。

当前大部分做互联网贷款的网络小额贷款公司及该公司全国展业经营许可由注册所在地方金融监督管理部门审批。本《办法》已经明确，跨省级行政区域开展网络小额贷款业务，需要经过国务院银行业监督管理机构批准。有很多的供应链金融公司、小微金融公司都是基于网络小额贷款公司的牌照进行全国展业的，由于监管在2017年就已经叫停了批设网络小额贷款公司，只能尽快申请全国展业许可，获得相关业务的执业牌照。

2. 小额贷款全流程线上化

《办法》所称网络小额贷款业务，是指小额贷款公司利用大数据、云计算、移动互联网等技术手段，运用互联网平台积累的客户经营、网络消费、网络交易等内生数据信息以及通过合法渠道获取的其他数据信息，分析评定借款客户信用风险，确定贷款方式和额度，并在线上完成贷款申请、风险审核、贷款审批、贷款发放和贷款回收等流程的小额贷款业务。

有很多的网络小额贷款公司可能仅仅是部分流程实现了线上化，比如贷款申请，但是风险审批和贷款回收可能还是在线下完成，这也让他们在公共卫生事件期间的业务开展面临了很大的困难。《办法》的发布，将推动网络小额贷款公司贷前、贷中、贷后全流程数字化。比如，苏宁金融科技的"天衡"小微金融科技，通过"星象"精准营销、"千言"智能客服体系、"CSI"实时反欺诈引擎、小微风控模型审批体系、"秋毫"小微企业风险预警、"捕逾"智能催收系统实现了"微商贷"的100%线上化。

3. 和互联网平台注册区域应相同

《办法》规定互联网平台运营主体的注册地应与该小额贷款公司的注册地在同一省、自治区、直辖市行政区域内。

互联网平台也就是给网络小额贷款公司带来线上流量的公司。现在很多网络小额贷款公司和其使用的互联网平台不在一个区域。比如，为某网络小额贷款公司带来流量的第三方公司主体注册在上海，而该网络小额贷款公司的主体则注册在重庆。根据本《办法》，未来这种异地情况是不被允许的。这条思路很明显，就是要将网络小额贷款公司和其流量方纳入统一属地化管理，防止流量方和贷款业务两张皮监管的分离。这影响非常大，一些网络小额贷款公司会加速回迁到流量公司所在地，比如从重庆到北京再到上海，将在全国范围内推动金融资源的重新布局。

4. 联合贷款出资不得低于30%

《办法》规定在单笔联合贷款中，经营网络小额贷款业务的小额贷款公司的出资比例不得低于30%。

这条可以说击中了网络小额贷款公司的要害。很多网络小额贷款公司虽然也有资本金，但放贷主要靠银行机构的资金。在一些场景的联合贷款中，有的耳熟能详的头部网络小额贷款公司在单笔联合贷款中出资仅象征性地占比1%，基本上是靠流量变现从金融机构赚钱。30%的最低出资比例要求，对于网络小额贷款公司来说，杠杆太低了，基本上宣告网络小额贷款公司互联网贷款时代的落幕。

网络小额贷款公司很有可能就不再做联合贷款了，而是去专门做助贷、做金融科技服务的生意。银行机构将登上历史舞台，未来将成为互联网贷款时代的主角。

5. 供应链金融业务受到冲击

《办法》规定对自然人的单户网络小额贷款余额原则上不得超过 30 万元，不得超过其最近 3 年年均收入的 1/3，该两项金额中的较低者为贷款金额的最高限额；对法人或其他组织及其关联方的单户网络小额贷款余额原则上不得超过 100 万元。

个人贷款的限制基本上是和商业银行互联网贷款新规相同的。但是关于法人的 100 万元限制，对于小微金融业务影响不大，但对供应链金融业务则有很大的影响，因为供应链金融的单户金额一般都比较大，超过 100 万元，这将挤压小额贷款公司做供应链金融的空间。尤其对大型的网络小额贷款公司影响更大。这条规定进一步将网络小额贷款公司向小微市场压实，网络小额贷款公司的未来将更聚焦于个人金融、小微金融业务。网络小额贷款公司只能做供应链金融末端的分销商、经销商的 100 万元以下的贷款，100 万元以上的供应链金融贷款业务将通过银行等牌照放款。

6. 资本必须充足

《办法》规定经营网络小额贷款业务的小额贷款公司的注册资本不低于 10 亿元，且为一次性实缴货币资本。跨省级行政区域经营网络小额贷款业务的小额贷款公司的注册资本不低于 50 亿元，且为一次性实缴货币资本。

资本充足率是指银行自身资本和加权风险资产的比率，代表了银行对负债的最后偿债能力。银行用少量资本运营大量债权资产，以此来获得高回报率，这就是"杠杆原理"，但这也是银行产生系统风险的根源之一。为了让金融业在众多风险面前有足够的抵抗能力，最低限度地降低金融业爆发危机，1988 年在瑞士巴塞尔召开的"巴塞尔银行监管委员会"会议上确定了 8% 的资本充足率要求，中国在 20 世纪 90 年代中后期开始的金融体制改革中也将资本充足率确立为重要的风险控制指标。

7. 只能控股 1 家小额贷款公司

《办法》规定同一投资人及其关联方、一致行动人作为主要股东参股跨省级行政区域经营网络小额贷款业务的小额贷款公司的数量不得超过

2 家，或控股跨省级行政区域经营网络小额贷款业务的小额贷款公司的数量不得超过 1 家，禁止委托他人或接受他人委托持有经营网络小额贷款业务的小额贷款公司的股权。

近年来，一些互联网巨头控股 2 个或者 2 个以上的可以全国展业的网络小额贷款公司，用以突破资产规模的限制。根据《办法》，这些巨头需要关掉手里的第二家网络小额贷款公司，或者稀释股份改为参股，这会明显压降巨头的互联网贷款的业务量，所以这些巨头急需银行、消费金融公司等牌照来承接网络小额贷款公司压降的业务量。这也是为什么近期一些互联网巨头都申请注册了消费金融公司的原因。

（五）网络小额贷款公司向何处去？

监管的考虑和目光是长远的，他们必须要超脱于某个行业的经济利益去看到未来最坏的情况，并且未雨绸缪。我们可以很清晰地看到，《办法》中所有新增的内容都是在夯实网络小额贷款公司的风险防范能力，通过提高门槛让实力较弱的网络小额贷款公司出清。监管不反对做线上，鼓励网络小额贷款公司在注册地省级行政区内做线上业务，也鼓励有实力的网络小额贷款公司申请全国展业的资格，但是审批全国展业必然是慎重的。

金融科技比较弱的、没有实体经济场景、资本实力不充足的网络小额贷款公司可以退出市场，监管成本已经很高了，如果没什么实际的业务开展，监管不会允许公司持有牌照空转。

对于那些有较大存量的全国展业的网络小额贷款公司，必须根据监管要求主动压降存量，同时，加强风控能力、夯实资本金，聚焦优势场景，提升资产质量，从而大大降低互联网贷款风险的集中度。本《办法》给出了 3 年的过渡期，时间非常紧迫。转型金融科技也是一个出路，网络小额贷款公司可以将积累的产业和场景经验通过金融科技产品的方式输出给银行机构，通过带有场景理解能力的金融科技产品赋能银行进入产业链金融市场，成为银行机构的"产业链操作系统"。当然做得比较好的网络小额贷款公司，也可申请全国展业资格。

《办法》对一直在省级行政区域内部经营的中小型网络小额贷款公司是利好的，这些公司做消费贷款的量很少，是服务最末端小微企业的主力军，随着大型网络小额贷款公司业务量的压降，银行机构的资金必然将转移到区域内经营的中小型网络小额贷款公司，支持他们更好地服务小微企业，将进一步降低中小型网络小额贷款公司的资金成本。中小型网络小额贷款公司也需要尽快升级风控和金融科技系统，加大对省内区域市场场景的渗透，以适应未来业务量的大幅增长。

互联网贷款的主角将从网络小额贷款公司切换到银行，而银行要想顺利接棒，必须加紧开放银行的能力建设，让自身成为产业链互联网的金融操作系统，直接掌握数据和客户生态，做到和产业链的"紧耦合"，而不是联合贷款或者助贷这种和产业链的"松耦合"。同时银行积极探索通过股权投资的方式，建立和产业链的血肉联系，加大对于产业链互联网的影响和控制力，而不是前几年银行和金融科技公司之间松散的战略合作。此外，银行还应加紧吸收有产业和场景经验的金融科技人才。

本《办法》的出台，标志着以网络小额贷款公司为主角的互联网贷款时代结束了，而银行等持牌金融机构顺理成章地登上了历史舞台。

五、金融科技监管

2022年1月，中国人民银行印发的《金融科技发展规划（2022－2025年）》提出，加快监管科技的全方位应用，强化数字化监管能力建设，对金融科技创新实施穿透式监管，筑牢金融与科技的风险防火墙。金融科技，既有金融基因，又有信息科技（互联网）基因，特别是其互联互通性、开放性、科技含量高等特征使得金融风险隐蔽性、广泛性、传染性、突发性特征更加明显。对此，从行业自身来看，需要提升风控水平，尤其是运用新技术来防范新风险的能力。从监管者来看，则需完善金融科技风险的动态监测和早期预警，切实提高金融科技的风险识别和预判能力，强化对金融科技风险情景分析、应急处置、危机预防、预案储备和长期评估，维护金融安全稳定。

第一，金融行业需要积极拥抱智能风控。金融科技已经助力金融行业风险管理从传统风控向智能风控转型，当前智能风控在智能反欺诈、授信评估、贷后管理、逾期管理等领域均得到广泛应用，且落地了大量行之有效的场景案例。作为智能风控"原料"的数据，同时面临打破"数据孤岛"、保障数据安全、保护金融消费者个人隐私等紧迫问题，而基于人工智能生态体系的隐私计算技术正好契合解决上述矛盾之需求。例如，以"知识联邦"为代表的联邦学习技术，正成为隐私计算领域安全可控、自主创新、全球引领的重要金融基础设施，通过实现数据可用不可见，尝试为金融智能风控困境打开新的突破点，为平衡数据隐私保护和智能风控发展提供新的可能性。

第二，要处理好功能监管和主体监管的关系。从功能监管角度来看，根本的思路就是穿透金融活动使监管实现一致性，类似金融业务用同样的监管原则应对。由此面临的问题是如何对金融科技业务实质进行穿透。一方面，可能损害消费者权益的风险往往产生于金融功能交叉地带，因此需着眼于资金配置（投资、融资）、支付清算、风险管理、信息管理等，来探究其中的监管难点与金融消费者保护重点。另一方面，所谓的主体监管，就是不管数字化给金融功能、金融形态带来怎样的影响，如果出现风险和问题，都需找到承担责任的主体。两者都需充分利用、有效匹配。

第三，要处理好宏观审慎和微观审慎的关系。宏观审慎旨在防范系统性风险，核心是识别风险、降低风险、减少风险传染。在数字金融时代，这一问题变得更加复杂。如果用复杂网络技术来分析系统性风险传染，就会发现金融科技时代变得更加复杂，万物互联、信息高速传递，不同节点之间快速传染，可能产生诸多新问题。与之相应，在金融科技领域如何做好微观审慎同样也是重中之重，无论是机构进入、管理还是退出，以及机构治理机制建设，都需要进一步的专业细分与精细化管理。

第四，要处理好常规监管和非常规监管的关系。常规监管通过日常性工作实现包容、稳定、合规等多重目标，最大的问题是监管部门之间的协调困境。非常规监管如公平竞争与反垄断、重大风险事件、新业态与模式等，需要处理好对监管的短期冲击与影响。尤其在某些新兴金融领域，如基于区块链技术的去中心化金融（Defi），近年来开始落地并在国际上产生重大影响，它有几个特点：依托智能合约就可以建立借贷关系，没有主体，资金提供者和资金需求者连在一起。客观来看，在这些缺乏监管的模式里，必然有很多风险，亟待深入研究和有效应对。

第五，要处理好核心监管和辅助监管的关系。核心监管是业务监管、基础设施监管；辅助监管是依靠多层次机制、环境保障和激励相容，其在主流监管之外，如果能起到有效的补充，则有助于使整个金融科技监管更具有效率和弹性。

第三节 中国普惠金融发展的政策推进及其制度安排

中共中央、国务院历来高度重视普惠金融发展，在 2013 年首次将"普惠金融"写入党的决议之后，中国的普惠金融进入了快速发展期，这与国家近几年密集出台的各项激励政策有很大关系。在各方共同努力下，中国普惠金融发展进程加快，取得了较好成效。

一、中国推进普惠金融发展的规划

2015 年 11 月，由中共中央总书记、中央全面深化改革领导小组组长习近平主持召开的中央全面深化改革领导小组第十八次会议，审议通过了《推进普惠金融发展规划（2016-2020 年）》。这是中共中央通过的中国第一个推进普惠金融发展的规划。

2015 年 12 月，国务院印发的《推进普惠金融发展规划（2016-2020）》（以下简称《规划》）中明确指出，要建立健全中国普惠金融体系。该规划作为中国首个发展普惠金融的国家级战略规划，确立了推进普惠金融发展的指导思想、基本原则和发展目标，从普惠金融服务机构、产品创新、基础设施、法律法规和教育宣传等方面提出了一系列政策措施和保障手段，对推进普惠金融实施、加强领导协调、试点示范工程等方面做出了相关安排。

《规划》指出，普惠金融是指立足机会平等要求和商业可持续原则，以可负担的成本为有金融服务需求的社会各阶层和群体提供适当、有效的金融服务。小微企业、农民、城镇低收入人群、贫困人群和残疾人、老人等特殊群体是当前中国普惠金融重点服务对象。大力发展普惠金融有助于那些长期游离在正规金融系统之外的群体获得有效的金融支持，可谓意义重大。

《规划》强调，发展普惠金融应坚持借鉴国际经验与体现中国特色相结合、政府引导与市场主导相结合、完善基础金融服务与改进重点领域金融服务相结合的指导思想，按照"健全机制、持续发展，机会平等、惠及民生，市场主导、政府引导，防范风险、推进创新"等原则，有效提高金融服务的覆盖率、可得性和满意度，明显增强人民群众对金融服务的获得感，到 2020 年，要建立与全面建成小康社会相适应的普惠金融服务和保障体系，特别是要让小微企业、农民、城镇低收入人群、贫困人群和残疾人、老年人等及时获取价格合理、便捷安全的金融服务，使中国普惠金融发展居于国际中上游水平。

《规划》提出，要健全多层次的金融服务供给体系，充分发挥传统金融机构和新型业态的作用，积极引导各类普惠金融服务主体借助互联网等现代信息技术，创新金融产品，降低交易成本。要完善普惠金融服务保障体系，完善普惠金融基础设施建设，健全普惠金融信用信息体系，推进农村支付环境建设。要把防风险放在十分重要的位置，坚持监管和创新并行，加快建立适应普惠金融发展的法制规范和监管体系，提高金融监管的有效性。要发挥政策的引导和激励作用，促进金融资源向普惠金融倾斜。要加强普惠金融教育与宣传，增强公众的金融风险意识，提高金融消费者维权的意识和能力。

《规划》要求，加强组织保障和推进实施工作，由银保监会、中国人民银行牵头建立推进普惠金融发展工作协调机制，地方各级人民政府需要加强组织领导，做好贯彻落实。按照全面推进、突出重点、分步开展、防范风险的工作思路，对拿不准的难点问题，要在小范围先行试点，成熟后再推广；要加强国际交流，提升中国普惠金融国际化水平；要实施金融知识扫盲、移动金融、扶贫信贷等专项工程，促进实现规划目标；要健全监测评估体系，及时发现问题并提出改进措施。

二、中国普惠金融指标体系及填报制度的建立

为贯彻落实该规划和 G20 普惠金融成果文件要求，2016 年底中国人民银行建立了中国普惠金融指标体系及填报制度。《中国普惠金融指标体系》主要包含使用情况、可得性、质量三个维度，共 21 类 51 项指标，其中 8 个指标通过问卷调查采集。

通过问卷调查采集的 8 个指标为：拥有活跃账户的人口比例；使用电子支付（包括银行电子支付和支付机构网络支付）人口比例；购买投资理财产品人口比例；个人未偿还贷款笔数；在银行有贷款的人口比例；在银行以外的机构、平台获得过借款的人口比例；金融知识和金融行为。

从近几年《中国普惠金融指标体系》填报情况来看，中国普惠金融发展取得了良好成效。主要指标呈现如下特点：一是金融服务使用程度稳步加深。银行结算账户和银行卡人均拥有量较快增长，活跃使用账户拥有率有所上升；电子支付普及率继续提升，超八成成年人使用电子支付，移动支付业务量快速增加，非银行支付机构网络支付业务较快增长，呈现笔数多、笔均金额小的特点；购买投资理财产品成年人比例小幅增加，近一半的成年人购买过投资理财产品，城乡差距仍较为明显，投资理财意识有待进一步提升；普惠小微贷款增长迅速，总体呈现"量增、面扩、价降"态势；建档立卡贫困人口贷款覆盖面稳步扩大。二是金融服务可得性持续改善。银行网点乡镇覆盖率、助农取款服务点村级行政区覆盖率继续提升，边远地区金融服务可得性不断改善，数字渠道在增强可得性方面愈加重要，人均银行网点数、ATM 机具、POS 机具数有所下降。三是金融服务质量不断提升。金融消费权益保护制度和机制建设不断深化，金融消费者长远和根本利益得到更多关注，国民金融素养稳步提升；农户信用贷款比例有所增加；金融信用信息基础数据库收录的自然人数和企业数稳步增长，以多维度数据集成、共享为特征的中小企业信用体系建设取得明显成效。

三、《G20 数字普惠金融高级原则》的推出

2016 年中国 G20 杭州峰会其一大成果是审议通过了数字普惠金融的"国际公约"——《G20 数字普惠金融高级原则》，这一成果被外界称作是全球数字普惠金融的行动指引。从全球来看，这是国际社会首次在该领域推出高级别的指引性文件。

中国作为 G20 主席国提出制定数字普惠金融高级原则的时候，得到了 G20 各成员国和各个国际组织的大力支持。2016 年发布的《G20 数字普惠金融高级原则》鼓励各国根据各自具体的国情制定国家行动计划，从而发挥数字技术为金融服务带来的巨大潜力，助力普惠金融体系的建设。

具体来看，《G20 数字普惠金融高级原则》包含 8 项原则，66 条行动建议。

原则一：倡导利用数字技术推动普惠金融发展。促进数字金融服务成为推动包容性金融体系发展的重点，它包括采用协调一致、可监测和可评估的国家战略和行动计划。

原则二：平衡好数字普惠金融发展中的创新与风险。在实现数字普惠金融的过程中，平衡好鼓励创新与识别、评估、监测和管理新风险之间的关系。

原则三：构建恰当的数字普惠金融法律和监管框架。针对数字普惠金融，充分参考 G20 和国际标准制定实践机构的相关监管标准和行动指引，构建恰当的数字普惠金融法律和监管框架。

原则四：扩展数字金融服务基础设施生态系统。这包括加快金融和信息通信基础设施建设，用安全、可信和低成本的方法为所有相关地域提供数字金融服务，尤其是农村和缺乏金融服务的地区。

原则五：采取负责任的数字金融措施保护消费者。创立一种综合性的消费者和数据保护方法，重点关注与数字金融服务相关的具体问题。

原则六：重视消费者数字技术基础知识和金融知识的普及。根据数字金融服务和渠道的特性、优势及风险，鼓励开展提升消费者数字技术基础知识和金融素养的项目，并对项目开展评估。

原则七：促进数字金融服务的客户身份识别。通过开发客户身份识别系统，提高数字金融服务的可得性，该系统应可访问、可负担、可验证，并能适应以基于风险的方法开展客户尽职调查的各种需求和各种风险等级。

原则八：监测数字普惠金融进展。通过全面、可靠的数据测量评估系统来监测数字普惠金融的进展。该系统应利用新的数字数据来源，使利益相关者能够分析和监测数字金融服务的供给和需求，并能够评估核心项目和改革的影响。

四、普惠金融发展的财政政策支持

为贯彻落实中共中央、国务院《推进普惠金融发展规划（2016-2020年）》，大力支持普惠金融发展，加快建立与全面建成小康社会相适应的普惠金融服务和保障体系，加强普惠金融发展专项资金管理，提高财政资金使用效益，2016年9月，财政部会同有关部门制定了《普惠金融发展专项资金管理办法》。

2019年10月，为优化完善财政支持普惠金融发展方式，更好地发挥财政资金引导撬动作用，切实提高普惠金融服务水平，服务乡村振兴战略，助力打好防范化解重大风险攻坚战，结合近年来工作实践，财政部对2016年公布的《普惠金融发展专项资金管理办法》进行了以下五方面修订：

一是巩固和提升政策效果，会同有关部门做好税收优惠政策落实工作，继续推动农业信贷担保服务网络向市县延伸，更好地发挥农业保险强农惠农作用。

二是进一步加大金融支农力度，促使金融资源更多流向农村地区，引导社会资本规范参与农业 PPP 项目，持续推动农村基础设施和公共服务提档升级。

三是加快推进国家融资担保基金筹建工作，通过设置合作条件、实行逐级穿透、强化监督惩戒等手段，强化对省级融资担保机构的业务指导和规范引导，带动地方各级融资担保机构共同落实基金设立目标。

四是支持地方开展特色农业保险，探索开展三大粮食作物完全成本保险和收入保险试点工作，加快建立多层次农业保险体系。

五是进一步优化财政支持普惠金融发展政策，充分发挥财政资金的正向引导作用，让政策更加聚焦于小微企业和"三农"主体。

五、普惠金融的货币政策支持

中央银行作为货币政策的制定者，是推动普惠金融发展的重要主体之一，已推出并实施了一系列货币政策，不断引导和促进金融资源向普惠金融领域倾斜。

（一）货币政策与普惠金融的关系

一是普惠金融是联合国为了实现"千年发展目标"中的"根除极度贫困和饥饿"而提出的。在中国，发展普惠金融不仅有利于促进金融业可持续均衡发展，还是实施乡村振兴战略、缓解城乡发展不平衡的重要举措，与经济发展方式转型升级和包容性经济增长间具有紧密的联系。从这一层面来看，货币政策实施与普惠金融发展在目标上是一致的。二是货币政策能够影响普惠金融的发展。普惠金融强调金融服务的可得性。相较于基础金融服务，提升正规金融机构的信贷可得性往往难度更大，需要各类经济政策的支持配合。一方面，不同类型货币政策的实施会引起信贷量或利率价格的变化，对信贷可得性产生影响。另一方面，准备金率等传统货币政策工具和中期借贷便利等新型货币政策工具的运用，也可引导资金流入普惠金融领域。三是普惠金融发展反作用于货币政策的实施。这不仅体现为普惠金融可以影响货币政策目标的选择，即普惠金融发展程度的提升，更有利于稳定物价这一最终目标的实现，还体现在更高的普惠金融水平能提高以利率作为货币政策工具的有效性。

（二）支持普惠金融发展的货币政策工具

近年来，中国人民银行运用偏数量调控型和数量与价格调控兼具型的货币政策工具，通过调控货币数量和货币价格激励并引导金融机构积极推动普惠金融体系建设，并将普惠金融货币政策效果纳入宏观审慎评估体系，以监督相关货币政策的贯彻实施。

一是实施差异化的存款准备金率。引导和支持金融机构大力发展普惠金融，具体包括差别存款准备金制度与定向降准。2010 年，中国人民银行将存款准备金作为一种结构性调控工具，从金融机构的规模大小、服务对象等方面精细化政策的实施。2015 年 10 月，实施定向降准支持金融机构类型和贷款范围不断扩大。2018 年 3 月，将"农行县级'三农'金融事业部"正式纳入定向降准政策范围。

二是创设了抵押补充贷款。为支持国民经济重点领域、薄弱环节和社会事业发展而对金融机构提供的期限较长的大额融资，中国人民银行 2014 年 4 月创设了抵押补充贷款。2015 年 10 月，中国人民银行将抵押补充贷款的对象扩大至国家开发银行、中国农业发展银行和中国进出口银行，加大支持这三家银行发放棚改贷款、重大水利工程贷款、人民币"走出去"项目贷款等。

三是加大再贴现运用力度。在推进普惠金融发展中，中国人民银行分支机构加大再贴现运用力度，以引导金融机构加大对小微企业票据融资的支持。自 2008 年以来，为有效发挥再贴现促进结构调整、引导资金流向的作用，中国人民银行进一步完善再贴现管理，如适当扩大再贴现的对象和机构范围，通过票据选择明确再贴现支持重点，进一步明确再贴现可采取回购和买断两种方式以提高业务效率等。

四是充分发挥支农再贷款与支小再贷款支持普惠金融发展的货币政策工具作用。支农再贷款是指中国人民银行为引导地方法人金融机构扩大涉农信贷投放，降低"三农"融资成本，对其发放的信贷政策支持再贷款。支小再贷款指向辖内小型城市商业银行、农村商业银行、农村合作银行和村镇银行四类地方性法人金融机构发放的中央银行专项贷款，用于解决其发放小微企业贷款的流动性需求，降低融资成本。为确保低成本资金的流向，中国人民银行还对借款人的再贷款资金用途、累计发放涉农等贷款金额以及相应的贷款利率作出了具体规定。

六、普惠金融的其他制度安排

（一）积极探索金融消费者权益保护模式

在金融消费者权益保护方面，中国人民银行、银保监会、证监会都相继成立了专门机构，积极探索金融消费者权益保护模式，完善工作机制，建立投诉申诉平台，开展形式多样的金融知识宣传教育活动，不断提高人民群众的维权意识、风险防范意识和自我保护能力。中国人民银行建立以"金融消费者权益保护信息管理系统"为主干、"www.12363.org"金融消费者权益保护互联网站和"12363金融消费者权益保护咨询投诉电话"为两翼的"一体两翼"的金融消费者权益保护信息管理平台。认真处理金融消费者投诉，稳步推进金融消费者投诉分类标准试点监测工作，研究设计科学、统一的金融消费者投诉分类标准，深入探索金融消费者纠纷非诉解决机制。

中国人民银行积极开展"金融消费者权益日"活动，联合金融监管部门、地方政府、金融机构、新闻传媒等自2014年起每年在"3·15国际消费者权益日"期间组织开展"和谐金融、美好生活""金融3·15乡镇行"等活动。

（二）开展"金融知识普及月"活动

中国人民银行在全国各地开展以"普及金融知识，惠及百姓生活、共建和谐金融"为主题的金融知识普及活动。出版和公布《金融知识普及读本》，完善《消费者金融素养调查问卷》。在农村地区，建立 100 余个金融知识普及示范点，捐赠书籍 5000 余册，加强金融知识普及宣传。通过开展"金融知识进农村"等活动，向农村金融消费者普及金融知识，使其不断提高金融素养，了解金融消费者的权利、义务以及维权的各种正当渠道和方式，强化风险意识和责任意识，更好地理解和使用金融产品和服务。

（三）推动普惠金融发展进行多方面探索

中国人民银行开展中小微企业信贷政策导向效果评估，引导金融机构盘活存量、用好增量，扩大对小微企业的信贷投放。鼓励各类金融机构积极开展适合小微企业需求的融资模式和信贷模式创新。支持金融机构发行专项用于小微企业贷款的金融债券。加快银行间债券市场发展，鼓励小微企业发行债务融资工具，拓宽融资渠道。推进涉农金融改革，扩大农村金融服务覆盖面。积极推动农村信用社、农业银行"'三农'金融事业部"改革试点和农业发展银行改革。推出银行卡支农惠农项目和农民工银行卡特色业务，满足农民基本金融服务需求。在农村推广移动支付，解决农村地区物理网点不足等问题，提升农户金融服务便利性。完善农村信用体系，加快中小微企业信用体系建设，开展"信用户""信用村""信用乡（镇）"建设，构建"守信受益、失信惩戒"的信用激励约束机制。

（四）大型中型商业银行设立普惠金融事业部

中共中央、国务院高度重视发展普惠金融，2017 年《政府工作报告》指出，鼓励大中型商业银行设立普惠金融事业部，国有大型银行要率先做到，实行差别化考核评价办法和支持政策，有效缓解中小微企业融资难、融资贵问题。为落实中共中央、国务院决策部署，推进供给侧结构性改革，2017 年 6 月，原中国银监会印发《大中型商业银行设立普惠金融事业部实施方案》（以下简称《实施方案》），推动大中型商业银行设立聚焦小微企业、"三农"、创业创新群体和脱贫攻坚等领域的普惠金融事业部。

为确保相关工作措施有效落地，《实施方案》还就组织实施和完成时限提出了明确要求。大型商业银行于 2017 年内全部完成了普惠金融事业部设立，成为发展普惠金融的骨干力量。

七、中国普惠金融的未来发展趋势

从总体发展趋势来看，中国普惠金融发展面临的有利和不利因素并存。突如其来的公共卫生事件，给经济社会运行带来严重冲击，极大影响了普惠金融目标群体的正常生产生活；全球疫情形势复杂严峻，国际经济深度衰退，产业链供应链循环受阻，消费、投资、出口仍有待逐步恢复；全球保护主义盛行，不稳定性不确定性明显增强。但同时应该看到，中国经济韧性强、回旋余地大，具有广阔的内需市场和完整的工业体系，新型基础设施建设不断取得新的突破，产业智能化、数字化转型加快推进，经济稳中向好、长期向好的基本面没有改变。数字普惠金融基于广泛触达、便捷、低成本、下沉服务等独特优势，有助于破解普惠金融"成本可负担""商业可持续"难题，能够更好赋能小微企业等普惠金融目标群体的生产生活。

在各方因素综合影响下，未来一段时期中国普惠金融发展将呈现以下态势：

一是在金融使用方面：随着支持小微企业相关政策和举措的深入实施，小微贷款有望继续保持较快增长，贷款覆盖面持续扩大，首贷户和信用贷款比例提升；随着社交商务办公线上化等数字经济的快速发展以及金融科技投入的不断增加，电子支付普及率有望继续提升，移动支付、非银行支付机构网络支付业务继续快速增长，普惠金融目标群体将更便捷地使用金融产品和服务；居民保险意识逐步增强，保险产品和服务不断创新发展，保险深度、保险密度有望继续稳步提升，保险保障作用得到进一步发挥。

二是在金融可得性方面：随着全面完成脱贫攻坚任务以及深入实施乡村振兴战略，边远地区金融服务空白村有望进一步减少，基础金融覆盖面继续扩大；数字技术运用在提升金融可得性过程中将发挥越来越重要的作用，对传统物理渠道有一定替代作用，传统银行网点、ATM 机具、POS 机具等指标可能继续小幅下滑。

三是在金融质量方面：随着社会信用体系建设的深入推进，金融信用信息基础数据库收录的自然人数、小微企业数有望持续稳步增加，数据共享平台等新型基础设施建设将会不断取得新的进展，成为数字普惠金融发展的重要基础支撑；多维度替代性数据在解决小微企业、农户、创新创业者融资方面将发挥越来越重要的作用；随着金融对个人生活的影响加深、疫情冲击下经济运行波动加大以及金融消费者权益保护意识加强，金融消费者权益保护的需求将持续快速上升，金融消费者权益保护制度建设将不断深化。

普惠金融的最终目标就是实现全社会的共同富裕，而实现人民的共同富裕是我们党和政府的宗旨和目标，普惠金融未来的发展前景非常光明，任务也是十分艰巨的。下一阶段需要进一步厚植为民金融理念，持续构建商业可持续的长效机制，推进普惠金融与绿色金融、科创金融、供应链金融等的融合发展，打造数字普惠金融发展良好生态。

参考文献

［1］包明友、张怡、刘漱：《完善我国客户尽职调查制度》，《中国金融》，2020 年第 16 期。

［2］财政部：《普惠金融发展专项资金管理办法》，2016 年 9 月 24 日。

［3］财政部：《优化完善财政支持普惠金融发展方式》，《新浪财经》，2019 年 10 月 30 日。

［4］曹军新、谢元态：《新型农村合作金融的历史逻辑与现实选择》，《金融时报》，2017 年 5 月 16 日。

［5］陈颖、王胜邦：《小额信贷机构监管的国际经验和中国实践》，《新金融》，2006 年第 7 期。

［6］陈彦蓉：《助推乡村振兴，数字普惠金融大有可为》，《金融时报》，2021 年 3 月 9 日。

［7］陈颖、黎华联：《实施"楷模"评级，粤引领小贷行业再出发》，2020 年 7 月 7 日。

［8］丁溧、丁宁、杨乐：《"双碳"目标驱动下商业银行绿色信贷业务高质量发展的思考》，2022 年 3 月 21 日。

［9］董家秀、于昕：《浅论小额信贷法律监管体制完善问题研究》，2017 年 12 月 8 日。

［10］董希淼：《中国农村信用社深化改革的新思路》，《金融时报》，

2020 年 5 月 25 日。

[11] 杜玢:《邮储银行交出 2020 年服务实体经济成绩单》,《金融时报》,2021 年 4 月。

[12] 杜冰:《银行业亟须完善声誉风险管理体制机制》,《金融时报》,2021 年 2 月 25 日。

[13] 杜晓山、刘文璞、孙同全、白澄宇:《从小额信贷到普惠金融》,中国社会科学出版社,2018 年版。

[14] 杜晓山、刘文璞、孙同全、白澄宇:《从小额信贷到普惠金融——中国小额信贷发展二十五周年回顾与展望纪念文集》,中国社会科学出版社,2018 年版。

[15] 杜晓山、张睿、王丹:《执着地服务穷人——格莱珉银行的普惠金融实践及对我们的启示》,《南方金融》,2017 年 3 期。

[16] 杜晓山:《我国普惠金融 5 年发展成就问题与思考》,《人民日报》,2018 年 11 月 27 日。

[17] 杜晓山:《疫情冲击下如何完善小微企业金融服务》,《金融时报》,2020 年 3 月 25 日。

[18] 方匡南:《大数据与人工智能提升小微企业金融服务研究》,《金融时报》,2021 年 10 月 25 日。

[19] 高翔:《小贷公司评级"杭州经验"拟在浙江全省推广》,《上海证券报》,2013 年 5 月 30 日。

[20] 广东省地方金融监督管理局:《广东省小额贷款公司"楷模(CAMEL+RR)"监管评级对应的分级分类差异化监管措施有哪些?》,广东金融网,2021 年 7 月 19 日。

[21] 广东省小额贷款公司协会:《广东省启动 2019 年度小贷公司监管评级工作》,2020 年 8 月 31 日。

[22] 郭少雅:《小额贷款公司的痛与乐——川渝小额贷款公司调查走笔》,《农民日报》,2018 年 5 月 28 日。

[23] 郭树清:《加强和完善现代金融监管》,中国银保监会官网,

2022 年 11 月 2 日。

　　［24］郭新明：《深化绿色金融改革助力绿色低碳发展》，《中国金融》，2021 年第 6 期。

　　［25］国家发展和改革委员会：《严重失信者将永久禁入市场》，《经济参考报》，2019 年 7 月 19 日。

　　［26］国家发展和改革委员会：《大力推动我国数字经济健康发展》，《求是》，2022 年第 2 期。

　　［27］国家外汇管理局：《关于发布〈外债登记管理办法〉的通知》（汇发〔2013〕19 号），2013 年 5 月。

　　［28］国家外汇管理局：《全口径跨境融资宏观审慎管理政策问答（第一期）》，2017 年 6 月 2 日。

　　［29］国务院：《推进普惠金融发展规划（2016-2020 年）》，新华社，2016 年 1 月 15 日。

　　［30］国务院办公厅：《关于加强金融消费者权益保护工作的指导意见》，2015 年 11 月 13 日。

　　［31］国务院办公厅：《关于印发互联网金融风险专项整治工作实施方案的通知》，中国政府网，2016 年 4 月 12 日。

　　［32］国务院办公厅：《互联网金融风险专项整治工作实施方案》，中国政府网，2016 年 4 月 12 日。

　　［33］国务院新闻办公室：《人类减贫的中国实践》白皮书，国务院官网，2021 年 4 月。

　　［34］何广文：《乡村振兴需要坚持农业农村优先发展》，《金融时报》，2021 年 3 月 8 日。

　　［35］河北省地方金融监督管理局：《河北省小额贷款公司监督管理办法（试行）》，2020 年 9 月 9 日。

　　［36］胡萍：《金融机构数字化转型需要哪些技术抓手》，《金融时报》，2021 年 8 月 23 日。

　　［37］胡祖铨：《我国信贷资产证券化的发展概述》，2016 年 4 月

29 日。

[38] 黄国平：《数字技术推动普惠金融高质量发展》，《金融时报》，2021 年 5 月 31 日。

[39] 柳立：《金融消费者个人信息权益的保护和进步》，《金融时报》，2021 年 9 月 27 日。

[40] 姜红仁：《小额贷款公司监管制度及其完善》，《江西社会科学》，2014 年第 4 期。

[41] 姜欣欣：《2022：中国普惠金融面临的新机遇》，《金融时报》，2022 年 2 月 21 日。

[42] 姜欣欣：《数字经济时代需完善金融消费纠纷在线解决机制》，《金融时报》，2021 年 3 月 15 日。

[43] 蒋勇：《对我国村镇银行高质量发展的几点建议》，《金融时报》，2022 年 3 月 31 日。

[44] 焦瑾璞：《微型金融学》，中国金融出版社，2013 年版。

[45] 焦瑾璞：《微型金融在中国》，《中国金融》，2014 年第 3 期。

[46] 金融时报记者：《建设银行多措并举开展消保工作，伴消费者温暖同行》，《金融时报》，2022 年 3 月 23 日。

[47] 金融时报记者：《交通银行云南省分行全力做好金融消费者权益保护的捍卫者》，《金融时报》，2022 年 3 月 30 日。

[48] 蓝虹：《绿色金融成为推动经济绿色发展的关键力量》，2020 年 9 月 14 日。

[49] 李珮：《备案制后第二单，小额贷款资产证券化或将提速》，《金融时报》，2015 年 2 月 17 日。

[50] 李珮：《公益小额信贷机构寻求转型》，《金融时报》，2014 年 8 月 30 日。

[51] 李东荣：《拉美小额信贷监管经验及对我国的启示》，《金融研究》，2011 年第 5 期。

[52] 李姣、周孟亮：《小额信贷机构社会绩效与财务绩效，协调发

展可能性与制约因素分析》，《创新》，2014 年第 2 期。

［53］李均锋：《以科学有效监管推动普惠金融高质量发展》，《清华金融评论》，2021 年 2 月 26 日。

［54］李克强：《市场经济首先是信用经济，信用经济必须是法治经济》，2020 年 11 月 30 日。

［55］李南青：《发挥数字金融优势　助力实现高质量发展》，2022 年 3 月 7 日。

［56］李珮：《建立评级体系规范小贷公司发展》，《金融时报》，2014 年 1 月 13 日。

［57］李如东：《银行业需做好数字化转型的应对和改变》2020 年 5 月 16 日。

［58］李庶民：《所谓的"征信修复"是对信用机制的异化和破坏》，《金融时报》，2022 年 4 月 7 日。

［59］李文玉、宋旭：《推动村镇银行健康发展的有效途径》，中国金融新闻网，2019 年 10 月 31 日。

［60］李伊琳：《国内首家小贷公司登陆 H 股，募资超 3 亿港币》，《每日经济新闻》2015 年 1 月 14 日。

［61］联合调研组：《中国商业银行数字化转型调查报告》，《清华金融评论》，2020 年 4 月刊。

［62］梁海祥：《广东小贷行业实行统一监管评级体系》，《信息时报》，2020 年 7 月 13 日。

［63］刘琪：《中国人民银行行长易纲：进一步完善金融领域个人信息保护法律制度》，《证券日报》，2021 年 11 月 4 日。

［64］刘澄清：《以普惠金融促进乡村振兴与包容性增长》，《金融时报》，2021 年 2 月 1 日。

［65］刘澄清：《大数据时代小微信贷如何高效应对风控问题》，2022 年 7 月 11 日。

［66］刘桂平：《充分发挥绿色金融在"双碳"目标实现中的作用》，

《金融时报》，2021 年 10 月 23 日。

[67] 刘海娟：《小额贷款公司融资渠道的现状困境与出路》，《现代商业》，2016 年 12 月。

[68] 刘利红、任丹妮、徐振鑫：《绿色金融与普惠金融融合发展路径研究》，《金融时报》，2022 年 7 月 11 日。

[69] 柳立：《2022：金融科技步入跨越式提升新阶段》，《金融时报》，2022 年 2 月 14 日。

[70] 柳立：《加强风险监管，打造商业银行监管评级升级版》，《金融时报》，2021 年 10 月 25 日。

[71] 卢俊锦、蔡勇跃：《ETF 互联互通正式开闸，内地与香港资本市场深化合作迈上新台阶》，2022 年 7 月 6 日。

[72] 陆宇航、李海霞：《数字化赛跑：商业银行如何赢得入场券》，《金融时报》，2020 年 8 月 11 日。

[73] 陆宇航：《科技进步应使银行网点服务更加温暖》，《金融时报》，2020 年 12 月 18 日。

[74] 罗平：《新形势下的商业银行的数字化转型与数字化风险管理》，2020 年 6 月 22 日。

[75] 马梅若：《普惠金融新起点》，《金融时报》，2017 年 5 月 5 日。

[76] 马梅若：《织牢织密金融消费者权益保护网》，《金融时报》，2022 年 3 月 16 日。

[77] 马梅若：《筑牢个人信息保护"防火墙"》，《金融时报》，2021 年 11 月 22 日。

[78] 孟扬：《微众银行我国第一家互联网银行探路普惠金融》，《金融时报》，2018 年 11 月 15 日。

[79] 孟岩：《关于国有银行小微贷款业务可持续发展路径的思考》，《金融时报》，2021 年 3 月 22 日。

[80] 莫莉：《绿色金融对全球经济重要性增加》，《金融时报》，2020 年 10 月 15 日。

［81］内蒙古小额信贷协会：《小额贷款公司实务操作指南》，内蒙古教育出版社，2012年版。

［82］潘光伟：《加快推进我国银行业数字化转型》，中国金融新闻网，2019年1月24日。

［83］庞东梅：《小额贷款公司发展需找准定位》，《金融时报》，2022年2月21日。

［84］冉学东、徐晓梅：《广东部分小贷公司融资杠杆率可放宽至5倍》，《华夏时报》，2020年2月19日。

［85］人民银行、银保监会：《金融机构服务乡村振兴考核评估办法》，2021年6月7日。

［86］人民银行：《G20数字普惠金融高级原则》，2016年9月14日。

［87］人民银行等十部门：《关于促进互联网金融健康发展的指导意见》，中央政府门户网站，2015年7月18日。

［88］人民银行长沙中心支行、湖南大学联合课题组：《普惠金融的货币政策支持》，《金融时报》，2018年12月10日。

［89］山东省地方金融监管局：《山东省发布小贷公司分类评级办法，明确五个等次实施分类监管》，2020年10月22日。

［90］邵智宝：《构建数字普惠金融服务新模式，助力全面推进乡村振兴》，2021年6月16日。

［91］申秀文、王素萍：《赴蒙古国哈斯银行学习考察报告》，《内蒙古小额信贷》，2011年第1-2期。

［92］深圳市小额贷款行业协会：《深圳市小额贷款公司年度评级指引（试行）》，2017年8月。

［93］沈杭：《杭州小贷公司首次由第三方信用评级试点圆满完成》，《金融时报》，2013年5月13日。

［94］史素英：《共享发展理念下普惠金融差异化监管问题研究》，《中财法律评论》，2017年第1期。

［95］宋珏遐：《从试验区看县域绿色金融发展要点》，2021年1月28日。

［96］宋志国，张立杰：《经济新常态下防范金融风险的思考》，《金融时报》，2017 年 6 月 26 日。

［97］苏丽霞、曲韵：《云南农信金融护航绿水青山》，《金融时报》，2021 年 5 月 11 日。

［98］孙建东：《以差异化破解普惠金融困局，借力数字化保持业务可持续发展》，中国网财经，2020 年 12 月 8 日。

［99］孙淼、李继昌、王立伟：《加快补齐农村绿色金融发展中的短板》，《金融时报》，2021 年 2 月 23 日。

［100］孙天琦：《G20 数字普惠金融高级原则的启发》，《华夏时报》，2016 年 9 月 10 日。

［101］孙天琦：《国际主要普惠金融指标体系解析》，《金融时报》，2016 年 8 月 9 日。

［102］孙同全：《社会服务组织有效参与乡村振兴的策略研究以四川省仪陇县为例》，《金融时报》，2021 年 2 月 1 日。

［103］孙同全：《中国新型农村合作金融的困境和出路》，《中国县域经济报》，2020 年 9 月 17 日。

［104］孙延海：《透视企业发展战略》，2002 年 5 月 20 日。

［105］孙宗伟：《内部审计"三结合"有效防控金融风险》，《金融时报》，2021 年 1 月 14 日。

［106］陶兰：《村镇银行可持续发展路径》，《金融时报》，2013 年 2 月 4 日。

［107］田青：《普惠金融体系下的小贷公司发展研究》，《金融时报》，2016 年 3 月 15 日。

［108］汪子旭：《互联网贷款市场化程度将提升　审慎监管补齐制度短板》，《经济参考报》，2020 年 5 月 14 日。

［109］王芳：《健全多层次广覆盖可持续的普惠金融体系》，2020 年 11 月 25 日。

［110］王勇：《健全适应数字经济发展新阶段的现代金融体系》，中

国金融新闻网，2022年2月28日。

[111] 王高平、唐珂、张鹏、邓冰宁：《提升我国消费者金融素养需要全社会共同参与》，《金融时报》，2020年11月23日。

[112] 王素萍：《赴欧洲小额信贷学习考察报告》，《内蒙古小额信贷》，2012年第1-3期。

[113] 王文珠：《台州银行2020发展新路径——专访台州银行党委副书记、副董事长、行长黄军民》，《中国农村金融》，2020年第4期。

[114] 王晓青、王洪亮：《印尼BPR小额信贷商业化模式之鉴》，《农村经济》，2011年第2期。

[115] 王新蕾：《山东开启小贷融资新模式》，《大众日报》，2015年3月11日。

[116] 王雅洁：《山东小贷公司：融资杠杆放宽 放贷利率在降》，《经济导报》，2020年4月1日。

[117] 王妍君、徐菱涓：《江苏省村镇银行融资现状及创新融资模式研究》，《新丝路杂志（下旬）》，2017年第11期。

[118] 王章男：《对中小农商银行发展线上生态场景建设的思考》，《金融时报》，2020年4月9日。

[119] 微众银行：《探索普惠金融新路径，护航实体经济发展》，《金融时报》，2021年3月10日。

[120] 文书洋：《"双碳"目标下绿色金融如何促进经济高质量发展》，《金融时报》，2022年5月9日。

[121] 吴秋余：《消保七招保护好个人金融信息》，《人民日报》，2020年11月16日。

[122] 吴玉宇：《中小商业银行数字化转型痛点与经验借鉴》，2020年6月28日。

[123] 向为国：《品质发展是小贷公司走出困境的根本出路》，2019年6月22日。

[124] 谢利：《从管理总部到独立法人中银富登获批设立投资管理

行》，《金融时报》，2020 年 7 月 9 日。

［125］谢利：《关于投资管理型村镇银行》，2020 年 7 月 9 日。

［126］谢晓冬：《资金来源不足制约村镇银行发展》，《上海证券报》，2008 年 4 月 9 日。

［127］谢绚丽：《商业银行数字化转型的挑战与前景》，《中华工商时报》，2020 年 4 月 30 日。

［128］修杨：《国内银行开展数字化转型存在的问题和对策分析》，《商情》，2020 年 7 期。

［129］徐贝贝：《加强金融消费者权益保护须筑牢三道防线》，《金融时报》，2021 年 2 月 5 日。

［130］徐贝贝：《明确商业银行贷款管理和自主风控要求互联网贷款业务迎新规》，《金融时报》，2022 年 7 月 18 日。

［131］徐诺金：《建议实行普惠金融差异化监管政策》，《新京报》，2021 年 3 月 4 日。

［132］徐绍峰：《区别对待有利于小贷回归本源》，《金融时报》，2017 年 12 月。

［133］徐绍峰：《放宽融资比例对小贷公司发展影响几何》，《金融时报》，2020 年 10 月 22 日。

［134］徐绍峰：《农商银行如何"推动小微企业金融服务高质量发展"》，《金融时报》，2021 年 5 月 20 日。

［135］徐绍峰：《释放农村新型消费潜力的前提是打通"堵点"》，《金融时报》，2020 年 10 月 15 日。

［136］徐云松：《消费者金融素养提升与防范化解金融风险》，《金融时报》，2021 年 11 月 29 日。

［137］杨光宇、张丽琴：《把握数字经济潜能释放的关键》，《经济日报》，2022 年 3 月 13 日。

［138］杨寒露、黄丽华：《中小银行数字化转型中金融科技应用的思考》，《金融时报》，2021 年 5 月 24 日。

［139］杨骐玮：《如何审慎监管互联网小额信贷?》，《金融法苑》2021 年 6 月。

［140］叶斯琦：《王景武：防范金融风险筑牢实体经济之根》，《中国证券报》，2022 年 3 月 4 日。

［141］易纲：《用好正常货币政策空间，推动绿色金融发展》，2021 年 3 月 21 日。

［142］银保监：《关于进一步推动村镇银行化解风险改革重组有关事项的通知》，2020 年 12 月 30 日。

［143］银保监会：《银保监会就银行保险机构消费者权益保护管理办法（征求意见稿）公开征求意见》，2022 年 5 月 19 日。

［144］银保监会：《银保监会启动首批"多县一行"制村镇银行试点》，2018 年 9 月 18 日。

［145］银监会：《大中型商业银行设立普惠金融事业部实施方案》，《金融时报》，2017 月 5 月 27 日。

［146］银监会：《关于进一步促进村镇银行健康发展的指导意见》，2014 年 12 月 15 日。

［147］银监会：《关于开展投资管理型村镇银行和多县一行制村镇银行试点工作的通知》，2018 年 1 月 13 日。

［148］余蕙：《把控业务平衡发展与风险关系的三个"点"》，《金融时报》，2017 年 6 月 15 日。

［149］俞勇、张志远：《中小金融机构智能风控体系建设的分析与建议》，《金融时报》2021 年 10 月 18 日。

［150］袁新峰：《数字时代金融消费者教育新模式的探索》，《金融时报》，2020 年 11 月 30 日。

［151］张春子：《商业银行数字化转型的战略思考》，《金融时报》，2021 年 4 月 26 日。

［152］张春子：《"十四五"期间中国银行业发展大趋势》，光明网，2020 年 12 月 7 日。

[153] 张峰、程翔、周渡洋：《以数字普惠金融助力乡村全面振兴》，光明网，2021 年 3 月 10 日。

[154] 张宏斌：《发展农村数字普惠金融恰逢其势正当其时》，《金融时报》，2021 年 4 月 1 日。

[155] 张宏斌：《如何提升地方金融监管能力》，《金融时报》2022 年 3 月 31 日。

[156] 张剑伟：《"轻诺寡信"与企业诚信建设》，《金融时报》，2019 年 7 月 12 日。

[157] 张奎：《普惠金融与绿色金融融合发展的浙江实践》，《中国金融》，2022 年第 21 期。

[158] 张末冬：《大型商业银行落子普惠金融事业部》，《金融时报》，2017 年 6 月 1 日。

[159] 张末冬：《建立健全金融消费者保护基本制度——人民银行有关部门负责人就金融消费者权益保护实施办法答记者问》，《金融时报》，2020 年 9 月 21 日。

[160] 张末冬：《金融创新应有底线思维》，《金融时报》，2021 年 4 月 7 日。

[161] 张鹏飞、李勇坚：《数字经济已经渗透到社会各个领域》，《中国国情国力》，2021 年第 8 期。

[162] 张勤、田蒙：《村镇银行的整体状况与发展建议，以湖北为例》，2022 年 3 月 28 日。

[163] 张正平、董晶：《金融科技赋能农村金融高质量发展的思考》，《金融时报》，2022 年 4 月 21 日。

[164] 赵大伟、山成英：《中小银行金融科技发展路径探析》，《金融时报》，2022 年 7 月 18 日。

[165] 郑家庆：《金融机构持续客户尽职调查问题探析》，《武汉金融》，2017 年 1 期。

[166] 中共中央国务院：《关于全面推进乡村振兴加快农业农村现代

化的意见》,《新华社》,2021年2月21日。

[167] 中共中央办公厅、国务院办公厅:《关于推进社会信用体系建设高质量发展促进形成新发展格局的意见》,2022年3月29日。

[168] 中共中央国务院:《关于加快建设全国统一大市场的意见》,2022年4月10日。

[169] 中关村互联网金融研究院:《中国金融科技与数字普惠金融发展报告(2018)》,2018年12月21日。

[170] 中国人民银行:《金融机构客户尽职调查和客户身份资料及交易记录保存管理办法》答记者问,2022年1月27日。

[171] 中国人民银行:《中国人民银行关于全口径跨境融资宏观审慎管理有关事宜的通知》(银发〔2017〕9号),2017年1月22日。

[172] 中国人民银行:《中国人民银行金融消费者权益保护实施办法》,2020年9月15日。

[173] 中国人民银行:《中国人民银行支农再贷款管理办法》,2020年9月9日。

[174] 中国人民银行金融消费权益保护局:《中国普惠金融指标分析报告(2017—2019年)》,2018年8月14日。

[175] 中国人民银行金融消费权益保护局:《中国普惠金融指标分析报告(2019年)》,《中国金融》,2020年10月16日。

[176] 中国人民银行小额信贷专题组:《小额贷款公司指导手册》,中国金融出版社,2006年12月版。

[177] 中国社会科学院金融研究所课题组:《促进数字消费信贷健康发展的思考与建议》,《金融时报》,2021年12月27日。

[178] 中国银保监会、财政部、中国人民银行、国家乡村振兴局:《关于深入扎实做好过渡期脱贫人口小额信贷工作的通知》,2021年3月15日。

[179] 中国银保监会、中国人民银行:《网络小额贷款业务管理暂行办法(征求意见稿)》,《中国证券报》,2020年11月3日。

［180］中国银保监会：《银行保险机构声誉风险管理办法（试行）》，2021 年 2 月 8 日。

［181］中国银保监会：《商业银行监管评级办法》，2021 年 9 月 22 日。

［182］中国银保监会办公厅：《关于加强小额贷款公司监督管理的通知》（银保监办发〔2020〕86 号），2020 年 9 月 7 日。

［183］中国银保监会办公厅：《中国银保监会有关部门负责人就银行保险机构声誉风险管理办法试行答记者问》，中国银保监会网站，2021 年 2 月 18 日。

［184］银监会：《关于进一步促进村镇银行健康发展的指导意见》，2014 年 12 月 15 日。

［185］银监会：《关于印发〈村镇银行监管评级内部指引〉的通知》（银监发〔2012〕1 号），2012 年 1 月 10 日。

［186］银监会：《中国银监会关于开展投资管理型村镇银行和"多县一行"制村镇银行试点工作的通知》，2018 年 1 月 16 日。

［187］中国银行业监督管理委员会、中国人民银行：《关于小额贷款公司试点的指导意见》（银监发〔2008〕23 号），2008 年 5 月。

［188］中国银行业监督管理委员会：《关于印发〈村镇银行管理暂行规定〉的通知》（银监发〔2007〕5 号），2007 年 1 月 22 日。

［189］中国银行业协会：《村镇银行十年发展报告》，中国金融出版社，2017 年 10 月。

［190］中国证监会：《坚持错位发展、突出特色建设北京证券交易所，更好服务创新型中小企业高质量发展》，2021 年 9 月 3 日。

［191］周萃：《普惠金融与绿色金融融合发展之路径》，《金融时报》，2022 年 3 月 24 日。

［192］周小川：《中国普惠金融实践、发展及其与科技创新的关系》，博鳌亚洲论坛，2020 年 7 月 6 日。

［193］周琰：《普惠金融的"前世今生"》，《金融时报》，2016 年

3月9日。

　　［194］朱蓝澜：《银行机构须筑牢内部风险控制闸门》，《金融时报》，2018年2月10日。

　　［195］邹博阳：《试论互联网金融背景下的小额信贷发展》，《财经界》，2020年第10期。

　　［196］邹媛：《深圳升级小贷公司评级体系，率先尝试小贷行业标准化》，《深圳特区报》，2017年12月6日。